蘇州文藝評論

夏潮

苏州市文学艺术界联合会　苏州市文艺评论家协会　主办

朱栋霖　主编

文匯出版社

苏州市文学艺术界联合会
苏州市文艺评论家协会　主　办

2016卷首语

朱栋霖

《苏州文艺评论》自2007年创刊，至今十年。今年又在《苏州日报》特设苏州文艺评论专版，每月一期。十年来，刊物共发表有关苏州文艺的论文三百余篇。这些论文针对苏州文艺、苏州文化的传统和现状进行深入的剖析和研究，探求苏州文化发展规律的奥秘。也与苏州的文学界、美术界、影视界、摄影界、曲艺界合作开展艺术评论。

2012年编著出版“苏州艺术家研究”丛书，探讨总结当代苏州表演艺术家顾芗、王芳、金丽生、邢晏春、邢晏芝、盛小云的艺术成就与舞台经验。2014年出版了前后费时十余年的《苏州艺术通史》三卷本，系统展示苏州五千年文艺发展的历程，精要阐述了这些艺术在波澜壮阔的各个历史阶段的灿烂成就与美学特色，填补了全国地域性艺术通史研究的空白。

从2012年始，协会与市文联联合设立了两年一届的综合性文艺评论奖“金圣叹奖”。两届“金圣叹”文艺评论奖评选，收获了一批有质量、有深度、接地气的评论文章，三十人次分别获得荣誉奖、一等奖和二等奖，获奖作者既有周良、范伯群、林家治这样的老一辈著名学者，有评论家周新月、戴云亮、许钰民，又有金红、曾一果、潘讯、朱全福、朱红梅这样的文艺评论新人。中国文联第八届、第九届文艺评论奖评选中，朱栋霖、王宁、潘迅的论文先后获特等奖与一、二等奖。

在当代中国的文艺领域，苏州艺术拥有自己的特色与成就，但在当今真正独树一帜、领先全国的不多。锻造苏州文艺的璀璨特色，达臻一流高峰，需要创作与评论界共同锤炼。文艺评论不仅仅是对作品的阐释与宣传，阐释与解读中体现对创作的评价与指导，优势的阐发与缺失的揭示，甚至是创作者没有意识到的。苏州当代艺术向何处去？如何提升？正面临瓶颈与困惑，经验的困惑与理论的困惑。

艺术创作如何发展，需要全局观念与时代高度、发展眼光，也渴求历史意识与理论视野。苏州艺术如何发展需要探讨，艺术家与艺术团体需要思考，发现问题而不应自我陶醉于浮躁与夸耀。真正的艺术，渴求真知灼见，渴求评论讲真话。艺术谢绝了深刻的理性指导与洞察的批评，艺术就失去了生命。

苏州昆剧在青春版《牡丹亭》的巨大成功光环后如何提升苏昆整体的特色与步入新的层面，在姹紫嫣红的全国昆剧界再展芳华？在全国演剧界京、昆、越、黄梅、评、豫等竞相争彩的大局面中，在全国非遗表演艺术竞相谋求新生机的竞争中，步履安稳的苏州评弹如何担当非遗传承发展重任，让苏州评弹重回江南文化视野的中心？

连续两届的“新吴门画派”“新吴门书派”晋京展示，因应各方议论，但没有看到相应的对两大艺术发展课题的深入探研，苏州美术书法如何接续历史辉煌成就在新世纪再登新峰？苏州已有成就的艺术家如何再续辉煌？也需要评论与创作的碰撞，激发新的灵感。

坐享苏州经济发展优势的苏州电视媒体赚足了钱，拔地而起了东西两座大厦。但是除了源于本世纪初《苏园六纪》开局的几部苏州历史文化电视片在全国产生了影响，苏州电视能不能拿出更多的具有广泛影响的作品？呼唤多年的苏州自己创作的电视剧也不尽如人意。经济效应与评奖迷惑助长了浮躁心态，媒体时代的自我作秀代替了理性探讨与评论揭示，电视艺术成了电视作坊，富有时代感与理论历史意识的评论缺位也失去了高屋建瓴的谋划。

为了苏州艺术再创辉煌，苏州评论任重道远。

目录

小说家专辑

吴门谈艺

文学时空

苏州人

范小青

二十七年前的开篇

1987年年初，我为自己的第一部长篇小说《裤裆巷风流记》写了一个后记，最近在写作散文集《苏州人》的过程中，我忽然想起了它。

我重新读了这篇文章，惊奇的是，我的第一个念头就是，拿它来作《苏州人》的开篇。

二十七年前的一篇小小的、肤浅的文章，经过了时光的冲洗、岁月的磨砺，应该早已褪色、早已沉没、早已没“脸”见人了。

可我却仍然愿意把它重新展现出来。

理由似乎是说不清的，或者是不想说清的；原因可能是复杂的，也或者是简单的。

全文如下：

当我睁开眼睛，学着看世界的时候，我认识了苏州，认识了苏州人。

小时候，苏州很大，怎么也走不到边，八个城门，就像八个遥远的童话。

长大了，苏州很小，早已不复存在的城墙封闭了一个精致美丽的古城。

许多人不知道苏州，这不奇怪，全国至少有几百个这样的城市。

许多人仰慕苏州，大概因为听说过“上有天堂，下有苏杭”的民谚。

可是我却描述不出苏州，尽管我是苏州人。

大家说苏州是个过小日子的地方，不是个干大事业的地方；大家说在苏州的小巷里住久了，浑身自会散发出一股小家子气。

而我，恰恰正是在苏州过小日子，又在苏州写作，又住在苏州的小巷子里，便有一股也许令人讨厌的小家子气。

物以类聚，于是，我开始写苏州人。

我不想夸耀或者诋毁苏州，可我喜欢苏州，喜欢苏州的小巷，也许因为我身临其境。我的窗前，一片低矮的年代久远的苏州民房，青砖黛瓦龙脊，开着豆腐干天窗，或老虎窗；我的屋后，被污染了的水巷小河，古老而破陋的石桥，残缺不齐的石阶……

我无意吹捧或贬低苏州人，可我喜欢他们，尤其是苏州的底层人民。他们很俗，他们很土，他们卑贱，却从来不掩饰自己。

所以，我写他们，也总是实实在在地写，写的是真实的他们。

我不大信命，可我却知道，我写小说，很难让人“冷不防”，不大可能使天下震惊，也许是命中注定。苏州人从来都是小家子气的，我也是小家子气的。

应该培养自己的大气，却不能伪装自己。当我还没有练就三昧真气，还缺乏大家风范的时候，我就是我，小家子气的，不时露出些小市民的本相，乡下人兮兮的，并且不以为羞耻，不知道这是不是苏州人的特点。

似乎，苏州人津津乐道于小康，而我则沾沾自喜于小家子气，人们难免担忧，如此，社会怎么发展？人类怎么进步？其实，这是一种错觉。是的，苏州人没有梁山好汉的气魄，可苏州人有精卫填海、愚公移山的精神，苏州人从来就没有停止过他们的追求、他们的奋斗。

自三国时期佛教传入苏州，对苏州民风影响颇大，有人认为苏州人佛性笃甚，这话自然是褒贬兼之。我以为，佛性与“韧”，似乎是有联系的。

苏州人是很韧的。

苏州人不会一夜之间富起来，苏州也不会一夜之间变成天堂。苏州人的精神和物质正在一天一天地富起来，苏州人民正在一天一天地把苏州建成人间天堂。

苏州的每一根血管里，都渗透了时代的新鲜血液，苏州的每一个角落里，都感受着变革的猛烈激荡。苏州人的喜怒哀乐，他们的细碎的、烦琐的、杂乱的日常生活，始终紧系在全社会的总命脉上。

在我的第一部长篇里，他们拥挤到我的笔下，我无法抗拒。我试着把他们平淡的却又是充满活力的生活写出来。

二十七年中，我写了许多的苏州人的小说和散文，今天回首才发现，原来基本的腔调早在那个时候就已经确立了。

苏州人和苏州园

在平常的日子里，约三两好友，在小城的街上转转，踩一路洁净光滑鹅卵石而去，随便走走，就到了园林，苏州的园林真多，“人道我居城市里，我疑身在万山中”。叠石环水，莳花栽木，亭台楼阁精心布置得如同信手拈来，看几片太湖石随意堆砌玲珑剔透，欣赏清灵的山水，体味平静的人生。走累了吗？好吧，我们到依街傍水的清幽的茶室里，用制作精细的小茶壶泡着清香的绿雪般的茶，品尝美味清爽的点心，清风轻轻拂面，清淡的日子轻轻飘过，好一个清静悠闲的去处，好一块清心自然的地方。

说的是苏州。

说的是苏州人在苏州过日子。

功成名就，寻一处僻静，过一个微醺的晚年，就足够，别的什么也不想要了。那许多从苏州走出去的人，每日每夜的故乡梦，做得悠悠长长，也是可想而知。或者科举登第的功成名就，年老归家；或者做了御史的官场失意，隐退回来；或者踏遍山河，又回到出发点。都如昨天的一场梦，今天回来了，干什么呢，重造一块山清水秀的地方修身养性以娱晚境，再辟一个自然清幽的角落远离尘世静坐参妙，多半的有代表性的苏州园林就这样被造出来了。“今日归来如昨梦，自锄明月种梅花”，这是苏州园林里的楹联。锄月，有归隐之意，所以那个亭子，叫作锄月轩。坐锄月轩赏月，清茶一壶，三杯两盏薄酒，再一二知己，别无他求。苏州园林里楹联很多，“静坐参众妙，清淡适我情”“灯影照无睡，心清闻妙香”“素壁有琴藏太古，虚窗留月坐清宵”等等。说的多是心如止水、与世无争、大彻大悟、回归自然，回到了自然状态，再没有什么尔虞我诈、你争我夺了，所以苏州的园林，多清静淡雅，少雍容华贵。在城市里，没有自然吗，就“造”一个自然吧；在人世间，没有清闲吗，就创造一个清闲的世界。

所以你看园主的选址，多么的幽僻静雅，离闹市多么的遥远，在小巷多么深的深处，车马抵达不到的角落里，“远来往之通衢”。就说拙政园，从前的旧园门，就是开在一条小街最狭窄的一端，从旧园门进拙政园，要弯弯绕绕走上很长很深、不见尽头的一段夹道，方能真正进入；再如耦园，在苏州城一角，三面环水，至今车子都开不到它的门口，“轩车不容巷”，名副其实。你官场很热闹吗，我不稀罕，我避得你远远的；你官场很凶险吗，我也不害怕了，我躲起来，你也找不着我了。如陶渊明般，“白日掩荆扉，对酒绝尘想”，你官场再热闹、再凶险，又奈我何？

真正是满载清闲了。离这个世界远远的，过平平静静的日子，大家知道苏州人性格温和，于是苏州人造了许多苏州园林，有了许多享受清闲的好去处。

那苏州人真的就是这么一辈子、几辈子地享受着清闲吗？他们真的就不思进取、不喜欢功名吗？如果真是这样，苏州那么多的状元又是从哪里来的呢？

苏州人考状元是全国有名的，从前苏州出的状元之多，考试成绩之好，是最令苏州人骄傲的。清代苏州出的状元，占全国状元人数近四分之一，占全省一半以上，苏州人曾经自豪地将出状元当成了苏州的“土产”，说：“夸耀于京都词馆，令他乡人惊讶结舌。”果然了得。

那么多的状元，从哪里来？天下掉下来？不可能。自己长出来？长出来也得有条件。在苏州，读书考状元的条件是好的，鱼米之乡，经济富裕，环境安逸，又是重视文化、崇尚教育的难得的好地方。苏州人早先是尚武的，后来经过教化，风气转变了，变得文质彬彬了，所谓的“孔子之道渐于吴，吴俗乃大变，千载之下，学者益众，家诗书而户礼乐”，就是这意思吧。苏州人又重视办学，比如范仲淹买了一块地，本来是打算造自家的住房的，后来听风水先生说，这块风水宝地，用来修造家宅，将来必定子孙兴旺，卿相不断。范仲淹听了风水先生的话，说，既然这块地这么好，如果在这里办教育，那么得益将是更大的事情了，于是他也不造自己的住宅了，把地献出来建造学堂，并且还捐了办学经费。苏州人呢，还比较尊敬老师，重视家庭教育和读书的风气。总之说来，苏州是块读书的好地方，苏州不出这么多的状元，难道叫别的地方出？

条件是不错的，但是如果没有读书人的刻苦用功，有好的条件也等于没有，苏州人也不见得天生就比别地方的人更聪明，更会考状元，他们是苦读书苦出来的，他们是十年寒窗熬出来的。是什么东西、什么力量支持着苏州人苦读书，支持他们十年寒窗，甚至更长？就是苏州人的进取心。

一方面，许多出去做了官的苏州人，看透了官场的黑暗，不干了，回家来了，“三绝诗书画，一官归去来”；另一方面，更多的苏州人，苦守寒窗，日日夜夜读书，为了什么呢，为了考试考得好，考试考得好，又为了什么呢，为了做官，为了把官做得大一点，更大一点，到京城去，到皇帝身边去，继往开来，源源不断的苏州人读书、考试，考得好，走出去，又回来，又有许许多多苏州人读书、考试，考得好，走出去，又回来，循环往复，无穷无尽，流水般永远不堵、不腐，苏州人就是在这种往往复复的过程中进步。

苏州人是想进步的，是要好好读书想走仕途的，是想当官，当大官，到皇帝身边去。苏州人说，这才是我的本意，才是我的理想，只是现在，种种原因使我的理想离我而去，眼看着她越走越远，我追不上她了，怎么办呢，我就不追了，让她走吧，但是她走了，我又怎么办呢？我干什么呢？我从小到大，下了那么多功夫，吃了那么多苦头，读了那么多书，我吃了一肚子的墨水，我有一肚子的知识呀，我文章写得又好，画也画得不错，通古博今的就是我呀，我是有水平的，只是可惜了当今的皇帝看不中我，我怀才不遇，怎么办呢，我这等的才华，我这等的水平，都让它随着岁月的流逝而消失而飘逝？我于心不甘，虽然在仕途上我进取无望了，但并不等于在所有的方面我都无所建树了，我的才能还是要发挥出来的，还是可以发挥出来的。比如，我就好好地写文章，本来我的文章是想为皇帝写的，但是皇帝不要我写文章，他不要看我写的文章，他看了我写的文章就来气，就要贬我的官，甚至要杀我的头，那我就不替他写了，我写了文章也不给他看了。干什么呢，自己看看，给和我志趣相投的朋友看看罢了，或者，我就专心地画画，把我的画，画出点名堂来，如果许许多多人家里都把我的画挂在那里，大家因为能得到我的画而高兴、而骄傲，为得不到我的画而沮丧、而难过，我的自尊心也就大大地得到满足了呀，我的想干事业的一番苦心也没有泡汤。虽然在官

沧浪亭

场我没有干成什么惊天动地的大事业，但是我转换了我的方式方法，转换了我的志趣，在另外的领域，我成功了呀，说明什么呢，说明我是来事的，我是能干事情的，难道不是吗？

用过去的话说，叫作“隐于艺”。

我除了写诗作文画画，我还能做别的许多的了不起的事情，比如，你看，我在老家为自己造的住宅，怎么样？让我们这些主人公感觉到骄傲的，这就是苏州园林了。

从前苏州士大夫家多庭园，既有城市山林之野趣，又具可行、可望、可游、可居的功用，于是就有了一直保存到今天的、让全体苏州人都自豪的、闻名世界的苏州园林，是苏州人的宝贵的历史文化遗产，是中国的宝贵遗产，也是世界历史文化的宝贵遗产。

在这里苏州园林的特点也已经突出来了，她更多的是私家花园，有别于其他园林，比如不同于皇家宫苑，不追求雍容华贵，苏州园林讲究的是清静雅洁，或者，换句话说，苏州园林的清雅是“讲究”出来的。这个“讲究”，是一个目的，也是一个过程，这个过程，当然也就是造园的过程了。

是谁造了苏州园林呢，当然是苏州人。比如中国四大名园之一的拙政园，就是苏州人造的，这个人叫王献臣，明朝人，也是做了官的。在皇帝身边，也就免不了争争斗斗，王御史原先在朝中也是想有一番作为的，只是争来斗去，倾轧不过朝中权贵。又有人说他为官古直，敢于抗权贵，甚至有“奇士”之称，那恐怕就更容你不得了。你有多大胆子，几个脑袋，敢得罪东厂特务？到底被诬陷贬职，官场失意。怎么办呢，有办法，此处不留爷，自有爷去处，或者是愤然辞职，老子不干了，或者是潇洒而去，拜拜啦您，总之是回老家了。还是老家好呀，金窝银窝，不如自家的狗窝，何况老家哪里是狗窝呢，好得很呢，虽是失意回来，钱多少还是有一些的，拿些出来，造一座园林。做什么呢，不做什么，种种花儿，钓钓鱼儿，消消停停，养养老罢，至于这园林，该怎么个造法，造成个什么样子呢，王献臣和他的好朋友文徵明共同设计探讨。文徵明亦苏州人氏，诗书画三绝，巨匠，且与为人疏朗俊逸、博学能诗文的王献臣志趣相投，两人凑到一起商量怎么造园，刚刚选定了园址，王献臣心中已经大喜，拿了潘安的一篇文章，说："庶浮云之志，筑室种林，逍遥自得，池沼足以渔钓，舂税足以代耕，灌园鬻蔬，经供朝夕之膳，牧羊酤酪，以俟伏腊之费，孝乎唯孝，友于兄弟，此亦拙者之为政也。"这大概是说，算了罢，既然官场待不下去，不待也罢，既然从政从不下去，不从也罢，回老家来，辟一块地方，造个园林，就在这里边了，浇浇园子，种点儿蔬菜什么的，比起官场的争斗，这里可是清闲多了。从前做官时照顾不周全的事情现在也能照顾周全了，像尽孝道啦，对兄弟的感情啦什么的，都能好好地做起来。一年四季，也不用愁什么，有的吃、有的穿、有的玩，有什么不好呢，挺好，所以，把浮云般不值得一提的志向抛一边去吧，没有什么意思。拙者呢，像我这样的人，就以种种花、养养鸟这样的生活代替从政的志向吧。

听起来，真是很想得开了，像是得道，像是出世，但是你再仔细一辨滋味呢，像又有些别的什么在里边。是什么呢，是无可奈何吗，设若官场得意，大概不会说自己是浮云之志吧，设若争斗有胜，怕不愿轻易就退回老家呢，即使老家有拙政园这般的好地方，又像是有些心有不甘。看透了官场吗，看透了政治吗，看透了人生吗，看透了那边却看不透这边呀，报国无门呀，满腔的政治热情怎么办呢，往哪儿投呢，自己扑灭掉，于心不甘，想一想古训，读一读潘安，有了，一转换，就"隐于艺"吧，将政治的抱负移到"造"园上来了，将个园林造得……怎么说呢，好极了。精妙绝伦，独具匠心，独树一帜，真正是"造"出一个自然清幽、修身养性的好去处了。

苏州园林的主人，以官场遭贬、隐退回家的为数最多，所谓的"主人无俗态，筑圃见文心"，从前的人，极推崇"人品不高，用墨无法"的说法，正如今人所说的文如其人。今人也都相信，如苏州园林这般的神来之笔，平庸之辈是点不出来的，心境不平和的人是造不出来的，看不透功名利禄的人是筑不起来的，总而言之，俗人是不能和苏州园林沾边的。

难道当官就是俗，不当官就雅么，也不见得吧。当官本身并不是坏事，当官能为民做主，比起一个画家，比起一个诗人，比起一个苏州园林的园主，也许更能替人民造福多多，也许这种比较是拙劣的、可笑的，但却是实实在在的。

我们所涉及的苏州园林的园主们，并不是不想替民做主、为民造福，只是，他们在经历了官场仕途凶险之后，方才认定了隐逸这条路。但是即使他们认定了隐逸，在他们的内心深处，又是怎么样的呢？

我们没有那么多的闲功夫细细地将苏州园林一一看过，先看一看它的大门吧。我们得在曲曲弯弯的小巷深处，方能找到苏州园林的大门，这时候，我们站定脚步，可以仔细地看一看这扇大门了。

高高的，我们必须昂起头来才能细细看它。细砖雕刻，砖有多细呢，细得如粉捏成的罢；雕刻有多精呢，雕个人物，人物就是活的，雕个动物，动物就是真的，雕朵花，这朵花是鲜艳的，雕棵树，这棵树是有生命的。门楼上，层层叠叠地雕刻着各种各样的传说，文王访贤、郭子仪拜寿、三国里的故事、八仙、鲤鱼跳龙门、牛郎织女，再就是象征幸福、象征长寿、象征吉祥的种种图案，蝙蝠、佛手、麒麟、鹿、牡丹、菊花……

这时候，你不由自主地赞叹了，你的头颈也感觉到疲劳了，你的眼睛也有些酸了。你不妨再低下你的劳累的脑袋，放松你的眼睛，向地下看一看，你看到进入园林的这条小路，多用漂亮的鹅卵石或潇洒的散石精心铺成各种图形，你才猛然发现，你走进苏州的园林，你就走进了一个精心安排的世界呀。

这深深隐藏在僻静之处的园林之门和进园之路，是多么的用心，多么的雕琢，多么的有追求，多么的见匠心，多么的淡泊，它们时时处处体现出吴文化丰富多彩的内涵。

耦园

园林中的亭台楼阁的布局，园林中的一花一草的安排，园林中的山山水水的设置，园林中一副副的对联、一条条的匾题，园林中的一点一滴，都是苏州人的杰作，试想一个真正的彻底“厌倦”，对生活完全无所求的人，能创造出这样的境界吗？

仅仅只是厌倦官场，对人生、对美好的东西，是不厌倦的，若不是怀着对生活的热爱，若没有对美的追求之心，焉能造出令人流连忘返、美不胜收的苏州园林？

无所求的只是他们求不到的功名利禄，于其他的东西，比如艺术，仍然是有所求的，也仍然是要和别人争个高低的。

苏州有个园林，园名叫作半园，取知足不求全的意思，这挺好，挺像苏州人的性格呀。苏州人，都说因为富足，就不敢把皇帝拉下马，也不想把皇帝拉下马，这也不是没有道理，但果然苏州人就胸无大志吗？也不见得。苏州人只知道在园林喝喝茶，饮点儿酒，写几首诗歌作几幅画吗？也不见得吧。苏州人从来也没有一点点野心吗？不想做大一点的官吗？不见得吧，只是种种原因做不成，做不成怎么办呢，把当今皇上杀了？当然不，干吗要杀皇上，不杀皇上、不做官，我一样过日子呀，我的日子也能过得好好的，不比别人差，说不定还比别人好些呢，还能找个园林住住，不做官，那就不做罢。这就是苏州人，知足常乐，自得其乐。

其实也未必，你看就这么个小小的半园，园主说，我就是要以“少少许胜人多多许”，既是知足，既是与世无争，又为何要去胜人？还有一个曲园也这样，取“曲则全”的意思罢，曲则全，终于还是想要一个“全”吧，只不过是以“曲”的形式，想求一个“全”的内容，以一个少少许的外表，去胜人家的多多许，胜了人家的多多许，自己也就更多多许了。这一来，离“无”就更远了呢，倒把世人唬得一愣一愣，以为苏州人真正都立地成佛了呢，一佛出世，二佛升天呀，说江阴的强盗无锡贼上海乌龟苏州佛，惭愧惭愧。

似乎也算是孙子兵法的灵活运用了，打不过你我就走，走到家里去，躲起来，你能奈我何？我躲在家里干什么呢，我干的事情、我的水平、我的追求或许比你官场的那一套更高些，我造园了，我作画了，我写诗了，比你一个做官的，更能流芳百世。

于是我们得承认王献臣是成功的，他终于是有所作为的，他的“以此为政”的想法也算是如愿了，至于日后拙政园被他的儿子一夜之间赌输给别人，那时候王献臣已不在人世，若九泉有知，作何想法，当是另外一回事了。

而王献臣最要好的朋友，当然应该算是最了解王献臣的一个，帮助他造起拙政园来的文徵明，说王献臣，你呀，其实是身在江湖，心存魏阙，所谓的“回首帝京何处是，倚栏惟见暮山苍”。

苏州就是这个样子。她要表现出世，她想与世无争，但同时，她又是极有追求的。只不过，苏州的追求，富有自己独特的个性，苏州要出世，这就有了苏州园林的清静淡雅，苏州要追求，又有了苏州园林的精雕细刻。于是我们是不是能想到，清静淡雅，只是一种外在形式罢，它大概不是本质，若是本质，苏州园林就死了，苏州人也死了。

苏州到底是活着的。

苏州活在每一个生动的时代。

苏州平江路

在一个阴天，将雨未雨的时候，带上雨伞，就出门去了。

小区门前的马路上，是有出租车来来去去的，但是不要打车，要走一走，觉得太远的话，就坐几站公交车，然后下去，再走。

走到哪里去呢？是走到自己愿意去的地方、喜欢的地方，比如说，平江路，就是我经常会一个人去走一走的古老的街区。

其实在从前的很漫长的日子里，我们曾经是身在其中的。那些古旧却依然滋润的街区，就在我们的身边，它是我们的窗景，是我们挂在墙上的画，我们伸手可触摸的，跨出脚步就踩着它了，我们能听到它的呼吸，我们能呼吸到它散发出来的气息。我们用不着去平江路，在这个城里到处都是平江路，我们也用不着精心地设计寻找的路线，路线就在每一个人自己的脚下，我们十分的奢侈，十分的大大咧咧，我们的财富太多，多得让你轻视了它们的存在。

日子一天一天地过，我们糊里糊涂，视而不见，等到有一天似乎有点清醒了，才发现，我们失去了财富，却又不知将它们丢失在哪里了，甚至不知是从哪一天起，不知是在哪一个夜晚醒来时发生的事情。

我们的时代，是一个新闻接一个新闻的时代，这些新闻告诉我们，古老的苏州正变成现代的苏州，这是令人振奋的，没有人会不为之欢欣鼓舞。只是当我们偶尔地生出了一些情绪，偶尔地想再踩一踩石子或青砖砌成的街，我们就得寻找起来了，寻找我们从小到大几乎每时每刻都踏着的，但是现在已经离我们远去的老街。

这就是平江路了。平江路已经是古城中最后的保存着原样的街区，也已经是最后的仅存的能够印证我们关于古城记忆的街区了。

平江路离我的老家比较远，离我的新家也一样的远，我家的附近也有可去的地方，比如新造起来的公园，有树、有草地、有水、有大小的桥、有鸟在歌唱，但我还是舍近而求远了，要到平江路去，因为平江路古老。在一个欣欣向荣的城市里，古老就会比较的金贵值钱。

在喧闹的干将路东头的北侧，就是平江路了，它和平江河一起，绵延数里。在这个街区里，还有和它平行的仓街，横穿着的，是钮家巷、肖家巷、大儒巷、南显子巷、悬桥巷、菉葭巷、胡厢使巷、丁香巷，还有许多，念叨这一个一个的巷名，都让人心底泛起涟漪，在沉睡了的历史的碑刻上，飘散出了人物和故事的清香。

要穿着平跟的、软底的鞋，不要在街石上敲击出的咯的咯的声音，不要去惊动历史。这时候行走在干将路上的一个外人，恐怕是断然意想

平江路·夜

不到，紧邻着现代化躁动的，会是这么的一番宁静，这么的一个满是世俗烟火气的世界。

曾经从书本上知道，在这座古城最早的格局里，平江街区就已经是最典型的古街坊了，河街并行、水陆相邻，使得这个街区永远是静的，又永远是生动活泼的。早年顾颉刚先生就住在这里，他从平江路着眼，写了苏州旧日的情调：一条条铺着碎石子或者压有凹沟的石板的端直的街道，夹在潺湲的小河流中间，很舒适地躺着，显得非常从容和安静。但小河则不停地哼出清新快活的调子，叫苏州城浮动起来。因此苏州是调和于动静的气氛中间，她永远不会陷入死寂或喧嚣的情调。

以前来苏州游玩的郁达夫也议论过这一种情况，他说这街上的石块和人家的建筑，处处的环桥河水和狭小的街衢，没有一件不在那里夸示过去的中华民族的悠悠的态度。

这是从前的平江路。令人难以想象的是，生活在今天的我们，走在今天的平江路上，仍然能够感受到昨天的平江路的脉搏是怎样地跳动着。我们一边觉得难以置信，一边就怦然心动起来了。

很多年前的一天，白居易登上了苏州的一座高楼，他看到：远近高低寺间出，东南西北桥相望，水道脉分棹鳞次，里闾棋布城册方。不知道白居易那一天是站在哪一座楼上，他看到的是苏州城里的哪一片街区，但是让我们惊奇的是，他在一千多年前写下的印象，与今天的平江街区仍然是吻合的，仍然是一致的，甚至于在他的诗文中散发出来的气息，也还飘忽在平江路上，因为渗透得深而且远，以至于千百年来的雨水也不能将它们冲刷了、洗净了。

现在，我是踏踏实实地走在平江路上了。

更多的时候，到平江路是没有什么事情的，没有目的，想到要去，就去了。除了有一次我忽然想看看昆曲博物馆，那是在某一年的国庆长假期间，我正在写一个小说，写着写着，就想到昆曲博物馆，它在平江路上的一条小巷内，我找过去，但是那一天里边没有游人，服务员略有些奇怪地探究地看着我，倒使我无端地有点心虚起来，好像自己是个坏人，想去干什么坏事的，这么想着，脚下匆匆，勉强转了一下，就落荒而逃了。

那一天的时光，倒是在逃出来以后停留下来的，因为逃出来以后，我就走在平江路上了。

世俗的生活在这里弥漫着，走着的时候，很有心情一家一家地朝他们的家里看一看。这是老房子，所以一无遮掩的，他们的生活起居就是沿着巷面展开着，你只要侧过脸转过头，就能够看得很清楚，我不要窥探他们的生活，只是随意的，任着自己的心情去看一看。

他们是在过着平淡的日子，在旧的房子里，他们在烧晚饭，在看报纸，也有老人在下棋，小孩子在做作业。也有房子是比较进深的，就只能看见头一进的人家，里边的人家，就要走进长长的、黑黑的备弄，在一侧有一丝光亮的地方，摸索着推开那扇木门来，就在里边，是又一处杂乱却不失精致的小天地。再从备弄里回出来，仍然回到街上，再往前走，就渐渐地到了下班时间了，自行车和摩托车多了起来，他们骑得快了，有人说，要紧点啥？另一个人也说，杀得来哉？只是他们已经风驰电掣地远去了，没有听见。一个妇女提着菜篮子，另一个妇女拖着小孩，“你考试考得怎么样？”她问道，“不知道。”小孩答。妇女就生气了，“你只知道吃。”她说，小孩正在吃烤得糊糊的肉串，是在小学门口的摊点上买的，大人说那个锅里的油是阴沟洞里捞出来的，但是小孩不怕的，他喜欢吃油炸的东西，他的嘴唇油光闪亮的。沿街的店面生意也忙起来，买烟的人也多起来，日间的广播书场已经结束，晚间的还没有开始，河面上还是有一两只小船经过的，这只船是在管理城市的卫生，打捞河面上的垃圾，有一个人站在河边刚想把手里的东西扔下去，但是看到了这个船他的手缩了回去，就没有扔，只是不知道他是多走一点路扔到巷口的垃圾箱去，还是等船过了再随手扔到河里。生活的琐碎就这样坦白地一览无余地沿街展开，长长的平江路，此时便是一个世俗生活的生动长卷了。

就这样走走、看看，好像也没有什么多余的想头。

所以，到平江路来，说是怀旧了，也可以，是散散步，也对，或者什么也不曾想过，就已经来了，这都能够解释得通，人有的时候，是要做一些含含糊糊的事情。但总之是，到平江路来了，随便地这么走一走，心情就会起一点变化，好像原本心里空空的，没有什么，但是这么一走，心里就踏实了，老是弥漫在心头的空空荡荡、不着边际的感觉就消失了。

这样的生活在从前是不稀奇的，只是现在少见了，才会有人专门跑来看一看。因此在这一个长卷上，除了生活着的平江路的居民百姓，还会有多余的一两个人，比如我，我是一个外来的人，但我又不是。

不是在平江路出生和长大，但是走一走平江路，就好像走进了自己的童年，亲切、温馨的感觉就生了出来，记忆也回来了，似曾相识的，上辈子就认识的，从前一直在这里住的，世世代代就是在这里生活的，就是这样的一种感觉。

知道平江路上有许多名胜古迹、名人故宅、园林寺观、千百年的古桥牌坊，我去过潘世恩故居，去过洪钧故居，去过全晋会馆，尤其还不止一两次地去过耦园。但是我到耦园，却不是去赞叹它精湛的园艺，觉得耦园是散淡的、是水性杨花的，它是苏州众多私家园林中的一个另类，它不够用心，亦不够精致。去耦园因为它是一处惬意的喝茶聊天的地方，或者是一个温婉的情绪着落点，也因去耦园的路，不要途经一些旅游品商店，也没有乌糟糟吵吵闹闹的停车场。沿着河，踩着老街的石块，慢慢地走，走到该拐弯的地方，拐弯，仍然有河，再沿着河，慢慢地走，就走到了耦园，其实就这样的走，好像到不到耦园都是不重要的了。

就是以这样的实用主义的心思才去了耦园，因为耦园是在平江路边上，耦园与平江路便是一气的，配合好的，好像它们只是一个平平常常的百姓的栖息之地，是没有故事的，即使有故事，也只是一些平淡、不离奇的故事。

平江路是朴素的，在它的朴素背后，是悠久的历史和历史的悠久的态度，历史到底是什么呢，难道不就是人民群众的普通生活吗？

所以我就想了，平江路的价值，是在于那许多保存下来的古迹，也是在于它的延续不断的、任何力量也不能使之中断的日常生活。

在宋朝的时候，有了碑刻的《平江图》，那是整个的苏州城。现在在我的心里，也有了一张《平江图》，这是苏州城的缩影。这张《平江图》是直白和坦率的，一目了然，两道竖线，数道横线。这些横线竖线，已经从地平面上、从地图纸上，印到了我心里去，以后我便有更多的时间，有更任意的心情，沿着这些线，走，到平江路去。

苏州小巷

从前，有一个人在路上走着走着，他就走到苏州小巷这里来了。他站在小巷的这一头，朝着小巷的那一头张望。噢，这就是苏州小巷，是拿光滑灵透的鹅卵石砌出一条很狭窄很狭窄的街来，像古装戏里的长长细细的水袖，柔柔的，有的时候也有点弯，这弯，就弯得很有韵味，叫你一眼望不到边，感觉很深、很深。

他就跟着这种很深的感觉走了。有一辆人力车过来了，他要让它经过，他的身体就已经靠在路边的墙上了，等人力车过去，他可以正常走路，就看见他身体的一侧，左边或右边的肩膀那里，已经擦着了白色的墙灰，他是用平静的目光看了看身上的墙灰，用轻轻的手势拍一拍，就继续往前走了。正如从前有一个人写道：“不念出声咒骂，因为四周的沉寂使你不好意思高声地响起喉咙来。”

小巷深处是一片静谧的世界，如果长长的小路是它的依托，那么永远默默守立在两边的青砖、黛瓦、粉墙、褐檐，便是它忠诚的卫士了。老爹坐在门前喝茶，老太太在拣菜，婴儿在摇篮里牙牙学语，评弹的声音轻轻弥漫在小巷里，偶尔有摩托穿过，摩托过后，又有卖菜的过来，他们经过之后，小巷更安静了，四周没有喧哗，没有吵闹，只有远处运河上若隐若现的汽笛声。

这个人就走着走着，他呼吸着弥漫在小巷表面的生活的烟火气，他想，原来深深的小巷是肤浅的，是一览无余的呵。其实，什么也不用说了，因为这时候，他看到一扇半掩着的黑色的门，一种说不清的意图，让他去推这扇门，他的手触摸到了生锈的铜环，门柱在门臼中吱吱嘎嘎地响。

他不曾想到他推出了另一个世界。秋风渐渐地起来了，园子的树叶落了，叶子落在地上，铺出一层枯黄的色彩。他踩着树叶，听到松脆的声音，有一些乌青的砖，让脚下的小路绕过障目的假山和回廊，延伸到园子的深处，有一个亭子的亭柱剥剥落落，上面的楹联依稀可辨：

> 风风雨雨暖暖寒寒处处寻寻觅觅；
> 莺莺燕燕花花叶叶卿卿暮暮朝朝。

旧了的小园，是另一种风景，留得残荷听雨声，他想起了从前读过的句子。这是一个深藏着的精彩的天地，它是小巷的品格，结庐在人境，而无车马喧。

将它留在僻静的那里，他是要继续走路的，他又经过小巷里这一扇和那一扇简朴的石库门，他是不敢再轻视它们了。在这个简单的门和这个平白的墙背后，是有许多东西的。假如我是个诗人，我会写诗的，他想。

后来，他听到一个妇女在说话：“喔哟哟，隔壁姆妈，长远勿见哉。”

他是完全不能听懂她们的吴侬软语，但是从她们的神态里，他感受到家常的温馨。他真是一个聪明而敏感的人。

从前，在平常的日子里，一个人在苏州的小巷里随随便便地走走，真是一件很好的事情啊。

起云楼琐言

车前子

杂记之一

桃李丑核

是不是《尔雅》说的？“桃李丑核。”

这话多美，这话一说，核一下就到我们的生活里——斑斑驳驳、点线成面在视觉之中。

我喜欢吃产自北方的“离核桃”，用手一掰，掰成两半，桃核静躺于半只桃子，正在黄玉的浴缸里泡澡，水面上，浅露着有点玫瑰红色的肚皮。

完全可以轻巧地把桃核抠出，像弯腰拔掉浴缸塞子，湿漉漉地，整个身体湿漉漉地展开在眼皮底下。

桃核是暖的，而李子的核有点冷，一脸严肃。但有一种洋李，仿佛放大的马奶子葡萄，它核的形状也与华丽的马脸差不多，眉目之间残存或许平添一抹新鲜胭脂，花前月下，撩拨人心。

几个夜晚，我已经几个夜晚画着《桃李丑核》，算是写生——细看几眼，慢画几笔，画的时候又是想象了。

写生——其实是我们在想象。

猜测

两个猜测。

猜测之一：梁楷可能有个三弟叫梁松。

楷是孔子冢上生长的一种树，据说质直而繁茂，好像众树榜样的样子，故名“楷”。梁楷的父母以“楷”取名，梁楷应该是大哥哥，接下来的孩子会被取名“模”的。“楷模”之后，中国人心里的好树就是“松柏”了吧。梁楷排行老大，梁松排行为三。

午饭后，一时又午睡不着，顺手拿过《南宋院画录》遣闷，看到这一条，就这么几个字：

> 梁松，隶画院，师贾师古，描写飘逸，青过于蓝。

而我们知道，梁楷也是向贾师古学画的。

我太喜欢梁楷了，不但我喜欢，我老婆也喜欢，她把从台北“故宫”买回的《泼墨仙人图》印刷品挂在卧室，说：“越看越好。”我说：“是你前世吧。”

因为我太喜欢梁楷了，就给梁楷弄出个三弟梁松，想必不错，好像给刘备弄出个三弟张飞。为了自己在这无聊的夏天有些哈哈一笑的机会。

猜测之二：徐渭的画风可能来自陈淳的儿子陈栝。

陈栝的画流传绝少，但一幅《雪竹图》就铁证如山了。可惜他英年早逝，否则开一代画风的也就轮不上青藤。

开一代画风的人，在中国美术史上，要么语焉不详，仿佛一阵风，来去无踪；要么逸闻轶事花枝招展落红无数。反正都有点不正常。这是猜测之三了。

一波三折

一波三折不仅仅是用笔形态，更是心态——用笔之际的心态。

鸡冠花，大走红
纸本　35cm × 35cm
2014

探花图
纸本　35cm × 35cm
2014

笔法

五代荆浩《笔法记》中说："气者，心随笔运，取象不惑。"我胆大妄为了，在前面加上一句："力者，笔随心运，取象有惑。"

力者，笔随心运，取象有惑；气者，心随笔运，取象不惑。

"力"与"气"两个概念，"明四家"用力，"元四家"用气。相对而言，"明四家"中沈周用气多一点，"元四家"中吴镇用力多一点。

虽说我是苏州人，对"明四家"却没多少兴趣。我对与"明四家"同时而在"明四家"之外的画家一个陈淳一个陆治更有好感。还有祝允明——尽管他不绘画，还有王宠——尽管他也不绘画。

说起祝允明与王宠，相对而言，王宠用气，王宠的气是教养；祝允明用力，祝允明的力是才情。而祝允明的用力与"明四家"用力又大不同，"明四家"用力，用的都为教养；而"王宠的气是教养"，在"元四家"那里，"元四家"用气——用的却是才情。看来"力"与"气"的内涵在元明两代、在具体实践者那里不能殊途同归，而是南辕北辙。

也就是说，想要把"力"与"气"说明白，是不可能的，但在绘画之际，或秉持"力"，或秉持"气"，在纸上留下的线质，明眼人却是一看就能明白。

"元四家"的绘画成就，黄公望、倪云林一字并肩，吴镇名落王蒙。

"明四家"中，沈周最高，文徵明、唐寅与仇英在一个层次上。

而这八个人的书法，吴镇可以排第一，倪云林居二。

沈周的书法不知服软，文徵明被人称道的小楷其实是很匠气的，唐寅的书法有市井气。

元代以来，画家中间书法境界到了上乘庵的几乎只有八大山人一人而已。

沈周花鸟第一，山水第二，诗文第三，书法第四。

客问："你常常对人说沈周的花鸟画比他的山水画高，愿闻其详。"

我答："一言以蔽之，沈周的花鸟画时出已意，没有已意，画什么画！"

墨法

古汴赵田俊诗曰：“画法始从梁楷变，观图犹喜墨如新。”画法未必就是从梁楷开始变的，也的确不是从梁楷开始变的，但这两句诗给我一个消息，笔法在前，墨法在后，画法的变化在最终笔法墨法并驾齐驱。

杜甫名句“元气淋漓障犹湿”，应该说起码在唐代墨法已经得到一些画家的重视，比如王洽，因为无迹可查，姑且认为“画法始从梁楷变”吧。他的《太白行吟图》倚重笔法，而《泼墨仙人图》依赖墨法，虽然各有轻重，但总体有笔有墨——有笔有墨已经不是个人爱好，成为常识了，中国绘画的高级——真正高级在梁楷的出现。

入室

只有用中锋——锋尖——呈现的线条，才说得上是“写”，方从义《武夷放棹图》神解其味。

写的感觉，与西方芭蕾舞最为接近——舞者用足尖，写者用锋尖。

一个“尖”字，最有意味：上小下大，意味着只有居上保持小小之锋尖运行，后来到下面（纸上与眼底）的信息量才能巨大。

需要修正的是，不一定用中锋——只要锋尖——即使偏锋——它所呈现的线条，也是“写”，王羲之《兰亭序》神解其味。

中锋是登堂，只有会用偏锋了，才说得上入室。

神出鬼没

笔墨能够到神出鬼没的地步，那是真高级了。

神出鬼没的笔墨，不着相。

担当

担当的画，好处大概在这里：他没有把他的书法修养在绘画中生搬硬套，所以他画中的线条坦率——坦荡与率真。这点是很难得的。线条的魅力在于意外——有意外，而这意外常常来自坦荡与率真之心。这是最难担当的。

装置

只要单一，不论是手法，还是情感，只要有一部分是单一的，这件艺术品必定肤浅。为了说明问题，我把肤浅“机械装置”：一种内容肤浅，一种形式肤浅。

我们尤其需要对形式肤浅加以提防。

这里

在这里，弥漫着抽象意味。不是抽象，是抽象意味——顿悟于心，渐变于物。

杂记之二

变

好像黄宾虹这样说线条的：“平圆重留变。”

大概“平”指“锥画沙”。

大概“圆”指“折钗股”。

大概“重”指“高山坠石”。

大概“留”指“屋漏痕”。

“锥画沙”是直线单行时的手感，“折钗股”是曲线转折时的手感，“高山坠石”是点乱时的手感，“屋漏痕”是点线转换与交接时的手感。

大概，这也是我的臆测或杜撰吧。

最难是“变”。“元四家”中的倪云林最得“变”趣。

一定要“变”，“变”是一位画家线条的品德与独立之处。要紧的

院子里的石头
纸本　68cm×136cm
2009

是不管怎样“变”，“平圆重留”是“变”的基础。也就是传统与个人——只有在“平圆重留”的基础上哗“变”，个人方能与传统水乳交融。

方圆

上乘之作都是圆的。这么说了，也就可以再往下说：而泛泛之谈都是方的。

八大山人早期之作是方的，八大山人晚年的精品都是圆的。

齐白石说“似与不似”，“似”是方，“不似”也是方，而“似与不似之间”还在方圆五百里内。黄宾虹要更上一层楼些子，他说“不似之似”，我想只有“不似之似”才会圆，功德圆满。

圆是功德，圆是气象，圆是生生不息。

圆是生生不息的气象，画面上自然有一段功德圆满；方在笔墨中总有歧路，总有尽头。

水墨的高处——暗地里摇曳一个圆的形态：无尽头。

得见趣味

只有天性使然，艺术得见趣味，所以——齐白石的画，越简越得趣；黄宾虹的画，越繁越见味。其中有人工，又非关人工，其中一片天性也。齐白石的画是水墨村落，一间瓦房，两垄菜地，一目了然；黄宾虹的画是水墨潭府，千椽错杂，万牖掩映，目不暇接。

客问：有高下吗?

我原本笑而不答的，后来还是笑而答之：或许有高下，或许也没有，环肥燕瘦，各有情缘。

上阳台

“山高水长，物象千万，非有老笔，清壮何穷。十八日，上阳台书，太白。”

《上阳台》传为李白书迹，“青莲逸翰”。“太白”两字，写得像“大大日”或“大二日”，这种奇趣，被人称道（印象里石壶就称道过）。但这种奇趣并不稀罕，列代书家、画家和诗人落款常是奇出怪样的。而“大大日”或“大二日”尚属排列中的错觉，《上阳台》里，“千”“老”“台”这三字，结体用笔，才真仿佛“乘兴踏月”，“身在世外”。

李白这孤本让我想起杨凝式法书。在杨凝式笔下，往往艳遇，就是他的《韭花帖》，算规矩了吧，就是在这样神清气朗的规矩里，一些字的用笔与结体还是有种“不妥”——以致“不妥”能够成为一件作品的精神所在，最不可思议。

另外，李白《上阳台帖》与杨凝式《夏热帖》，好像是堂兄弟。

神仙起居法

蒲风猎猎，蜻蜓欲立，立不住似的，还是立住——这才自由。

夜读杨凝式《神仙起居法》，兀地想起宋人诗句：“蒲风猎猎弄轻柔，欲立蜻蜓不自由。”立住就自由了，杨凝式立得住。

另外，“君看一叶舟，出没风波里”，更可拿来做比——杨凝式一笔荡来，墨迹出没风波，看似如履薄冰，实在飞扬跋扈得很。

名士门庭

名士门庭，自有一阵萧瑟之风。陆治的画就是如此。据说藏于美国大都会艺术博物馆的《种菊图轴》，秋意甚浓，笔墨清旷，虽说不是精品，但也匠心。陆治以支硎山为背景（画面上的山峰大都是平的，像磨刀石，故称之为“硎”；晋代的支遁平石为硎，故称之为“支硎山”），画了他在山中新居——新居像粒种子似的，落入深渊。因为是印刷品，我也看不清楚，到底是“种菊”呢还是“索菊种”？款识有这一行字：“包山陆治为陶君索菊种赋赠。”

菊花送给姓陶的，就像杨梅是“君家果”一样妥帖。

陆治是文徵明学生，我有出蓝之感。文徵明笔墨当然精良，但画面常在套路里，没有多少即刻的感受。而陆治绘画，往往有即刻的感受——这种即刻的感受，在宋人山水里山高水长，到黄公望，也是隔代知音。黄公望之后，这种即刻的感受海枯石烂——画家们都在画经典的感受，所以此时陆治尚能依稀仿佛，尤其难得。

支硎山在苏州西南，支遁坐此隐居，他的爱骑黑马，某日撒野，狂追一鹤，追到涧边，茫茫不见，黑马悻悻，低头饮水，忽然发现自己完全漂白——成为云叶霜花一般的白马。当然，这是扯淡。

写意画

非为万物立传——乃是宇宙用心——的（写意画）。

茉莉花

八大山人有幅小品，画的是茉莉花串。

我碰巧见到真迹，呀，画的是紫茉莉。以前看过印刷品，一直以为是纯水墨呢。

在这里，写上“朱耷有幅小品，画的是紫茉莉花串”，色彩艳丽些。

这茉莉花串佩戴于手腕呢，还是颈间？

《红楼梦》第三十八回：宝钗玩着一枝桂花，湘云招呼众人吃喝，探春她们闲看鸥鹭，“迎春却独在花阴下，拿着个针儿穿茉莉花”。

拿着个针儿，穿茉莉花，做成茉莉花串，大概是明清之际的女红。

这样一想，再观八大山人这幅小品，平日里孤峭冷僻的他，竟然也有温温湿湿的脂粉味儿。

不管三七二十一，我有了好的故事：次早，天方明时，朱耷便披衣靸鞋，往她房中来了，她尚卧在衾内，一把青丝拖于枕畔，一幅桃红绸被只齐胸盖着，衬着那一弯雪白的膀子撂在被外，上面明显着一串紫茉莉花串。朱耷见了，叹道：“睡觉还是不老实。回来风吹了，又嚷肩膀

白鹿
纸本　35cm×35cm
2014

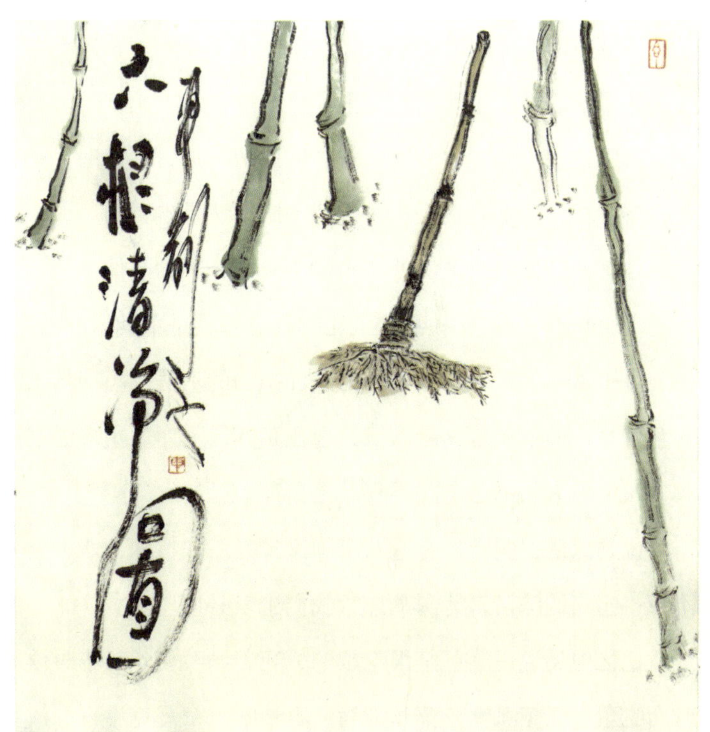

六根清净图
纸本　35cm×35cm
2014

疼了。”一面说，一面轻轻地替她盖上。

八大山人就是怡红公子了。尘世的事，谁说得准呢？

八大山人生平资料流传绝少，所以我写本《八大山人传》或者《紫茉莉花串记》的话，大概会把他往情种里整。情种的内心，或许确实孤峭冷僻得紧。

技术

只有把公共技术发展与转化为个人技术之后，我们才能说：“他是艺术家。”

杂记之三

蔬菜拼盘

董其昌的书法，出手多变，但万变不离其宗，就像吃着涮羊肉，点的蔬菜拼盘忽然端了上来，心里会喜悦的。

杨维桢的书法、徐渭的书法、傅山的书法，都是肉。杨维桢的书法是大排，徐渭的书法是五花肉，傅山的书法是坐臀肉。

董其昌的书法，肥沃处如大白菜菜心，细劲时像小葱。葱在某些宗教和场合也被视为荤腥，我这个比喻的意思就是董其昌的书法素里犹荤。

真正素食的是八大山人的书法和担当的书法。担当的书法一辈子不脱董其昌，但他比董其昌深情，也比董其昌干净。担当的书法仿佛小青菜，八大山人的书法是蒿子秆，是药芹。

说到深情，明清只有这两个画家最是一往情深，八大山人的深情看不懂；担当的深情，情深几许，我们也未必懂。

记忆中吴说一笔草是很吃素的，宛若满嘴藕丝。小时候坐在领袖像对面吃藕，呱嚓呱嚓，藕丝满嘴，真怕吃出个马克思来。江南人不喜欢大胡子，说大胡子骚，所以又叫骚胡子。

空心菜

董其昌在苏州虎丘喝茶试用高丽纸一帖，我读数遍，有吃十斤空心菜之感。

我最爱空心菜，认是蔬中上品。

所以我炒空心菜尤妙，深情在焉。

尤物

董其昌题《伯远帖》的意思真好，他这么说，我有幸得见王珣墨迹，王珣墨迹也有幸没有湮灭而得见我。

在博物馆看书画，是有这种感觉。感叹吧，因为有幸没有湮灭，不解风情之小毛丫头，花枝过河，尤物长成。

杰作是不会顺流而下的，它可以过河——时空之河，在河的那边等我们回到杰作原点，所谓传世，大概就是这样传的——在原点上等，不折不扣。

董其昌最后说道："长安所逢墨迹，此为尤物。"

在另一处，董其昌又说王珣："东晋风流，宛然在眼。"丑陋的两晋因为王珣这些人物，以致出落为历朝历代中的尤物了。唉，其实最丑陋是所谓的盛世之中却没有人物。

老杜小杜

董其昌有书杜甫的诗，书风诗风——书风是少妇，诗风是病翁，这也太意外。

建议董其昌如果喜欢抄抄弄弄古诗的话，抄弄杜牧比较稳妥。即使"折戟沉沙铁未销，自将磨洗认前朝"，还是清新。

董其昌，的确清新。

周公瑾

董其昌颜字风格的楷书，让我觉得周公瑾就是这样的。

董其昌把颜字这个关公变成周公瑾，不远处站着小乔。

曹操急死了。

紫茄

紫茄子在画里不及白茄子好看，当然，也要看什么人画。

据说《紫茄诗》行草长卷，董其昌落款纪年为“丙子三月望”（我收集到的图片不完整，没有这几个字），也即明崇祯九年（1636），董其昌已八十二岁高龄，并于这一年的十一月去世。

我总觉得这一天下雪，紫茄子都变白茄子。

题画句子

“海风吹不断，江月照还生”，后来，董其昌把“生”字点掉，改为“空”。

一本册页，董其昌题画句子。

我觉得还是“生”好。

古人曰：“笔意喜生。”

生来就是一个不听话的、不驯服的，这很重要；生来不逊——这是上苍给艺术家梯己的才华。

十竹斋

我第一次见到董其昌书法，是十九岁，是三十年前——在南京十竹斋，一条幅，上书《黄鹤楼》中两句：“晴川历历汉阳树，芳草萋萋鹦鹉洲。”

在南京街头看惯武中奇掮枪竖棒，突然见到董其昌的字，心里有种不小感动：这才说得上六朝古都。哈哈，我够少年老成的吧。

夜　纸本　35cm×5.5cm　2014

雪，太湖石　纸本　33cm×5.5cm　2013

悬念　纸本　33cm×5.5cm　2013

三味

画画画画，第一要紧是考究品味，第二要紧是讲究趣味，第三要紧是探究意味。

只有到达探究意味这个层面，才算好画家。另外，你要放弃雄辩、野心——雄辩的野心，你要勇敢、坚决地含糊其辞，这样，你的作品才会宽广。

董其昌说："这随笔写得太拗（ào）口了，但他执拗（niù）不改，气得我把笔杆都拗（ǎo）断了。"

拗（ào）！拗（niù）！拗（ǎo）！三味。

积墨

积墨有两种。一种积得欲壑难填，一种积得薄如蝉翼。

三元图跋

一元——"意识形态流"与"意识控制论"以及……一些人在艺术那里是粗暴的，艺术在一些人那里是粗暴的。前因后果就说不清了。

二元——另一方面，语言仅仅作为反抗媒质而并没有自觉自证可言。

三元——真理是思维乐趣。编织四维内存的思维网，自由不是网眼，是一维与一维之间的间隙。我们（这是承认局限性的称谓）所能探索到的宇宙仅仅仿佛一首印刷在纸上的诗，它的深度感恰恰是由平面唤起的。但如果说宇宙是个平面却是错觉。宇宙是一只线轴，四维（或者八维）各得其所，它们被上升到交缠的层面，就是四维后的思维——这个层面的思维才说得上思维。《伏羲女娲图》是揭示四维被上升的过程图，这是一个平面，所以互有遮蔽，是四维（或者八维）交缠图，它缺失的部分是思维图。一开始就是缺失的。

无随笔

诗，产生于不兴奋处。

两种诗歌：听起来的诗歌，看上去的诗歌。

陈词滥调：一种抒情暴力。

诗人的宅基地：语言。

当代诗歌之所以是当代诗歌，与其说是当代艺术中的当代诗歌，不如说是当代文化中的当代诗歌。

纯粹依赖观念的时代已经过去，作为艺术——开始朴素，即要具有一定的手工技能，也就是说不经修炼则无法达到的难度。

“个人类”：诗歌传达的是个体的人类经验。

引文增加声部——多声部在当代诗歌写作中的重要。

白话文——语法中的暴力基因。

诗歌在未来的写作，很可能是博学的写作。我说的并不是“智性诗歌”。

简约：在诗歌中永远是第一位的，只有它成长于语言内部——作为技法。

终于，这里有一首“不知所云”的诗歌，这样的写作你不知道是多么困难。

三条注解

现代小说——“故事滑出经验”，现代诗歌——“语言游离主题”。

王羲之的笔，真不知道行走在什么空间，神龙仙鸾，不可端倪；赵孟頫的笔，就只行走于纸面，难免单调。

王献之书法的一个特点：用笔已经具有后来的楷意。也就是说，中规中矩，不出意外。在想象力方面，他离王羲之悬空八只脚。

石头记一　纸本　34cm×34cm　2012

石头记二　纸本　34cm×34cm　2012

笔法

笔法即手法，去落实这手法的常常会具体到腕法——此处可有个详细，但要言传，也只能像侥幸。俗话说的篆隶楷草行，这五体，就是五种不同的笔法，也就是变化莫测的手法。篆体手法最单纯；隶体开始变复杂；草体相对隶体而言，手法反而少些，草体的手法更接近篆体；楷体把复杂程式化；五体里，行体最为复杂，复杂的手法依赖的是丰富的心灵水一样流动。历史上，这三个朝代的行体最多端：东晋、北宋、晚明。

粉本

赵孟頫《兰亭十三跋》中有这么一句："结字因时相传，用笔千古不易。"这也是文法，只要搭牢"中国文脉"——这"千古不易"的"用笔"，散文可以乱写瞎写，所谓"衍极"也。

草书对中国文化的贡献真是太大了，它使"象形"一变而为"形象"，是"写意"精神的滥觞。

"书之气，必达乎道，同混元之理，七宝齐贵，万古能名。阳气明而华壁立，阴气太而风神生"的说法，出自传说中王羲之所著《记白云

石头记三　纸本　34cm × 34cm　2012

石头记四　纸本　34cm × 34cm　2012

先生书诀》。“阳气明而华壁立，阴气太而风神生”，一句像是说范宽，一句像是说倪瓒。

水墨和书法还不一样。水墨更直接：性——情——意，性情，情意。这个“意”到最后要落实到“写意”上面。

不要夸大古画中的静气，有时候它也只不过是一种技术（给我们的错觉）。

董其昌转述此事：赵孟頫问画道于钱选，何以称士气？钱选说：“隶体耳。画史能辨知，即可无翼而飞，不尔便落邪道，愈工愈远。”

“隶体”两字说不费解也不费解，还是指用笔吧，要像隶书一波三折，因为院体画的用笔几无变化。当然，也不能死扣一波三折，无非一根线出手要有变化，甚至不乏任性。

其实说是“隶体”，应该是被董其昌改过的，或者记忆有误。最早的出处是“隶家（元王思善《士夫画》，摘自《唐伯虎全集》）”：

赵子昂问钱舜举曰：“如何是士夫画？”舜举答曰：“隶家画也。”子昂曰：“然。观之王维，李成、徐熙、李伯时，皆士夫之高尚，所画盖与物传神、尽其妙也。”近世作士夫画者，其谬甚也。

“隶家”：“外行”的意思。也就是说，赵孟頫问画道于钱选，何以称士气？钱选说：“外行画的。”

董其昌改为“隶体”后，就发挥成“士人作画，当以草隶奇字之法为之，树如屈铁，山如画沙，绝去甜俗蹊径，乃为士气”。

大致如此，也不多查资料了。因为何以称士气？说“隶体”通，说“隶家”也通。然考究上下文，应为“隶家”也。

古人画稿，谓之粉本。“粉本”这两字比“草稿”有味。

“琴囊或紫或黄二色而已，不用他色。”陈继儒说的。

美国大都会艺术博物馆收藏的一幅东坡《墨竹图》团扇，不论真假，气息不薄，还是很有看头。画面上竹分两节，下节浓，上节淡，上节的前面左右撇出焦墨竹枝两枝，大竹叶四片，小竹叶十一片，墨色与竹枝相同。此画的“画眼”在于上节，淡淡的一笔，使写实一下跃入写意。

感冒，睡觉。

传统

要把传统理解为一种未知，这时候的个人才具深度。

中锋偏锋属于空间感，运笔过程中的迟速枯湿是时间感的呈现，这个尤为微妙。

虚谷用笔的好处全在当机立断。

杨维桢书法，看上去写得放松（甚至都放肆了），但因为他不知运笔，其实是很尖巧与拘谨的。气不畅、急促，就是拘谨。

第一次听说这个画家，见到收藏在日本的一只鸡，红冠白身，鸡翅稍微用淡墨勾勒几下，鸡形（外轮廓）被墨色做的底烘出。头与身体过渡得很好，鸡眼如一只乌菱。这几天见到文徵明仿沈周的一只鸡，鸡眼是圆形，画家大抵这样画。只找到一行字："萝窗，南宋末期生活在杭州的禅僧。"

王献之"鸭头"两字的疏密——大空白中的小空白，空白的变化超过用笔的变化，更得天机。

醒堂木

一根线头出来，技术好到中锋能够多变，就可以放弃偏锋。为什么需要偏锋介入，因为技术没有那么好，就只能通过偏锋求变。中锋为常常，偏锋是不常常。杨维桢偏锋处理得像说书先生里的高手，知道什么时候一拍醒堂木。王铎也有这个意思。

中锋极致：王字。

痛苦人出语轻盈、华丽——王羲之的书法耐看在这里。

相比王羲之，王献之的用笔流利——从而失却不少细节。中国书法史，就是用笔细节不断伤逝的历史。

张旭《古诗四帖》，用笔拖泥带水，结体油腔滑调，非真迹也。

怀素草书圆形，黄庭坚草书多边形，祝允明草书横行，董其昌草书纵向，林散之草书平的——横平竖直……只有张旭不拘形迹，故张旭书品最高。

王铎的线质不如祝枝山，字形也不如。书法的字形同画理，不似之似方妙。

字要写到意外——不可思议对艺术总是好的。

李迪的《白芙蓉》，放大了看，笔笔写出，写如唱——程砚秋的唱。描笔、拖笔、划笔，等等如喊。

担当《三笑图》中人物衣纹，就比罗聘高级，罗聘是刻画，担当是书写。什么是书写？每一笔中自有结构（轻重缓急、抑扬顿挫是每一笔中潜伏的结构）。

写——行笔要有一定的畅达：才能保证笔势的生长性。

写意画有漫画味道，品就不高。丁衍庸的大部分画，王敬恒的小部分画，皆坐此病。八大山人的花鸟十分夸张，但不是漫画。

颜真卿

颜真卿笔笔实——笔笔虚，要诀在轻按重提，这种手感太微妙了，所以没几个人能写好颜字。

柳公权《书兰亭诗卷》，逸品也。其出格处在用楷书的笔意写王羲之《兰亭序》给他的感受，真是非比寻常。有人说是赝品，那也很好。

倪云林书法用笔——尖刻、露骨、单调、怪癖，远远比不上他的绘画用笔之丰富和包容。从中就能看到：书画用笔的确是不同用笔。但倪云林的画配倪云林的字真合，我想象不出倪云林在他的画上还能题另外的字体——另外的书风。

倪云林书法用笔的怪癖在他绘画中的体现——体现在他绘画的章法上。书画还是有联系的，是种秘密。

晋人的行书如音乐，明人的行书如图画。

倪元璐的用笔故意了一点，尤其长撇，有俗态。但他的结体充满不安的想象力，线条与线条之间几乎有一种自由组合的痛快。或者：一个人被装进麻袋后的无奈——伸胳膊踢腿的挣扎。

昨夜茶喝多了，一时无睡意，枕上读陈鸿寿和杨岘。

陈鸿寿的书法像削掉皮的莴苣，光溜溜的，手头拿不住。

第一次见到杨岘条幅，一个字一个字都被吊起来似的。看上去舒展，实在缩为一团。

备忘："杨见山（岘）初学礼器，信为能者，晚年流为颓唐，款题行书，尤为俗格（杨守敬《学书迩言》）。"我见过他在八大山人和吴昌硕画上的款识，的确如此。

题外话

多年前的事了，我在博物馆暧昧不清的灯光里，走过去，又走回来，看着宋徽宗赵佶的《瑞鹤图》，有种感动。这种感动几乎可以原谅他断送一个不错的朝代，甚至觉得再断送一个也没关系。朝代总是短暂的，艺术要长久得多。这二十只鹤的排列组合，仿佛冻河冰裂，带着尖锐响声：画中的瑞气，想不到如此尖锐。

早先见过赵佶的《祥龙石图卷》，后来又见到《池塘秋晚图》，画卷上依次展开红蓼、水蜡烛、荷叶莲蓬、浮萍、荷叶水草白鹭、荷叶水草鸳鸯，而水纹天上地下，像是高手散文中的闲笔。高手之高，高在对闲笔的处理。

这一幅《池塘秋晚图》，让我想起更多的宋代院体画。崔白的凫雏，李迪的白芙蓉，吴炳的荷花与嘉禾草虫……这一点也不奇怪。稍微使自己惊讶的是——

我看宋代院体画中的花鸟部分，总会想起黄宾虹的花鸟画，并以为宋代院体画中的花鸟部分是黄宾虹花鸟画的一个出处。

学习宋代院体画中花鸟部分的画家，有所成就者绝对不是于非闇他们。

学习宋代院体画中花鸟部分的画家，有所成就者是钱选和黄宾虹他们。

钱选是把宋代院体画中的贵族气、典章气、能品气——脱胎换骨为文人气、小令气和逸品气，一句话，就是钱选把宫苑变成书斋。这个意思我以前说过，现在又说，还没有以前说得好。说明我现在写文章的兴趣确实寡淡。

钱选可以说在气息上变化了宋代院体画，而黄宾虹可以说在技法上变化了宋代院体画。

黄宾虹把工笔的院体画移步换形——遗貌取神为写意的个体画。

这话说多也没意思，闲下心来，我们把宋代院体画中的花鸟部分与黄宾虹的花鸟画放在一起欣赏，如果不是太笨，自会觉得其中神似，且有妙解。

20 世纪，中国画中最善学者是黄宾虹，白话文中最善学者是废名。

光用功是没有用的，要善学。你说苏东坡的学问到底有多大，也未必，但他善学。苏东坡的学问不如司马光，也不如王安石，但他或许就是比他们出色，为什么？因为善学是一种变化的能力，也可以说是创造性思维。当然这种思维不能指望人人皆有，那么满大街大师，也吃不消。只是现在让我们更吃不消的是，大师已经半条街了，一开口，脑子进水。

黄宾虹的花鸟画有两个出处，一个在我看来是宋代院体画，一个是他的写生。

现在已经没有多少人会写生了。

不要把写生等同于写实。

我们看黄筌《写生珍禽图》，把它放大了看，就知道完全出自一种诗意的结构。

天机不可泄露，尤其是画花鸟画的，需要接受这个契约。

我们看画，应该抛弃工笔写意之分，伯乐相马，仲忧相猫，宋代院体画的精神，一直没有消失。我们在沈周的雏鸡和八大山人的雏鸡之间，都能听到李迪《鸡雏待饲图页》的回声。而黄宾虹画的白鹭，和宋徽宗赵佶画的白鹭，是不是有得一拼？哈哈，他说："蛮拼的。"

说句题外话，黄宾虹的草虫，远比齐白石的草虫高级。全是题外话。

胡　麻

——关于书法、绘画、小说以及玩物的随笔

荆　歌

墨疙瘩

小时候父亲规定我写字，一天三页柳公权，一周检查一次。每次都是到了周末，我才一阵狂补。三七二十一页，不敢写成狂草，但也与柳公权没什么关系了。为此不知挨了多少打。有时候真希望挨打，因为毒打一顿，一周的功课就可以一笔勾销了。就像有时候没地方停车，没头苍蝇般围绕目的地转半天，真希望交警过来开一张违章停车的罚单算了。贴了罚单，就消停了，就神经放松下来了。一罚解百忧哈哈。

任何事情，只有喜欢做了才不苦。如今对我来说，只要有支笔，只要有点纸，就可以有滋有味地把时间打发掉。“丹青不知老将至，往事于我若浮云”说的就是这状态吧。写字对我来说，不光是修身养性，当然也不光是打发时间，而是觉得跟一个个字儿亲密，将它们摆布，或受它们摆布，心情愉悦了，烦恼忘却了，情绪得到宣泄和表达了。这时候的字，就像一个个朋友，可以说古今，能够话衷肠。这时候的字，就像一个个幽灵，悄悄带着我去神游八荒：听雨牧云，御风逐星，无所不能，无所不乐。

至于什么样的字才是好字，我是这样想的：有特点、有情趣、不固定、多变化，天真稚拙、心手相连。你看它时它也似乎在脉脉含情地看你，你写它时它已然有了生命。而那些死练出来的、没毛病的、没败笔的，但也是流行的、千篇一律的、干巴巴的、张牙舞爪的、正襟危坐的、不苟言笑的、拒人以千里的、故作姿态的……则是我所抗拒和不喜欢的。喜欢一幅字，总是要有理由的。我也许会砸锅卖铁去买一页周作人、沈从文的钢笔字甚至铅笔字，也不会掏钱买那种名满天下的书家作品。就像一个姑娘，她五官端正、身材标准，是从上到下都无可挑剔的名媛明星，却装腔作势、虚情假意，仿佛塑料，譬如机器。又怎有那圆脸短腿，或者小眼平胸等等纯真健康的普通姑娘来得可爱？花不知名色更娇。陌上田头，桥堍楼上，那陌生的惊鸿一瞥，常常令人心荡神驰、梦牵魂绕、不可忘怀。

虽然有一些人很不习惯我的书法，说它就是一个个“墨疙瘩”，还不如小孩子写得好。如果我父亲依然在世，看我如此写字，说不定还会赏我一个巴掌。但是，真心喜爱我“墨疙瘩”的，却大有人在。他们热情鼓励，解囊以求，真是让我感到三生有幸！这光景，因此也就让我终于能过上唐伯虎所说的“闲来写幅丹青卖，不使人间作孽钱”这样自由坦荡的生活。

君子动手

我经常想，一个作家，他写字，画画儿，应该画出什么样的画，应该把字写成什么样子呢？他的身份所以是作家，他就应该首先和别人不太一样。至少是想要不一样。眼睛里看到的东西，耳朵里听到的，无论是故事，还是风声歌声，还是花儿的色彩，都应该不完全是别人所看到的吧！看问题的角度、方法，人、事、物，命运，欢乐和悲伤，所带给我的感受，引发出的思考，都应该是属于我自己的。即使说吧，什么都不看，什么都不想，只是随意，就那样活着。但是，因为自己的作家身份，因为长期以来养成的一些习惯，感受热闹与安静，愉快和落寞，许许多多的情绪，都应该与众不同吧！

自画像

我想这就是一个作家，或者说一个文人，不同于职业书法家和职业画家的地方吧。咱不用闷头写啊画啊，咱没那个压力。咱所以写啊画啊，只是喜欢。这是一种与写作既相同又不太一样的活动。相同的地方在于，你的生命里的许多的积累，你所感受到的世界和生活，你的审美，你的观察，你的想象和虚构，把它表现出来。用文字，用水墨和色彩，不管怎么样，都是有相同相通的地方的。而不同又在于，文字是说话，是讲述。而书画呢，则是墨色、线条、造型、构图。当然，作为一名作家，写字画画儿的时候，常常是会把文学上的积累，影响到那些用墨用色的左顾右盼中去。那是一种经过了长期文学训练的人所表现出来的趣味和审美，以及他选择、处理题材的方法和能力。而这种表达，常常是具有文学性，有文学的因素在左右和影响着画笔。

其实据我所知，许多职业的书画家，他们也非常重视吸取文学的营养，努力地要在文学中找到力量。事实上，许多专业的书画家，他们的文学素养确实也不低。但是我还得说，作为一名职业作家、小说家，或者诗人、散文作家，长期的“君子动口不动手”，长期的多愁善感，长期的文学训练和写作所带来的不断向内心掘进所获得的丰富和偏执，这是一种专业优势，并不是随便就能够获取的。

所以如今许多作家都在写字画画儿，咱们要珍惜咱们的优势。咱们不要写得和他们一样，不要画得和他们一样。不要使自己面目不清。不要让咱们的毛笔显得那么中规中矩，那么人云亦云，看不到才华。咱们是要用笔墨抒情，用笔墨调情，用笔墨歌唱，用笔墨舞之蹈之。用笔墨说人所未说，状人所未状。要让笔墨与文字互补，与文字互文，与文学共鸣共振，与文学你中有我我中有你，你我不分，你我一体。让笔墨去遐想，用笔墨去虚构，去探险，去恋爱，去偷情，去交欢，去背叛，去如入禅林之静，去超然物外，去拥抱尘嚣，去旅行，去隐逸，去啸傲，去沉默，去冥想，去捣蛋，去捉迷藏。去做一切可能做的，比如是文学所曾经做过的，比如是文学所未曾做过的。

否则，咱为什么是一个作家呢？否则，咱为什么要去写字画画儿呢？

一切都将继续

以前，我写很多很多小说。多到自己都懒得统计了。那时候我刚结婚，刚有了孩子。半夜起来给她冲了奶粉吃，吃了之后，得抱着她，否则她会全吐出来。我就抱着她写。那时候我在文化馆工作，我买了一台电脑放在单位。白天一到单位，我就开始写。后来，我母亲患了癌症，经常进医院。我就在医院写。直到她弥留之际，我守在她病榻边，手里一支笔，一个本子，还在写。

花开两朵

我为什么要写？

我似乎从来也不问自己。也没有人问我。我只是想写，愿意写。写的时候，忘记了周遭的现实。而曾经流淌在身边的现实，则变了形，到脑海里涌动。这是一种既忘我又非常自我的感觉。不知道是令自己痛苦呢，还是愉悦。这种感觉是奇妙的、非现实的，它只有在写作中才可能找到。我被这种感觉牵着走，我享受着这种感觉。

就像一种巨大的惯性，更像是一种对秘密体验的迷恋。上了瘾，成了一种强迫行为和强迫性的心理。

今天来回望那十年二十年，几乎是天天埋头写作的日子，意义何在？它好像真的没什么意义。那么多文字，在我的指间流出来，生成，被刊物发表，印成书。然后被很少的几个人看见了，瞥了几眼。或者居然为它流了几滴泪。然后就合拢了书本。它蒙上了灰尘，再也不会被翻开。或者，就是打成纸浆，永远消失于人间。

如果我说，写作，写那么多小说，说那么多故事，讲那些男人女人老人孩子，讲他们的爱恨情仇、生离死别，把无数的细节捕捉到，或者想象虚构出来，这些，这一切的一切，只是对写作者个人有意义，你会同意吗？

反正在我这里，就是这样的。

如果之前的二十多年，我不是一个狂热的写作者，如果我没有把大好的青春和几乎所有的时间都交给了写作，我会是一个什么样的人呢？我会过一种什么样的生活呢？我刻板地上班下班，去推销一些化妆品或者闻所未闻的生活用具。我或者开出租车，跟所有的客人胡扯中国的未来、人类的希望。要不就是继续当教师，在课堂上讲学习雷锋的重要性，讲《荷塘月色》和《祝福》的中心思想、段落大意。再或者，就是过一种游手好闲的生活——那才是我天性中的最爱。

但我选择了写作，没有其他各种的如果。我在写作中把自己一路擦亮，擦亮自己的情绪和内心。感觉在这条路上飞奔着，拖曳着自己，跑得很快，却又很安静。写作成了一种农活、一门手艺、一件让自己充实的事，不写难受。当然，在写作中，也会难受，经常会遇到一些困难。但是，它最终还是被克服了，或者绕开了，那就会很快乐。是不是很像打游戏？

简而言之，一个人，用他一生最好的年华，干同一件事，乐此不疲，这无论如何也是一件有意义的事。至少对他个人，是非常有意义的。

那些树，从种子到最后躯干倒下，先是悄悄地发芽，根在地下默默地伸展。向上长，往四周长，接受阳光雨露，也忍受风吹雨打。开花的时候，也不在乎什么人能够看到，不在乎有没有香气，只是绽开，只是怒放。或许闻到了自己的香，看见了自己的妖娆。或许把自己都感动了。

然后凋谢。

后来，我爱上了别的事情。玩古这个事情，非常考验人的智力。你要去了解很多的东西，你要学习很多东西，要观察，要对比，要总结，要琢磨。要注意不能被许许多多的假象迷惑了双眼，要注意在众多的信息中辨别出哪些是真的，哪些是假的，哪些是看上去真的其实是假的，哪些是本以为是假的不料却是真的。真真假假，占据了你的绝大多数时间和精力。玩古挤走了写作的时间，它带来了别样的人生况味。有欢乐，有悔恨，有迷惑，有顿悟。

一件同样只对个人有意义的事，似乎要挤走另一件。

然而在我的内心深处，文学写作所打下的烙印，却是挥之不去。它经常在我的脑部生化反应异常，就像犯了毒瘾似的。它闪烁着、诱惑着，令我不安，让我惆怅。

我经常会在难以入眠的深夜，想到写作的意义，想到玩的意义。有时候我会安慰自己，人生一世，草木一秋，什么意义不意义，归根结底，就是要过好每一天，快乐每一天。当我弥留之际，回忆自己的一生，不为虚掷光阴而悔恨。因为我把我的一生，都交给了吃喝玩乐，交给了虽然不求上进但快乐而充实。这样的人生，即使是辜负了天下所有的人，也没有辜负自己呀！这样，难道还不能让自己安然长眠、含笑九泉吗？

可是这样的自欺欺人，终究不能让我心安。我写一些与收藏有关的笔记，在一些报刊开设相关的专栏，我把栏目的名字写为《玩物志》。玩物丧志这个成语，我特别去掉了那个“丧”字。我是要表明，我的志一直都还在的，没有丧失。强调什么，就是害怕失去什么，不是这样吗？原来，我这个文艺老青年，到了该安度晚年的岁数，原来内心还是像有出息年轻人一样，把“志”看得很重啊！

这个志，还是小说。写小说这件事，原来，对我而言，依然是那么的重要！这个重要，没有深文大义，只是自己人生观价值观的一个支点和落脚。有了它，心里踏实，活得香甜。不虚无，不恍惚，不后悔。

所以，不管是否江郎才尽，我依然要写小说。这是我最珍视的一件事，应该是最值得干下去的事。生命不息，写作不止，这是一些人的追求，更是一些人的宿命。当然，人生移步换景，生活的兴趣不同了，视角转移了，知识点变化了，写出来的悲欢人生，也别是一番滋味了。最近两年，我的小说，背景似乎都离不开玩物和收藏。前年是《一刻》《香如故》，以及同样发表在《收获》杂志上的《他日物归谁》。现在呢，又有了这个中篇《珠光宝气》。

玩物还将继续，小说决不放弃。

玉香插

玩香之风盛行已多年，不说香道有多普及，至少，普罗大众对于沉香，已经略知一二，不再像过去那么陌生了。但是真正的玩家，还是少数。一则沉香的辨别，门槛还是太高。另则，玩香毕竟是奢靡之事，得有闲、有钱，还得有点文化，有闲情雅致。收藏棋楠，古法熏香，玩香席，毕竟小众。

倒还是线香，最为普及。一来价格亲民，二来使用也很方便。

香插作为熏燃线香的工具，因此也五花八门，应运而生。各种材质的，各种造型的，其中不乏文雅、有趣、古意的，虽是当代工艺品，也大可玩。

我的三件玉香插，皆来自于杨曦玉雕工作室。我一向认为，在当代玉雕行业中，杨曦无疑是领跑者。他的设计能力和完成度，令人仰视。除此我还没有发现第二位在琢玉上有着如此旺盛创作能力的。我收藏的《蛙鸣》和《秋声》两件和田白玉香插，显然是他雕琢大作品之余的兴之所至。特别的料，常常能赋予创作者特别的灵感。《蛙鸣》是一块以青花为主的籽料。所谓青花，就是白玉和墨玉的混杂。白的白，黑的黑，黑白分明，才是好青花。但这块料不是，大部分是黑白混杂，不黑不白，

因花想美人

呈现灰色。可贵的是，此料有一处特别的洁白细腻，纯然无杂，杨曦便将它雕成一只青蛙，其余则是荷叶。青花荷叶，衬托着洁白的青蛙，令后者更加的莹润可爱。荷叶的设计，非常生动舒展。这样的作品，对爱玉爱香的人来说，自然一见倾心。

另一件《秋声》，则是一块黄皮黄沁的和田籽料。料欠纯净，多棉，且有僵。杨曦将它雕成一片秋叶，枯了，黄了，叶子的边缘破裂了、缺损了。但是，它依然是一片美丽的叶子。叶脉飘逸，色泽金黄。它是秋的颜色，深沉的颜色。既可随身携带，又可置之案头。插上一支线香，有色有香有意境，是美好秋天的具体而微，不仅带来感官享受，似乎还能净化心灵。

两枚小葫芦，原是沪上扇骨收藏家芝豆定制。芝豆兄的主要收藏，是清代浙派金石家所刻的竹扇骨，集腋成裘，蔚为大观。去年我应浸会大学国际作家工作坊邀请，访港一个月。在港期间，结识了收藏家老罗。老罗除了有丰富的高古玉收藏，另有两百多把清代和民国的竹刻扇骨。芝豆见我在微信朋友圈显摆，竟立刻飞到香港。其于收藏，可谓痴也！这对和田籽料小葫芦，玉质特别细润洁白，堪称羊脂。芝豆原是要作扇坠之用，但拿到东西，觉得太重了一点，就暂时没要。我去杨曦那里闲聊，见到这一对小东西，突然觉得，把它们做成小香插多好啊！当即让杨曦去打洞落款。无论是入画还是做成工艺品，葫芦都是既容易又难的一件事。容易是随便怎么造型，都能让人一眼识别。但是型要周正、有味，却是非常之难。这两个小葫芦，看上去敦厚，其实精巧，越看越有味。我与杨曦约定，各持其一，不再生产，一定会让见者眼红，直淌口水。

谁料想，数月以后，芝豆兄打电话给我，对我说“暗号照旧”。什么意思？莫名其妙呀！原来，杨曦的那只玉葫芦香插，到了他的手上。“做扇坠太大，改成香插灵得不得了！赞啊赞啊！”芝豆兄显然兴奋，语音都有些颤抖。都是恋物癖啊！得到了好东西，就高兴成这样！又不是什么宏图伟业，至于吗？有点出息好不好！

其实，我还不是一样！总是轮换着将这三个和田白玉香插带在身上，每逢雅集，必取而出之，燃香一支，引来无数赞美和羡慕，不亦快哉！有时书斋独处，青灯一束，会将它们细细观赏，轻轻把玩。手机美拍，自得其乐，杀掉一段黄昏时光。

补丁之美

一些古物，由于各种原因残了破了，或者是因不慎打碎，或者只是自然开裂。当年使用它们的人，因为爱惜，残破了也不舍得丢弃，于是通过一些古老的方法，将之修缮、锔补。虽然打上了补丁，但总算是破

镜重圆，聊胜于无。至少可以重新使用了。而正是这一补，补出了残损之美。这可能是当初的修补者没有想到的吧。

我对这样的器物，竟有着特别的爱好。凡有缘遇见，都要多看几眼。仿佛那补丁处，有着许多特别的信息。不敢说悲欢离合，至少定格着瞬间的惊恐和心碎，以及精心弥补之后的一丝安慰吧。仿佛能在那破损处，看到一滴晶莹的泪，听到那弥合起来的缝隙里，有一声轻轻的叹息。这样的想象，让我对此类器物，竟有了近乎病态的关注。

自己手头经常把玩的，有一个老牙圈，就是藏区康巴男子头上的发箍。它不知道是在哪一年碎裂了，是一百年前呢，还是三百年前？它被两颗银钉，细心地补起。就是那两颗银钉，让我对它生出了无限的爱意。这样的牙发箍，在藏区实在不是什么稀罕物。虽然它牙质细腻，早已有了烤瓷一样的表面，并且被磨损得给人一种柔软的印象。但它毕竟还是寻常物，却因了这两颗银钉，成就了平凡中的不平凡。它补得小心翼翼，却又坦荡自然。仿佛这个牙圈，本来就该是这个样子。它的缺陷，明明白白地暴露，但对缺陷的修正，则更加严肃认真地呈现在人们面前。这是一种坦荡之美、修正之美。我在西宁的古玩店里看见它，立刻就拿到手上摩挲不止，不愿放下。最后店主以低得难以想象的价格给了我。由此可见，在他眼里，这就是一件残器。尽管是老补，依然是废物。他看不到它的美，它在他手上就是明珠投暗。我则被它异乎寻常的美所打动。它来到我这里，显然是弃暗投明啊！

另有一块老蜡，也是有银钉修补。看见这个蜡饼，我才突然明白这种松脂的化石，为什么会被称作是蜜蜡。如蜜似蜡，一点不错的。它就是一汪蜜，就是一坨蜡。在老藏蜡的价格高过千元一克的行情下，我以两千元的价格，买下了这块重达 12.8 克的老藏蜡。为什么这么便宜？就因为它曾经破碎，补上了四颗银钉。但在我眼里，恰恰是这四颗精致的小银钉，令它与众不同，优雅迷人。把它握在掌心，有无限的熨帖和温暖。轻轻一搓，便能闻到蜜蜡所特有的清香。

去年秋天在微信朋友圈看到成都的朋友贴图，一个手串上有个老牙佛头，上面补了六颗银钉。美得就像刻意的错银工艺啊！立刻向他求让。2.5直径的爆老牙头，竟然小几千拿下。真是心花怒放啊！

以前瓷器、紫砂器上的锔钉，也总是会吸引到我眼球。锔铁钉的通常比铜钉年份要早。它们总是疏密有致，恰到好处地排列、点缀在优雅的器皿上，给人以无限的美感。我还在无锡闵庐兄那里看到一块湘妃竹臂搁，一侧打了一颗沙漏形的象牙钉。是为防裂，但在我看来，却是这件文玩有意无意的点睛之笔啊！

也有与我同好者，对此道迷恋到要把完整的器物故意弄裂弄碎，然后锔补。比方说在一把紫砂壶里装满干黄豆，然后加入清水，等黄豆涨大，壶就裂了。于是便去打上一排锔钉。这样的刻意而为，当然不美，有故作姿态之嫌。破损有时候是天意。而破损之后的精心修补，往往饱含深情，更是可遇而不可求。其实，残损何尝不是一种缘分啊！既是缘，就不要刻意，就是自然而然。我现在天天使用的，是一把“石溪”款段泥小壶巨轮珠，盖没了，壶嘴肯定是因为有磕而镶了银口。我看它无盖而益文气，太有禅意。认真看它，已然是任何盖子都无法与之相配了。仿佛断臂的维纳斯，什么样姿态的手臂都将是蛇足。而如果故意将一把壶盖砸了扔了，我想一定是不会有如此空荡悠然的效果的。

总有竹响如诵经

——关于安之竹刻的断章

张伟忠，字安之，上海嘉定人。微博@安之修篁。人瘦如竹，性淡如菊。手制竹器，脱俗超凡。镌竹刻竹，千金难求。余尝书条幅赠安之兄如下：

竹有异秉。山野屋角，随处可见。虚心多节，沐雨拂云。

相伴于石，修长坚定。其叶婆娑，如时针走，如翻书声，如情人语，如诵经声。

安之刻竹的线条，令人物飘然而起。情感深嵌入竹，画面浮出竹表。

他刻的人物笔筒，既丰富繁密，又疏朗清雅。各种技法融合在一起，随意切换，非常自由。

他有较好的文艺和学术修养，所以他善思考，会思考，坚持思考。思考让他擦亮自己，照亮内心。

他对竹材的处理似有独门秘笈。竹子易裂，但他的作品包括笔筒都不会开裂。他知竹懂竹，人竹交融。

薄意持扇人物臂搁，长二十九厘米。人物面容极似吴昌硕。乃既远且近之古人。仿佛幻影。人物就像是从竹子里长出来的。居中的大比例构图，文雅的落款，清雅之极。

我看他的作品，能简处简，该繁处繁。实处实，虚处虚。虚实得当，繁简有致。人物的眼神、手指（手姿），以及一些特别的细节（如几根苍发、一缕扇坠），常常是他用心去刻画和表现的。

他喜欢大面积留白。不着一墨，尽得风流。

突破薄意和浅浮雕平面化的局限，追求“镜深”。浮雕小和尚臂搁（长三十一厘米），人物额头的被强调，将重心拉到竹臂搁之外，稳稳落到蒲团之上。天然竹纹在虚化的身体底下，仿佛蒸腾的白雾。

花不可以無蝶
山不可以無泉
石不可以無苔
水不可以無藻
喬木不可以無藤蘿
人不可以無癖

荆歌书法

笔筒纹枰论道，人物景物皆刻画得生动而圆融。是一种诗意的、温暖的场景。安之兄说：“心气的清静，可与竹子清爽、雅洁的气质之间达到某种共鸣，才能获得心灵与竹韵浑穆一体的天籁之音。”

我一直在思考安之的与众不同处，那就是简。不光是总体构思上，每一处细节，都是极简，惜墨如金。他总在努力表意，而非状物。他要追求以少胜多，以无声胜有声。简到最后，让竹子自己说话。

吴之璠的薄地阳文，到了安之这儿，发生了虚实之变。这一特点，似乎在其创作中被一再强化。

虚不是简，不是忽略和退让。而是争取更多的空间：深为之更深，广为之更广。它是一种更委婉的语言，是实之映照，实之反衬，实之抑扬，实之顾盼。

他对器之形之神特别在意。他更愿意说“竹器”，而非“竹刻”。有时候，刻并非作品的全部。他的“无题系列”，充分彰显了竹子天然的魅力，是他对竹的理解和敬重。竹仍是天然之竹，但已成了他眼中之竹，胸中之竹，理想之竹。他与竹的合作与共鸣。是他们的“天竹之合”。

在许多时候，刻已成为多余。至少是，过多的雕刻已成为多余。竹本无言，他却让我们听到了他与竹的交谈。

非“以此为材”，而是令此材脱胎换骨，羽化登仙。

刻竹（此处特指他在竹上刻竹），寥寥七刀，气畅韵高。古玉有“汉八刀”，人称安之为“张七刀”。

安之常常独自在山中寻竹。可用之竹，总是众里苦寻千百度。此亦竹林一景。

安之最不愿重复。哪怕是做个光素的香筒、如意、手镯之类。其实于作品而言，重复是有可能会获得完美和深度的。但对作者来说，必定失却高峰体验，令创作过程乏味。这就是艺术家和工匠的本质区别。

创新，都是因为对传统的不能满足。而这种不满足，常常又并不自知。也就是说，是下意识、潜意识，而非自觉的。在美术界、工艺界，到处喧嚣着莫名其妙的创新，其实只是一些拙劣的小发明罢了。乃无根之木，无源之水。在与安之的交谈中，他始终是强调传统的。他坚持要向传统学习，常常到了偏执的程度。他有时候会抬杠吵架一般，激烈排斥现代性。其实他有所不知，现代性与传统，有时是存在着秘密通道的。现代性并不一定就是皇帝的新衣，而是皇帝的漂亮时装。现代性正是传统在当下的华丽身影。其实在安之的创作中，我时时感觉到了一股传统的强大力量在撑破自身。那是在对传统膜拜、吸取养分和精华之后的成长和前行，是下意识对传统的不能满足，也是对传统的一种丰富和壮大。传统在他这样崭新的、不断向前的姿态中，呈现出传统厚重的魅力和它无限的开放性。

有行家评论，在俞田的作品中可见才华，而在安之的作品中，可以看到境界。境界，是创作者的精神疆域和审美高度。境界是他的眼中之竹，心中之竹，手中之竹，梦中之竹。竹不仅仅是材料与载体，而是他生命的支点与内容。与竹相伴，与竹交谈，与竹共舞，与竹一起感悟生之欢愉，生之奥秘。

朝飞暮卷

书法这门艺术，和文学作为艺术，许多时候好像是有一些相似处。那就是，它似乎始终都显得不是那么“纯粹”。我的意思是，它的技术性，在书法艺术家那里，其实往往显得并不是那么的重要。换句话说，还是以文学作类比，语言准确，没有病句，不写错字，这固然是一个写作者所必须具备的素质，但是，却远不能成就一位好作家。书法也是这样。把字写到一种特别的境界，显然不是常人所能达到。见识、学养、心胸、趣味，以及人生观、世界观，许多先天和后天看不见摸不着的东西，就像黑暗泥土里那些根须，在看不见的世界里沉默着，无声地歌唱着。它们往深处扎，向广阔处伸展。从而令地面上的枝干，越来越粗壮，越来越高大。令叶子肥阔翠绿，令花儿纵情开放，令果实饱满芳香，几乎要压垮了树枝。

我所认识的风康，向来都是言语不多、神情儒雅的。他在我心目中，就是一棵安静的树。与他的字比起来，他确实显得过于安静沉默。但是，绿叶红花，却是那么的热烈烂漫。风云过处，更显其健硕；雨露霜雪，反衬其娇美。我至今还记得第一次见到风康书法时的感受，那就是一种惊艳。我呆呆地看着，墨色线条，开合顾盼，叫人流连难去。我所熟悉的汉字，在他的笔下，怎么就能忽然之间美目盼兮巧笑倩兮，动如脱兔静若处子，娉娉婷婷长袖而善舞。一种既熟悉又陌生的美感，如春风扑面，如暗香浮动。它的面目，清新脱俗，亲切而又矜持，分明久经沧桑，却又天真无邪。写出这些字来的，究竟是一个什么样的人？他饱读诗书，多近良师益友；他既悲悯人生，又乐观豁达；他淡泊明志，闲看落花；他风雅脱俗，却生机勃勃而具人间烟火。他阅尽人间无数，却无暮气江湖气；他挥洒自如，而不时流露青涩。所以说成就一个人书家气象的，远不是勤学苦练基本功，远不是毕生临池踏遍青山，而有更多更丰富更微妙的东西在左右着他、滋养着他、成全着他。带着他沉默，带着他生

面具

长，带着他远行，带着他飞，带着他春风里开花冬夜里寂寞。

风康兄孩提时还当过几个月的和尚。这段有意思的往事，恐怕没有几个人知道。司徒庙里的小和尚，暮鼓晨钟，他的心是安静抑或浮躁？他也像一休那样见月流泪想念家中的妈妈吗？他感觉到俗世红尘的异样和遥远了吗？青灯之下，也许他偶然会看到自己的前世来生，然而只是一瞬，他的注意力，便被房梁上的一只壁虎吸引了。

他的老家在苏州城外的小镇光福。那是一个真正山明水秀的地方，好山好水，好安静、好古雅。每到春天，梅花便云蒸霞蔚，漫山遍野地开，那就是闻名古今的“香雪海”啊！风康家的老宅，就在小镇临水的地方。小小的院落，粉墙黛瓦，江南到不能再江南。风康对这个地方的爱，常常溢于言表。直到如今，他每年还经常会去光福老宅小住一阵。有次他在老宅里设家宴招待我们。他系上围裙，亲自下厨。红烧老鹅和咸肉菜饭，水平达到大厨级别，令人至今难忘。我知道他的气息与江南、与苏州、与光福，是相通相承的。江南自古而然的文气，在他的身上，在他的言谈举止和字里行间，一直都是活着的。生活在苏州真是幸福，经常可以和风康等诸兄弟笔会雅集，喝茶焚香谈书论画，风花雪月时事风云，皆于茶盅酒杯间沉浮明灭。唐祝文周、石田十洲、烟桥瘦鹃，还有风康兄的老师宋季丁，仿佛都笑谈于席间。

光福有个司徒庙，也就是风康兄幼时当过小和尚的地方，寺内有“清、奇、古、怪”四株千年古柏。我每每见到风康，就会想起它们。或者我凡去光福看见这四位仁者，都会联想到风康。风康和风康的书法，与这四株苍古虬曲的巨柏之间，显然是有着隐秘的联系。一样的都在江南的四季里静默，以点、线，以及光影，在天空下朝飞暮卷、游龙舞凤，在时光中书写生命的活力与欢欣。

书画人物册页

陶文瑜

最近一阶段我的书画习作，落款全是“八九老人”，其实我才五十出头，但我自己明白，健康长寿对于我来说不过是美好想法，不如趁现在做一些以后的生活。

年轻的时候神采奕奕，我的文字虽然说不上怎么出色，却是洋洋洒洒，好像有使不完的劲。

现在呢，从前的岁月像离开岸边的渡船，青春正立在船头对我招手致意。现在我基本上是气喘吁吁的样子，但是文章还要写啊。倒不是说报纸杂志或者有读者等在那儿，没有人在乎你写或者不写，写什么或者怎么写，只不过是自己心里过不去吧。我最近写了首小诗，其中有两句“一天和尚一天钟，自己撞钟自己听”，说到底文章是写给自己看的。

不久之前我的朋友小天请我画了几本册页，我一下子有了灵感，不如写一些册页式的文字，又短又小，写累了接接力再继续，真是天无绝人之路。人物、山水、花鸟，按部就班地进行，要么先从人物开始吧。

陈如冬

起初陈如冬的画室设在平江路上的礼耕堂，之后换在戏曲博物馆所在的全晋会馆。有朋友问起说陈如冬家里也有很宽敞适意的房间，为什么要把画室放在礼耕堂和全晋会馆呢。

我之前也曾这样想过，礼耕堂和全晋会馆说得上都是旧时王谢堂前燕，在这里工作似乎离古人更近一些，传统的影子笼罩在四周，也投在心里，心里生出来对古人的敬畏和迷恋，笔墨中竟能生出旧时月色的光辉。

我难得去一次礼耕堂和全晋会馆，在我心目中陈如冬是隔山隔水的古人。

三年前我生病住在医院里，陈如冬来探望我，上午的阳光新鲜干脆地落在病房里，我们安静地坐着聊天。陈如冬说在皮市街花鸟市场为我买了一只蛉子，声音好听，就不冷清了。陈如冬教我喂养的方法，我做得也仔细，但是没多久蛉子还是去了。我觉得没有照顾好朋友托付的孩子，是无比惭愧的心思，就和陈如冬疏远了好几个月。

以字正腔圆的传统笔墨，传递出内心缜密细致的情怀和情趣。这就是陈如冬的水墨。

但我现在要说的陈如冬画的瓷器，我想笔锋一转就能过渡了，可好久没有做文字，转折有点生硬，不如重新开个头吧。

我出身于最普通的劳动人民家庭，家里面粗茶淡饭，瓷器基本上就是青边碗吧。有关古代瓷器的一些知识，全是电视里收藏节目中看来的，那些青花粉彩离我很遥远。真正打动我的，就是民国时期的珠山八友，他们不是程式化地画龙画凤、富贵吉祥，而是以画家的姿态和笔墨，很文人地制造瓷器，他们使瓷器由达官贵人而书香门第起来，他们使瓷器由柴米油盐而风花雪月起来，他们使瓷器心花怒放。

陈如冬画的瓷器，让我一下子联想到珠山八友，也可以说，在我心目中，他就是珠山八友的一分子。

画家画瓷，是现在很时兴和时尚的活动，只是有一些画家，以为瓷器是另一张纸，以为瓷器是水墨的绿叶，这是很不地道的心情和态度啊。

据说“中国”的英文也可以当瓷器来解释，可见瓷器在本国的至高无上。我也很喜欢这样的联系和解释，瓷器精细而高贵，又要真诚小心地对待它，碎了就是永久的失去和失落，破镜重圆不过是自欺欺人。

陈如冬的瓷画和他平常的水墨有一点不一样，他是牧云堂的主人，却是景德镇的客人，因此陈如冬的瓷画多了一些一丝不苟，多了一些小心翼翼。他希望将素面朝天的瓷器装点衬托得风姿绰约，而丰润平和的瓷器也使陈如冬的笔墨生发出格外的生动和灿烂。

我年轻的时候，特别喜欢郁达夫的文字，记得郁先生在一篇散文中说到，我爱我的妻子，所以爱天下的女人，我爱我的儿子，所以爱天下的孩子。

对于水墨，陈如冬怀着一份特别的热爱，线条和色彩，让他如痴如醉，并且真切地感受到幸福。因为和水墨相关，陈如冬自然怀着真心和热爱，所以他笔下的瓷器，是有心思和情感的。

夏回

我和夏回同年纪，都是六三年生人。这一年出生的特别多，六三年应该是三年自然灾害的末梢，日子好转了，大家也有了生儿育女的余地了。但我在我们家排行老大，也就是说我是有六三年出生的必然性，夏回在他们家排行老末，苏州人称老拖儿子，要是没有他，夏家门里也是人丁兴旺、子孙满堂的格局。多年之后大家看了夏回的花鸟水墨，才意识到夏回是一位不可多得的画家。

现在我还记得，我们周围的文艺青年中，夏回是第一个结婚成家的，当时好像大家还有一些似懂非懂的意思吧，夏回找到我们说，我结婚了，这是喜糖。还派给大家一支“牡丹牌”香烟。我们这些男孩，抽着一个男人给的香烟，隐约觉得自己长大了。

三十年之后的去年冬天，我打电话请夏回来青石弄5号吃菜饭，夏回说我带一个人来阿好？然后带了他女儿来了。

小姑娘已经是亭亭玉立的大学生了，在北京中央美院读书，和美术有关，也是子承父业。我和夏回差不多也是她现在这个年纪认识的，似乎当年夏回派给我们的香烟刚刚抽完，烟头也刚刚扔掉，孩子竟长大成人了，岁月如流这句话，真是说到点子上了。

我上班的地方是叶圣陶故居，这一幢宅子有一庭小园，小园里种了好多花木，玉兰、海棠、紫藤、芭蕉、石榴、梅竹等等。平日里出门游山玩水，很随意就能见到玉兰海棠什么的花木，但这些玉兰海棠和我待在一个门堂子里，我觉得她们就是我的同事了。所以哪怕是同一个品种的玉兰海棠，在别的地方看到，就是陌生人，种在自己园子里的，就是熟人。

玉兰是先开花，没有几天日子，待花落净了，再绽出来一点绿意，接着叶子越来越大。玉兰花开放的时候，梅花还开着，梅花多么冰清玉洁啊，但盛开的玉兰花一下子就把她比下去了，玉兰高贵、大方、温和、从容不迫地美丽着，使我觉得待在一边的梅花甚至有点寒碜和做作了。

芭蕉因为生长繁殖迅速，所以第一年都要修剪干净的，但到了夏天，芭蕉依旧是枝繁叶茂的样子，芭蕉伸展开来的时候，是那么的大胆和随意，还有石榴，开花的时候，完全是一幅宋人的小品画。我一直想，我要是会写生就好了，就能把见到这些花木时的心思和激动记录下来，我要是把这些写生挂在自己的书房里，那是对美好的最经典的收藏，是对一年四季的温故知新。

为什么我读了夏回的花鸟画，有一份特别的亲切呢？我以为夏回将面对花鸟时的心思和激动准确地传递出来了。

我记过一段有关花鸟画的文字，我说，花鸟是没有年纪的，画家就是要画出来岁月落在花鸟上的痕迹，画出来画家自己的私心杂念。有一些花鸟画的功夫，估计是从前人的优秀创作中锻炼出来的，说起来也是惟妙惟肖，但精神面貌上，似乎缺少了一点东西，这好比是和演员的剧照交朋友，那是很知人知面不知心的。

我生出为夏回的花鸟画记一些文字的心思，是在一家画廊里读着夏

夏回作品

回的几幅旧作，因为有些年份，颜色不是那么鲜明了，但是风骨依旧，很恣意很散淡的样子。有的小品就是单独的零件，也不能给人整架机器的联想，夏回的这几幅作品，不仅让人想到机器，还让人想到了一个车间，比如那几页石榴，使人感受到了秋天。

夏回的花鸟画，还是拿演艺圈来说个事吧。演艺圈有好演员和不太好的演员之分，不太好的演员在表演影视剧的时候，应该也是很卖力的，但人家往往会忽视他的表演，而光顾着看故事看情节了。好演员能够让观众忘记了故事情节，只是关注他的举手投足，他在故事和情节中，表演出来却是他自己。

我觉得好的花鸟就像散文，比如齐白石的作品，农民看了以后说，这不是我种在田里的蔬菜吗？城里人说，这不是我们家厨房里的青菜萝卜吗？艺术家说，这可是艺术殿堂里的供品啊。大家都能找到各自的落脚点，然后安心地和齐白石交流一些悄悄话。散文是永远没有了结的一

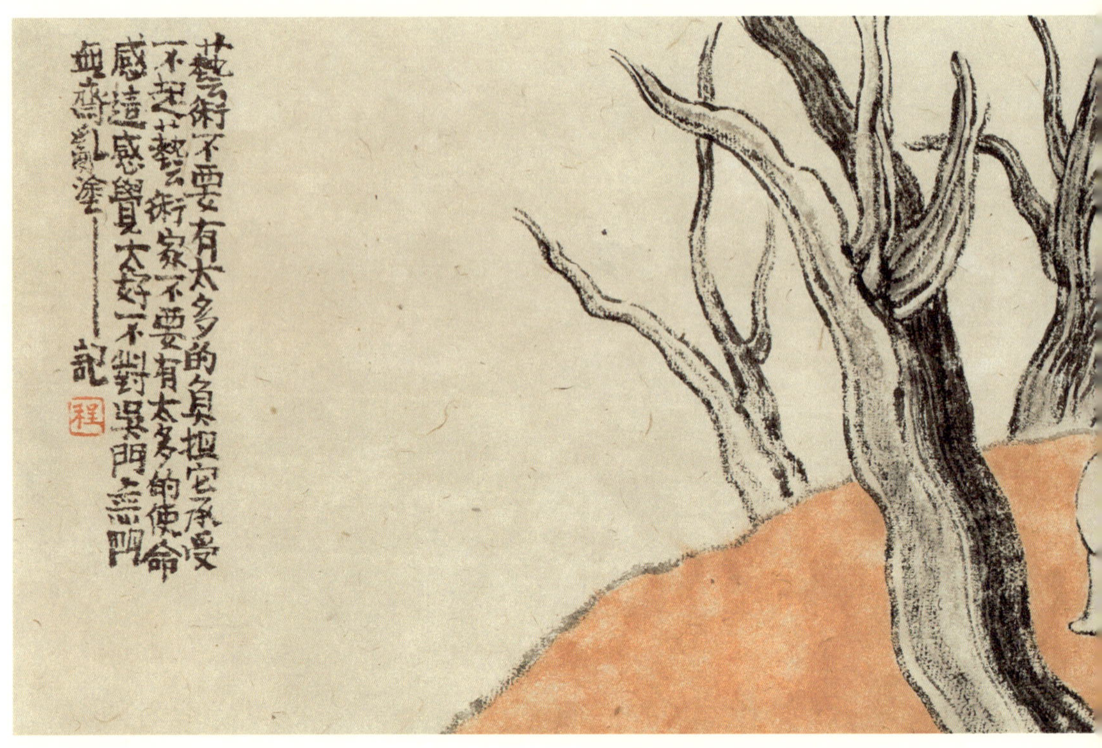

秋一作品

种文体，散文的另一半要靠别人去完成的。了结了的散文，那是中小学课文，孩子们在打基础，远方是从眼门前一步一步走出来的。

差一点的花鸟画家呢，容易流入对生活的描摹，像小公务员似的，花鸟是他的上级，他画图就是不折不扣地完成上级指示。好的花鸟画家呢，生活中的花鸟只是他的借题发挥，是他的虚晃一枪，他笔下的花鸟，其实就是他自己。大家透过花鸟，看到的是画家的情怀和才华。夏回就是这样的好画家。

在我心目中，苏州有两个花鸟市场，一个在皮市街，这是苏州的物质文明；另一个在夏回的画室里，这是苏州的精神文明。生活在一个鸟语花香的年代，我现在心情很好。

最后我想为这篇短文来点一下题，我以为夏回的花鸟画，最精神的地方，应该是他对笔墨的理解和自己的把握，这样的理解和把握，张扬

出一份独到的艺术个性，使纸上的水墨恣意、高贵和鲜活。读到这样的作品，我想为夏回的花鸟画题四个字："风华绝代。"

秋一

秋一长得很江湖，言行举止也江湖，所以一开始我们不太交往。后来车前子经常从京城回苏州，和秋一处成很好的朋友，我对秋一自然也亲切了好多。一般车前子认可的朋友，我会无条件地接受，因为我和他差不多是三十年的交情了，初次见面的朋友是铁棒，车前子就是那根铁棒磨出来的针了。

长得江湖是先天因素，我同样无可奈何地长得江湖，但言行举止是可以自己把握的，我和大家在一起，大家认为我是知识分子，而不会把我当成警察或者吃社会饭的。秋一对书画有自己的见识，艺术态度其实很真诚实在，所以我以为他言行举止也江湖其实是一种掩饰。

三十多年前，我在中学读书，喜欢上了一个女生，说是不敢说出来的，是埋在心里的秘密吧，我表现出来的形式就是大部分人正在为高考埋头书本，而我随着一些不抱高考想法的同学在球场上打球，这是表面文章，其实是回到家里一直没有松懈读书，所以考试分数不俗。我是在以这样的面目引起那位女生的关注，觉得我不花工夫却成绩优良，至少聪明过人吧。

秋一的言行举止也江湖，和我当时的情形有点仿佛，只不过秋一心仪的女生是书画艺术。这种表现状态，简陋而单薄，却又是那么单纯清澈。

不久之前我在网上寻找自己的一个信息，无意中看到我在一所学校讲座时说，“写作的精髓在于做减法”，我自己也记不得我曾经讲过这样有水平的话了，这句话用来形容秋一的水墨作品，竟是那样的生动和贴切。

为什么做减法这么重要呢？因为做减法能够体现艺术家的取舍水平来，怎样以一当十，怎样一叶知秋，怎样对读者想象力信任和培养，对于东方人的国画来说，做减法是艺术家十分重要的素质和本领。秋一是具备这样本领的一位艺术家。

对读者想象力信任和培养，其实是很重要的一项工作。不久之前我去了一个戏曲之乡的乡镇，文化站一位五十开外的老同志，说起成绩时提到，自己在二十多年前，写过一个在省里面获奖的小戏，《孙悟空看新农村》，后来我回家之后打开电视，刚好看到一家电视台在做一个有关世博会节目的广告，《喜洋洋与灰太狼看世博》，二十多年过去了，我们的想象不分城市和乡镇，竟是如此地如出一辙，对于想象力的培育，艺术家义不容辞。

秋一水墨的另一个个性就是笔墨踏实而纯正，这样的笔墨，是一个无忧无虑的孩子，用自己的方式，使世界单纯起来，又像一个饱经风霜的老人，欲说还休地让世界返璞归真。

减法和笔墨踏实而纯正，我以为谈论秋一，这两点就足够了。再回到开头时的说法，说起江湖，我想到了从前武侠小说中读到的一段话，这一段话当时我很喜欢，所以一直放在心里，现在拿出来，顺便送给秋一："江湖是江湖人的江湖，江湖人把自己的名字写在风里。"

许风康

我是要评论许风康的书法，却一下子想到好多和他交往的琐事和自己的经历，上年纪的人容易婆婆妈妈絮絮叨叨，另外一点，从这些说开去，至少也是一个书法家，落在另一个书法家心底里的痕迹和影子吧。

春天之后不久，书法家许风康路过青石弄，带给我一小包新茶。茶叶是光福老家自己植的，风康说，只有这么多，尝尝味道。

几十年前，新茶上市的时候，我母亲带回家一些光福的新茶，我也是那一回开始试着喝茶，一喝就是几十年，身经百战的老兵，一直记得开第一枪时候的情景。高中毕业之后，我去读财经，在学校里交了第一个女朋友。女朋友的祖母是光福人，她们家有一幢很大的宅子，我曾经在宅子的长廊上喝过一次茶，是光福的新茶，好像叫雪绿。我和女朋友谈了两三年，只是拉了几回手。喝着风康的茶叶，我随手写了一些句子："少小过家家，青梅和竹马。现在长大了，你还记得她？"

一开始我只是比较喜欢书法，没有很好的学习条件，就凭着自己随意涂写，劳动人民家庭的孩子，怀着一颗书香门第的心啊。后来我就去当作家了，也一直过着写文章的生活。有一次《青春》杂志提出来要做一个我书法作品的封二封三。我内心十分激动，也有点不自信，就选了一些作品，向风康请教。我说我的书法拿出来，是不是有点丢人现眼？风康很直接地肯定了我的作品，这是极大的鼓舞，我也是从那时候起，坚持学习书法，并毫不犹豫地以为要和书法相依为命地走下去了。也是因为风康当初的指导，在我内心里，一直视风康为我的启蒙老师。本来我还想举行一个拜师仪式，却觉得现在这个年纪有点前不搭村后不搭店的感觉，不如再过些日子，七老八十了，一个老头诚恳地拜另一个老头为师，这是多么圆满的生命啊。

风康的老师是宋季丁，宋季丁是我心目中的大师，书法是他艰难而辛苦的生命中的神来之笔。我应该和宋先生同在一座城市中生活了好多年，却是没有缘分相识。我与风康在一起，就会说到宋先生，我最愿意听风康叙述他追随先生的陈年旧事。我以为风康对书法的热爱和执着应该是受到他老师很大的影响。

好多人是书法家，但他们和书法的关系是一种婚姻状态，柴米油盐地过日子，传宗接代地延续日子，如果书法仅仅是横平竖直似的少了细腻和细节，少了情感和情怀，我以为就意义不太大，我想宋季丁先生和风康一直和书法保持着一份恋爱的形式，有一点距离，但心中牵挂，不因为门当户对束缚，也不攀比或者嫌弃。这样的恋爱几乎是生命里光彩和荣耀的瞬间。

青石弄 5 号的院子里，植了四株玉兰。玉兰是先开花慢开叶子，有点自说自话我行我素的样子，早春满树花开，光彩夺目。所以我觉得玉兰富贵高雅，几乎就是真正文人的模样了。

我是一名作家，但现在写作的兴致很淡，因为这些年写作投稿然后发表，渐渐养成了一个不好的习气，我以为我是为了满意读者而工作着。

风康的书法作品中，有着十分强调和坚守的自己。和宋季丁一样，风康的书法是和自己交流的一种方式。和自己的交流对话，也不用客气，也没有做作，多么自然而然啊。

风康作品的另一点就是散淡休闲，没有负担，没有功利心，提笔就写了，搁笔就歇了。以书法的态度对待人生，也是让我若有所悟。

我在和风康的交往中，渐渐明了书法这一门艺术，从开始的白纸黑字算起，就是迈出了第一步，就是走在路上。因为几乎不可能登峰造极，初夏一日書房外鳥聲不絕。透過玻璃，見一向未入住之宅陽臺積物甚厚。有三個品種之小鳥於此嬉戲，神態自如，旁若無人。觀之不覺入境，與鳥同娛也。

風康

风康作品

所以一辈子都是走在路上，一辈子都有追求，有一份敬畏，但不存在拘束，同时，走到哪儿，那里就是目的地。其他还有什么陶冶情操、磨炼意志、强身健体之类，这些都是无关紧要的套话，相当于感冒的时候，医生说是要多吃开水，开水没坏处，但开水和感冒冲剂还是不一样的。

最后我想写一个前后呼应的结尾，也是和茶有关，有一年一家出版社约我主编一套丛书，说一说和茶的你来我往，我就约风康题写了书名，这一些签条，我一直保存着，书后来也没什么影响，像雨滴落在太湖里去了。我的文字，有点草绳的意思，这对我打击很大。

李双阳

听了黄异庵先生的《游殿》，我一下子明白了什么是评弹。按照戏曲词典上的名词解释，应该有一套程式说法，其实直截了当来说，评弹就是瞎讲讲。

无论是《珍珠塔》，还是《玉蜻蜓》等等，基本上所有的长篇弹词的故事，用三两句话都能说明白的，但是评弹演员能说上几十回，而老听众关心的，不是耳熟能详的故事，而是穿插在故事之间的瞎讲讲。

之后我的散文写作也有了很大的进步，因为我一下子也明白了散文是怎么一回事情，散文讲究形散神不散，翻译成白话文也是瞎讲讲。

有些评弹演员，在舞台上说了一辈子，似乎只说了一个故事。《游殿》是我所见过的黄异庵一生中仅有的演出，老人八十多年中的四十多分钟，让我明白了内容和形式的来龙去脉。

回过头来说李双阳，读了李双阳的草书作品，我以为他就是草书黄异庵。

我看到一些现代草书，像一个人不成功的表达，心里着急说得很快，越快越说不清，越说不清心里越着急。还有一些现代草书，似乎是很流利，却像是绕口令，快的是口舌，和心灵无关。当草书成了草草了事之书，书法就是五音不全的歌唱了。

双阳的草书似乎也是龙飞凤舞，却能让我看得慢下来，或者说沉默和安静下来，在顺流而下和逆水行舟的线条之中，显示出一些作者的心思，也启发我产生一些新鲜的想法。我觉得双阳的书法很抒情，他能将自己遇上的朴素人生，自己经历的平常日子，沉淀在墨中，然后在砚台上慢慢磨着磨着，再在宣纸上不露声色地绘声绘色。

在古人之中十分明显地将自己的经历和岁月的痕迹落实在宣纸上的，苏东坡是一位代表人物。苏东坡是我内心仰慕的文人，苏东坡打动我的文字，不是“大江东去”，也不是“明月几时有”，而是书法《寒食帖》，“自我来黄州，已过三寒食”，多么直接朴实的意思，但苏东坡的书写却是那样的声情并茂。书法的不一般就是将自己的感情蕴含到笔墨中去啊。不然仅仅就是写字，就是抄抄句子，这一些是和书法无关的。可惜好多人以为只有文学才可以叙事抒情，而书法只是叙事抒情的一种工具，这其实很大程度上妨碍了书法的境界。

我在阅读古人草书的时候，有过的感触和领悟，又在阅读双阳书法的时候不期而遇了，所以我说双阳的草书是古人回家。

我是一名书法爱好者，和华人德老师有不少交往。我每次将自己的习作向他请教，华老师都是直接明确地指出问题、提出意见。好多次我内心是十分希望华老师说上两句有点表扬的闲话，但始终没有。双阳也是这样的风格。他指出来我的一些错误，然后告诉我改正的方式，双阳说书法多写不一定有用，错误重复一百次还是错误，这话使我很警醒。

华人德老师和李双阳情愿不顾及我的面子，而使书法不受一点委屈。当我理会了这一份挚爱，心里面十分感动。

郭澎

读郭澎的画，好比是两个很投机的朋友，坐在窗下喝茶聊天，说的人说就说了，是在和朋友交流，也是在和自己谈心，听的人听就听了，也无所谓意义，也无所谓对错。就是两个人的喝茶聊天，和同学会碰头不一样，和新春联欢会也不一样，有些花鸟画也很有笔墨，可惜就是太联欢会了，堆成一堆，好像是没有了城管的小菜场。

郭澎的创作，主题是禅意。

禅意只能意会。

禅意和名人名言不一样，名人名言是功成名就之后的指点江山，是树立在芸芸众生面前的坐标或者参照。而禅意是若有所悟时的欲说还休，是心有灵犀时的点到即止。我指东，你能得到打西的启发，我满足，你能发现失落的痕迹。

郭澎的画，似乎是一些佛教典故，似乎是一些禅宗道理，其实是他学习了佛教典故之后的心得，是他明白禅宗道理之后的体会。有些很深刻的道理，郭澎是比较现身说法地表达了，显得深入浅出。有些很浅显的道理，几乎是众所周知，郭澎真心实意地流露了，显得脚踏实地。有些体会，和最初的本意截然相反，郭澎也不是人云亦云，或者就事论事，他依旧坚持自己的想法走下去，走到原来出发的地方；有些体会，和古代先贤不谋而合，郭澎也不是沾沾自喜，或者得意忘形，而是温故而知新地认识和对待，莲花开在纸上，郭澎风一样吹过，几乎没有痕迹。

山水、人物和花鸟，说到底全是虚晃一枪，画家是通过山水、人物和花鸟来表达自己的情怀，述说自己的心思。郭澎的画，以充满禅意见长，是似是而非的照本宣科，又是顺流而下的借题发挥。郭澎坦荡、朴实、简明、诚恳地坚守和坚持着自己，使自己的作品，有了别具一格的生机和感动。

读郭澎的画，让我想到最多的，就是距离。禅宗和生活的距离，郭澎的画和禅宗的距离，这样的距离，使观察和表达有了崭新的角度。然后还有郭澎的画，和绘画的距离。

我认为画家有三个形式，一是鱼一样的游泳，生活如水，画家似乎是如鱼得水的样子。另一种是船的样子，画家似乎很潇洒地在水面上乘风破浪。其实这两种状态都有一定的局限，我认为郭澎的画是水鸟的状态，水鸟和水面和天空都有关系，又若即若离，这样的状态，首先和生活保持了距离，然后也和泛泛而谈的创作保持了距离，这是十分有益可贵的艺术个性和品质。

我和郭澎只见到过两次，是常理上的泛泛之交，但文人之间的往来，不在乎相识的早晚，也不在乎相处时间的长短，他们更在乎的是对彼此艺术创作的关注和认可，所以我在内心里把郭澎看成一个很投机的朋友，在读了他更多的作品之后，将一些想法汇总在一起，做成了这样的文字。

郭澎　四睡图

周红

周红是画家郭澎的妻子，他们夫妻二人居住在胥口，郭澎还是位居士，所以在我心目中，他们是外地人，这个外地，不仅是住得离我们较远，而且他们的生活似乎是在红尘之外。所谓梅妻鹤子，应该就是这样的情形了。这是第一绝。

郭澎平日里的工作就是书画，周红的工作呢，就是欣赏和赞赏自己的丈夫，在周红心目中，这个世界上如果只有一个画家，那就是郭澎，如果有两个画家，那么郭澎就是其中之一。要是有一天他们俩走散了，周红一定会像小龙女那样，在蜜蜂的翅膀上刻上寻人启事，她一定会用这样的方式寻找郭澎。这是第二绝。

但他们永远不会走散，周红也用不着在蜜蜂的翅膀上刻字，所以她尝试着雕刻葫芦，请郭澎在葫芦上画好水墨，由周红来雕刻，葫芦是没有超脱的蜜蜂，周红在葫芦上刻着她和郭澎的故事，用这样的叙述来体会生活，体现爱情。这是第三绝。

夫唱妇随是一句现成的俗语。我们家新村门口，有一对外地来苏州打工的小夫妻，丈夫烙鸡蛋饼，妻子和面粉外带收钱；我有一位亲戚，妻子擅长编织，丈夫在菜场支了一个小摊，叫卖妻子编织的毛衣；包括我现在说的郭澎画好了葫芦，周红来雕刻，这一些全可以算上夫唱妇随。夫唱妇随是很和顺的状态，若能够珠联璧合，那就是一种境界了，周红和郭澎达到了这种境界。这是第四绝。

周红雕刻葫芦，一心想的是完全彻底地体现书画家笔墨的神采，书画家纸上的水墨，是他们的原作，葫芦上的书画，是书画家作品的译作，怎样体现原作的本质，让周红煞费苦心，而周红自己，却悄然藏在葫芦之中，不露声色，不露痕迹。这是第五绝。

这一篇文字，其实是一首五绝。

李戴蟾

我已经好久没有写作了，自从当了书画家之后，文章的事淡了许多，看到从前的作家朋友，感觉就是隔壁邻居，看到神采飞扬的文字，也少

周红作品

了以往的激动和敬服。我曾经热爱并且花了大半辈子功夫努力的文字，竟然说放下就放下了。我也细想过其中的原因，一来文学艺术没有种瓜得瓜的好事，我的心智也只能到这个境界了，再要进步可能很难了；二来我以为还是水墨的魅力，对于我太有吸引了。和从前的文学一样，现在我看到有审美品质和个性光芒的水墨，会有一份发自内心的感动，比如李戴蟾的作品。

作家介入书画，相对要容易一些，艺术毕竟是相通的，文学和书画的区别，差不多是厨师中的红案和白案吧。作家欣赏水墨，笔墨的功力应该是第二位的，而艺术品质和感觉，才是主要的，功力再深的木匠还是木匠，有了艺术品质和感觉，木匠才能成为齐白石。

我是先看到作品再后来认识李戴蟾的，李戴蟾的水墨，让我想到了八大山人和黄宾虹，这两位前辈，是我心目中高山仰止的大师，李戴蟾和他们，气息相通吧，因此我觉得很亲切，这好像是两个陌生人有了一位共同的熟人，所以一下子关系近了好多，也有了可以交流的话题。

我以为李戴蟾的水墨，最值得推崇的个性，就是有了似是而非，优秀的诗人和散文家，都能够出神入化地似是而非，好的画家也应该有这样的才华和品质。

为什么我心目中小说家不是最艺术呢，因为小说讲究的是人物性格的冲突，是惹是生非，民间故事的创作者，似乎也不太艺术，他们拿从前的名人和仙人说事，自己也知道这是子虚乌有，太口是心非了，新闻记者也是靠文字吃饭，但他们也不是艺术家，他们要的是是非分明。

什么是似是而非呢，生活好比是大米，经过艺术家的劳动，呈现给大家的是美酒，那些把大米磨成米粉，再做成年糕或者面条的，他们只是表面上的艺术家吧。

在我心目中，李戴蟾应该是艺术家，李戴蟾的水墨，是一壶美酒。

我在记这篇文字的时候，想起了小时候的一首儿歌："马兰花，马兰花，风吹雨打都不怕，勤劳的人在说话，请你马上就开花。"我觉得"请你马上就开花"是美丽的句子。而李戴蟾应该是水墨马上就开花。

平日生活中，我有好多书画家朋友，好多人经历了风吹雨打，好多人经历了吃苦耐劳，但"请你马上就开花"其实是一次顿悟吧，所以艺术是心潮起伏，艺术也是心平气和。

祝愿李戴蟾走得更远更好。这话说得很程式化，但有时候一句顺手牵羊的鼓励，能让艺术家好一阵子心里充满美好。

孙宽

孙宽的水墨，可以从苏州园林说起。

四十多年前，安东尼奥尼拍摄了一部名为《中国》的纪录片，其中有二十多分钟是关于苏州的故事。一对朴实的夫妻在苏州园林里取景拍照，还有苏州西园的情景和文物，安东尼奥尼表现西园的时候，配的是当时流行的样板戏，敲锣打鼓高亢激越的背景之下，庭院景色反而显得更加安宁了。这一年我还是个孩子，而孙宽呢，应该还没有出生。

安东尼奥尼拍摄《中国》的时候，孙君良孙先生应该在苏州园林里写生。

孙君良孙先生二十岁就加入苏州国画院，他的同事曾经是张辛稼、吴敦木，孙先生以园林画著名，他的水墨散淡随意，又和气风雅。我每回去拜访孙先生，他总要领我在画室外的园子里走一圈，看看新种的石榴，或者是修剪的紫藤，孙先生的画室名为“快绿轩”，所以我以为孙先生最得意的作品，是“快绿轩”中的园子。

从前的苏州园林，几乎是苏州人家里的一座花园，也有人在这里品尝文化体验精神。更多的是休闲玩乐，还有就是青年男女相亲约会的地方，从前的相亲约会很私密，放在园林里，多了一份美丽的羞涩。不比现在，现在的相亲，是电视上大张旗鼓的群众运动，搞得像小商品市场一样热闹。孙君良先生内心依托的，就是从前的日子和从前的苏州园林，所以我们读他的作品，经常能唤起从前的记忆和情怀。

孙君良先生从国画院退休没多久，孙宽调入国画院，在孙君良先生之前的画室工作，画的也是纸上园林。这是比较经典的子承父业。

形容苏州的闲话，我最欣赏的一句是“梅花开在梅树上”，其实我已经记不得这是谁说的句子了，反正不是我凭空想出来的，因为我没有这样的境界和才华。苏州这棵梅树上，盛开过唐伯虎、文徵明，也盛开孙君良，还有孙宽。

对于绘画，孙宽应该有天然的优越，从小耳濡目染的熏陶，以及孙君良先生的言传身教，孙先生可以传递给孙宽的是对绘画的热爱和痴迷，可以教授给孙宽的是绘画的观念和技法，但孙君良先生经历的园林，对于孙宽来说，几乎恍若隔世。

从前的园林，可以说是苏州人家园的一部分，现在的园林，除了身在苏州，本质上和苏州人关系不大了，她属于一日游参观，属于外地游客，属于照相，却不属于水墨国画了，因此孙宽画园林几近作茧自缚。

作茧自缚的追求就是破茧而出的飞翔。我以为孙宽的水墨，已经有了飞翔的意思了。如果说孙君良先生的纸上园林是似水年华的回忆回味，孙宽的纸上园林就是超凡脱俗的如梦如幻。孙宽的意义在于他画出了另一个苏州园林。一个过滤了喧哗与骚动、平淡与世俗的苏州园林。

现在我的书桌上，放着孙君良先生和孙宽的画册，我要写作散文的时候，就读一会孙君良先生的作品，我有了写诗的念头，就看一会孙宽的绘画。有时候做人累了，想到成仙，就看看孙宽笔下的园子；有时候成仙久了，想要回到人间，就读读孙君良的水墨。

文人造园是苏州园林的一个特点。著名的拙政园就是文徵明的手笔，我不能和文徵明生在同一个时代，不能获得身临其境的感悟，这是一种遗憾，然后因为孙君良和孙宽，我又有了一份特别的幸运。他们的纸上园林，使我觉得生在苏州，美丽而温馨。

钱玉清

几个月前，一家报纸约我记一篇有关华人德先生的文字，这事对我来说并不容易，之前我已经写过介绍华老师的文章了，另一点我和华老师比较熟悉，要呈现出崭新的面目真是难题。一时间我不知道如何着手，就找来华老师的隶书作品，临写了几幅。

隶书本来文气安详，写起来好像回到了古代，似乎在和古人喝茶谈心，而华老师将这样的文气安详体现到了极致，大家对他作品的印象是严谨书卷。但是我在临写之后，却是一番完全不同的感受，华老师隶书的点划之间，是十分率性的快意恩仇，呈现在纸上的古人只是一个忽隐

多云 34cm×72cm 2014

忽现的影子，而比较鲜明的是书法家内心的狂放和张扬、骄傲和自信。

这是一个很有创意的写作技巧，甚至可以成为我写作采访文字的看家本领。现在我要说说钱玉清，所以这一阵我在临写他的草书。

最初我想到一个题目叫“水墨少帅”，钱玉清干的是惩恶扬善的公安，却生得书生意气、文质彬彬。钱玉清擅长狂草，我行我素、旁若无人。但生活中十分知书达理，谦谦君子。我以为用水墨少帅入笔，来描写钱玉清，十分切合，而且我的文字也十分方便展开。

这篇文章我去年就打算动笔写的，一直搁着，拖到了新年，今年我竟五十岁了，俗话说年过半百。书画家到了这个年纪会在自己的作品上打上“五十后作”的闲章，我希望我的文字也有所变化，朴实无华、直截了当一点。

我是要说钱玉清的书法，上年纪的人嘴碎，写文章也是，从前三下五除二就能切入正题，现在绕了一大圈，还没出门，要么就言归正传。

也可以说，因为钱玉清，我才开始认识当代人的草书。之前我对当代人的草书可能有所偏见吧，感觉这个形式有点得理不让人，有点张牙舞爪，我在草书面前甚至是理屈词穷的状态。我是循规蹈矩的老百姓，草书是盛气逼人的黑社会，所以我一向对草书避得远远的。

学习了钱玉清，才明白过来，我对草书的认识是那样片面和浅薄。草书不是不讲规矩，而是有太多的清规戒律。而且我觉得钱玉清的书法，在飞流直下、金戈铁马的表面，却是十足的文静和书生。

远和近，虚和实，动和静。不用去理会别人在想些什么，也不怕人家读懂你的心事，轻轻松松、散散淡淡、平平常常、实实在在、从从容容、真真切切，这样的感觉，使我十分享受。

去年我四十九岁，生日的时候写了一首诗纪念，“一岁年纪一年人，而今已然不青春。东拼西凑四十九，水墨麻将共余生。”回首大半世人生，也不知怎么一下子就过来了，几乎没有干些什么，有一种东拼西凑的感觉。麻将是我的爱好，我是一个作家，展望未来的时候，为什么不是文章麻将，而拿水墨说事呢，因为文学艺术没有种瓜得瓜的好事，就决定放弃了。去年一家诗刊的编辑来苏州，约我一起碰头，说我曾经是他们的作者，我去饭店的时候，觉得是带着现在的老婆上前妻家做客，很不自然，也有点失落。回过头来学书法，其实是六十岁学打拳，志气很大，难度不小，我内心一直有点灰心。但最近交了好多书法朋友，对我启发很多，比如钱玉清，他的书法勤学苦练是显而易见的，但打动我的，却是笔墨间展示出来的心思和情怀。另外一点体会是，草书一般给人的印象是逸笔草草，钱玉清的书法，感动我的，却是舒缓之间的细致周到，奔走时的沉着踏实。

不久之前，钱玉清的作品获得了国家书法大奖，这是行业内的最高荣誉，十分珍贵也十分难得，因为这个荣誉，公安机关还要给他记功。公安记功可是很不容易的事情。我有个亲戚，也是干公安的，一日到夜早出晚归，不是值班就是加班，抓过的坏人，聚在一起可以开大会了，年终只评着区里的先进。钱玉清兵不血刃就建功立业，真是为苏州争光，给文人争光。

册页一般以十帧为数，我刚好写了十个人物，也有点累了，要么就这样吧。

快不过命运之手

——范小青散文漫谈

朱红梅

范小青已经写了三十多年，与她洋洋洒洒千万余字的小说创作量相比，散文只是一门副业。这些文章都写得很家常，大多简短而朴素。短文不会占用她很多的时间，也不需要太煞费苦心的经营。在一个小说和另一个小说之间的一点时间，就能成就它们。对于勤奋而多产的范小青来说，这样的写作可以视作一种调剂，或是一种休息。吴福辉曾说："我经常觉得专门的散文家要不得。散文家一旦端起散文架子，尤其是端起了'抒情'架子，咿咿呀呀不止，会让人受不了。最好是不以散文为专业的人一齐跨界来写：小说家写富有细节人间味的散文，诗人写带感情且带韵律的散文，戏剧家写人生纠结不开的散文。"[1]小说家范小青的散文就是这么一种不端架子的写作。写得不刻意，像是随手拈来的。通篇明白、平实，不刻意追求语言的诗性和文体感。朴素到甚至略显平淡，跟说话一样。但平淡至极处，总有余味。谢有顺认为："作为一种简单、自由的文体，话语的喧嚣总是和散文无缘，散文更像是一种日常的说话，或者与邻人间的交谈，实在，隐忍，质地清晰，带着作者的身体气息，也呈现一个人的性格和学识。"[2]这观点也可以在范小青的散文创作中得以印证。在庞大的小说虚构王国之外，她选择另一种书写的容器来直抒胸臆，在笔下那些富有人间味的散文细

1 吴福辉：《不端"散文架子"的散文更好》，《博览群书》，第42页，2015年第12期。

2 谢有顺：《打扫细节，测度人心——读南帆的散文》，《文艺争鸣》，第103页，2007年第12期。

节里，有余香弥漫。

一、繁华城记

《苏州人》当然不仅仅是写“人”的，从寻常巷陌、小城故事到百姓人家、吴风越韵，范小青写得如此结实：园林、老宅、街、巷、桥、寺、庙、庵、山川、河渠、丝绸、水墨、饮食、文学……苏州城几十年间的沧桑图景，她一支笔巨细靡遗，涓流归海。

关于苏州和苏州人，在不同的文章里，范小青有不同的表述：

苏州人是很韧的。（《二十七年前的开篇》）

苏州是水做的苏州、水养的苏州、水酿成的苏州。（《水苏州》）

苏州是性格的苏州。（《感悟苏州》）

“韧”是一个结实的字眼，能承受重压，弯而不折；看似柔弱，却不轻易屈服；历经辗转挪腾，仍然怀抱初心；年月流转，始终淡定、平和、宽容地应对变化和不变。简言之，苏州人和苏州的性格，呈现出一种“液态”的特质，有着随物赋形的任意和圆融。所以，这个地道的苏州作家从苏州的精致里看出鲜活，在温文尔雅之外看到刚烈，从安乐富足里看到胼手胝足之精神，从深巷老宅里读出诗书传家的古风，从与世无争的表象悟出追求出世的志向，透过苏州古典和安静的表面，看到一个现代的、活力的动感世界。没有对于这座城市的深情与眷恋，如果不是长久地浸淫其中，是不会有这样的悟性与见地的。

在此地成长，然后走出去，范小青对于苏州文化以及相关的一切，不仅是亲历者，也是观察者。她比大多数人更了解这片土地上的人和发生过的事，但这些人、那些事对她产生的影响，她对这一切的认知，是随着时间的推移和时代的发展在悄然改变和生长的。从置身姑苏城中，到走出这座城来回望她，范小青不断开阔的视阈与认知，不断流动的审美与审智水平，这一切让她的眼光更客观、更具审视性。苏州那些好的和不好的，变化的和一成不变的，她几乎是笃定、了然于胸的。无论内心是认同、疑虑还是纠结，她大多以一种包容的态度来应对，表达的方式还是低调而隐忍的。她的为人为文，较少显示出激烈来，简直是苏州人那种柔韧如丝的品性、那种任意与圆融的标本。

既然书名是“苏州人”，范小青就兢兢业业地写了很多：从古人到今人，从沈周、王献臣、文徵明，到陆文夫、王稼句、陶文瑜、盛小云……写到沈周的故事，这位“明代第一”的画家，遇见一个穷书生，临摹了他的画，为了多卖几个钱，竟然找上门来请他写字，而沈周不仅题字加印，还润色一番，助其卖个好价钱。一无版权意识，二无是非观念，这样的沈周只是有一副恻隐心肠——为了穷书生能用卖画的钱给母亲治病。所以范小青的结论是，“沈周就是这么一个生在苏州、长在苏州、充满苏州味的苏州人呀”（《感悟苏州》）。关于“苏州味”，她的定义里应该是包含了任情任性、乐善好施的文人脾气的。对于同道中人的王稼句、陶文瑜等人，范小青几乎涉笔成趣，写王稼句收信，粗心的朋友忘写地址，“就把苏州王稼句丢进了邮箱，最后远在苏州的王稼句还真的收到了这封信……后来大家觉得还不过瘾，提出来要把‘苏州王稼句’丢在马路上，或者也照样能收到？”（《苏州王稼句》）陶文瑜请众人为自己的书《茶馆》作序，她调侃道：“你们可千万别把陶文瑜想歪了，他可不是那种借名人炒作自己的二货，他玩玩而已，他请的全都是苏州的朋友，当然也多半是文友。为了更好玩一点，陶文瑜还请了三个文二代一起参与写序……”（《陶文瑜两三事》）

范小青笔下的文人豁达、有趣，而她对于无名的市井人物的描摹，则显得更为真挚、动人。这些人物包括养鸡阿婆、“阿弥陀佛”、卖铜牛的老人、女工、大妹……他们是这个世界上为数最多的普通百姓中的一份子，因为默默无闻，他们的人生有点可有可无，“虽然说着话，却像是无声无息”。[3]然而正是这沉默的大多数，在历代的史书里只是空白与沉没的一群，却被范小青以鲜活的笔墨激活：一直无声无息地坐在铜牛前面的卖铜牛的老人，“其实并不是在卖铜牛”（《人生》）。以裹粽为生，言必称“阿弥陀佛”的老太太，端午节忙于生计，竟无暇到医院治疗，被病友们视作“要钱不要命了”（《阿弥陀佛》）。大妹很穷，住院时总是萝卜干就饭，馋不过买

3　范小青：《苏州老人》，《苏州人》，第134页，南京大学出版社，2014年。

了回猪尾巴，节省得一直吃到猪尾巴长了毛，“仍然每天咬一点每天咬一点”（《大妹》）。养鸡阿婆没有子女，老伴死了，“也没有哭声，很多人根本不知道，一个人就这么去了”（《养鸡阿婆》）。正是他们困窘、平淡，甚至略显黯淡的人生故事，让我们对于生活和生活在其中的这座城市有了更复杂和深刻的认识，感受到她光鲜外表下深邃的心跳、沉稳的呼吸和真实的体温；明白了她从何而来，又该往哪里去。

范小青在《苏州人》的开篇，全文引用了小说《裤裆巷风流记》的后记（写于1987年），并且在文末说道，“二十七年中，我写了许多的苏州人的小说和散文，今天回首才发现，原来基本的腔调早在那个时候就已经确立了”。这个“基本的腔调”，大概既包含着对于逝去的旧日苏州的感怀眷恋，又怀揣着对于新事新物的描摹憧憬：置身于眷恋和憧憬并存的当下，去构思一个影影绰绰的“将来”。“苏州”对于范小青来说，含义远不止地理意义上的家园与故土如此简单：地域性是一个作家写作的宿命，它可能让主体的写作落入窠臼，也可以为其作品插上翅膀。

二、生活与见解

范小青自诩是个性格颇似“温吞水”的人，把日子过得平平淡淡，“我的家就像一汪静水，难得掀一点点小的波浪”。[4]她的文风也因此自成一格，属于“无事起波澜”的类型，小说式的叙述手法和氛围营造，用在散文里也是得心应手。

在散文《人在旅途》和《永不忘记》里，她都提到了年少时的一件往事：那时她住在乡下，去镇上读中学要走一个多小时的乡间小路。一次上学路上，她觉得自己被一个可疑的男人盯上了。心里害怕，却只能硬着头皮走，越走越怕。于是鼓起勇气走到一个村子的某户人家寻求帮助。那户人家答应拦下后面的男人，果然那人没有再跟上来。她于是才放心大胆地一路走到镇上，走去学校……就是这样。这算不上是个故事或是事件，疑虑、紧张、害怕、恐惧、释然、感恩……整个过程只是主体的一场“内

4　范小青：《人在旅途》，《范小青散文》，第17页，人民文学出版社，2015年。

心戏”，或者说是无事自扰的情绪演绎。多年以后，疑虑没有消除，真相还停留在当年——被生活中那层没有捅破的窗户纸隔着——并且将一直面目模糊下去。但是文学的意味正在于此吧，它不是要还原生活、揭示真相，而是要演绎出种种未及发生的可能。所以范小青说：“和许多饱经沧桑的人比，我只有一个平平淡淡的人生，基本上没有什么大的经历，曾经沧海难为水，但是我想，没有经历沧海的人，也可以说说自己对水的感受。”[5]她说的种种感受，不仅仅是她经历的、看到的生活本身，更是她对于生活的种种见解。因此说，作家只是占有生活是不够的，还必须具备对于生活进行理解、阐释和生发开去的能力。

陆文夫曾经强调，与形式上的追求相比，创作要更多地在内容上下功夫。在他看来，小说内容“包括两个方面：一个是生活，一个是对生活的见解”。但是，“用某种一般化的见解来反映生活，生活也会变得一般化”，“对于创作来说，光有生活，而没有对于生活的深刻的理解，那就等于没有生活”。[6]现实中的生活通常表现为千篇一律和一地鸡毛，普通人的日常生活更是平淡而琐碎，不值得一提。但是范小青显然不这么认为，她在《范小青散文》里罗织了一大堆的日常琐事，字里行间都是“过日子”的痕迹：喝茶、饮酒、待客、交朋友、吃肥肉、穿衣服、烫头发……衣食住行等等，日常生活里一切的小琐屑都被拿来津津乐道，写得无比自信和有耐心。她的笔触并不停留在“琐屑”的层面，而是剥落外壳，将内里都说得清亮透。日常的乐趣和“小啮咬”无处不在，她也享受，也烦恼，“统一于种种的矛盾之中，就是我平平常常的生活”。[7]她以一种洞悉所有的通透，来化解所有困厄。自己或是他人，人性之种种幽微，悉数呈现。

在回忆童年生活时，范小青说自己“是个没用的孩子”，沉默、不出头、胆小、

5　范小青：《人在旅途》，《范小青散文》，第 21 页，人民文学出版社，2015 年。

6　转引自陈骏涛：《重要的是对于生活的见解——陆文夫创作管窥之一》，《苏州大学学报（哲学社会科学版）》，第 79 页，1984 年第 3 期。

7　范小青：《酒酣胸胆尚开张》，《范小青散文》，第 36 页，人民文学出版社，2015 年。

不敢说话……“我也能像其他孩子一样，他们能做到的事情我也能做到，只是别让我在大庭广众之下；三对六面的不行，我也许更适合默默地做事”。[8]“我默默无闻地上学、放学，这样我反而踏实了，自在了，我生活在我的无限宽阔的内心世界里，如鱼得水”。[9] 内向的个性培育了她隐秘而发达的自我意识，建立了她细致入微地观察和洞悉生活的人格基础，职业写作的身份让她这种特质与优势得以施展。她安静地体察和审视自己的、他人的生活，尽管她自己也一再强调这种生活的平常和平淡，但是仍然毫不犹豫地将它们诉诸笔端，这种毫不在乎、不担心被边缘化的写作姿态体现了范小青的放松和自信——这与散文自由、率真、见性情的文体特质十分契合。

本来，关于一座城的叙事，应当是宏大而繁复的。她却在《苏州人》里自信地进行着日常、亲切、接地气的写作。写到苏州的水，前一刻还是关于水是古城灵魂的咏叹，下一节却话锋急转，联想起了“水满成患的灾难”，想到了“……水在屋子里越漫越高，鞋子浮起来了，痰盂浮起来了，马桶浮起来了，甚至连板凳桌子也站不稳了”。[10] 她关于城市的思考从来不是浮华而高蹈的，相反，总与那芸芸众生有着莫大的关联。在《苏州平江路》里抚今追昔，她甚至说：“历史到底是什么呢，难道不就是人民群众的普通生活吗？”“……平江路的价值，是在于那许多保存下来的古迹，也是在于它延续不断的，任何力量也不能使之中断的日常生活。”日光之下，并无新事。正是日复一日的普通和日常的堆积，才成就了这座城市风烟弥漫的历史与传奇；在大多数人的目光流连于她的精致、优雅和情调时，作者却更为关注她的茶余饭后，和她的世俗烟火气。因为这里面有着某种恒久的、一以贯之的东西，不因时间或意志而转移。“令人难以想象的是，生活在今天的我们，走在今天的平江路上，仍然能够感受到昨天的平江路的脉搏是怎样跳动着的。我们一边觉得难以置信，一边就怦然心动起来了。”[11]

---

8 范小青：《1966年夏天或者冬天》，《范小青散文》，第103页，人民文学出版社，2015年。

9 范小青：《童年记忆》，《范小青散文》，第97页，人民文学出版社，2015年。

10 范小青：《水苏州》，《苏州人》，第41页，南京大学出版社，2014年。

11 范小青：《苏州平江路》，《苏州人》，第30页，南京大学出版社，2014年。

《苏州老宅和苏州人》里有一段话，非常有意味："我的第一步，好像就是从钮家巷3号开始的。在1985年以前，我创作小说的题材多半是知青生活和大学生活，或者东一榔头西一棒。那一天，我沿着钮家巷走过去，从此就开始喜爱穿行在苏州的小巷老街，也没想到，这一走，竟然就不想再出来，即便是走了出来，也还是想着要回去的。"对于范小青来说，整句话就是某种喻示：她从生活的基座出发，经过摸索与行走，抵达或掌握了属于自己的某种方式，有关日常或创作的，物质或精神的——像一个巨大的隐喻。

三、快不过命运之手

在《速不求工》一文中，范小青曾经这样形容自己的写作状态："手里写着这一篇，心里已经想着那一篇，总以为只有前面那一篇才是最好的，手中这一篇已是明日黄花，真是见异思迁见利忘义得很呢，总是急急地去追赶最好的那一篇，永远也追不上，永远追不上，仍然是要去追，从来不知道停下来看看为什么追不到……"始终维持一种充沛的创作热情，不知疲倦地写，这对于范小青不是最难的。难的是，在写作和准备写作的交替过程中，她还得思考"求工"和为什么"求而不得"的问题。"求工也不是你想求就能求来的，也不是你放慢了速度就能得到"，她认为，在"速"与"工"之间，原本就没有调解不开的矛盾。所以，"明白也是明白，承认也是承认，追却还是要追的，速不求工的事情也仍然是要做的，这算什么，大概算是人的脾气吧"。

对于范小青来说，写作不是在跟命运比拼速度，写作业已成为她的命运。无论是"像个劳动模范"，还是"像个殉教的教徒"，写字已经成为她推动自我、找到自我的唯一路径。即使处于自我认知的焦虑中时，她还是选择用写字来加以缓解，此外似乎别无他法。"我写了一天又一天，我常常不知道自己是很快活还是很荒诞，我不知道我是很充实还是很空虚，在我实在感到心烦意乱的时候，我走到阳台上看看滴滴答答的小雨，我感觉空气的湿润，我想我回进屋会继续打字，这是注定的，无法改变。”[12]写作在此不是什么事业、成功等等的人生附加值，仅仅是她体会到存在的方式，是她生活不可或缺的一部分。

在苏州这样一座盛产才子才女的城市，写点轻松和闲适文章的人不在少数，但能真正做到气定神闲的并不多。网络传媒的发达，让我们置身于一个不那么安静的社会。众声喧哗之下，很多的声音只能是自语或自娱。散文因为自由、较少限制的特性，更多地沦为自语或自娱的工具：大量地、轻易地被产出，也大量地、轻易地被抛弃，凭空制造出许多无趣又无用的热闹。而范小青散文创作真性情的灌注和流露，她作为小说家写散文的那种个性化叙事方式，以及自始至终未露出倦怠之色的写作冲动，都让她的散文写作独立于小说世界之外，呈现出另一种质感的本真的裸露。她也追求趣味，但不是插科打诨的俗趣味或恶趣味，她略显中性的叙事说理的风格，赋予其散文创作一种女性作家少有的平和的、知性的理趣。表现得真诚、素朴，同时又机智、幽默，例如，形容哥哥小时候的顽皮，她写到：“我没有什么鲜明的个性，在幼儿园里每一年的评语都是尊敬老师，和同学友爱等等。不像哥哥，富有个性色彩，比如有一次的评语写着：‘本学期咬人的现象减少了。’”而对于故去亲人的怀念，她又不是一味地煽情或伤怀，而是在节制中透出深情，体现出一种哀而不伤的主体风度，“其实我的这种想法很不可靠。就像我常常痛恨自己在母亲和外婆活着的时候没有对她们更好一点。我就是这样，要等到失掉后才知道珍贵，但是如果有一天失去的东西复得了，我们仍然不会去珍惜”。[13]情趣之美和理趣之真在她的笔下得到了不同程度的呈现。当然，并不是说她散文集子里的散文都无可指摘。部分篇目不可避免地为人情或应景之作，有粗糙和生硬感，是不在上述讨论范围之内的。

范小青曾说，我常常觉得头脑里一片空白，只知道自己是要写的，是要不停地拼命地写的……她还说，我对我的行为曾经想了又想，我感觉自己很快很快，但是永远

12 范小青：《快不过命运之手》，《范小青散文》，第142页，人民文学出版社，2015年。

13 范小青：《老屋》，《范小青散文》，第166页，人民文学出版社，2015年。

快不过命运之手，突然有一个苍老的声音在我耳边响起，索尔·贝娄在说话，他说："只有当被清楚地看作是在慢慢地走向死亡时，生命才是生命。"[14]人类的写作或许永远无法解释、无法抵抗生之吊诡和死之虚妄，但是它却能让作者在快乐和荒诞、充实与空虚、写作和无法停止写作的宿命感和疑虑中，体会生，体会死，体会在这一切之上的豁然开朗。写作让范小青活在芸芸众生里，又如入无人之境。

14　范小青:《快不过命运之手》,《范小青散文》,第141—142页,人民文学出版社,2015年。

“傲慢”与“偏见”

——论车前子散文

思不群

在当代文坛，车前子在散文写作上用功甚多，成绩斐然，他的文风也是独树一帜。而且车前子不仅仅是一名散文家，他首先是一名诗人，同时还是一名才气逼人的书画家。这些给他的散文写作烘托出一个景深开阔的背景。对于车前子的写作，很多人都看到了他的诗歌与散文的差异性。比如丛小桦在评论车前子的诗歌时就说到：“我读过车前子众多散文随笔中不多的一些篇章，给我的印象是柔润细腻，亲切平和，一点也不为难我们的智力。而他的诗不同。我有时甚至纳闷：一个诗人、艺术家，在诗与散文里竟有如此大的差异。”[1]从他的描述来看，车前子的诗歌和散文一个似乎是完全敞开的，一个又仿佛深院紧闭。似乎车前子的诗歌是为自己而写，散文是为他人而写。但是美国汉学家宇文所安认为“从没有一首诗是只写给自己看的，所有的诗歌都为读者而作”。[2]联想到车前子说的“一首诗像一个人，他也会蒙受不白之冤”[3]，则实际上他的诗歌也是敞开的，只不过这扇门隐蔽得比较好不易发现而已。论者还注意到车前子自己似乎对散文也不看重，最典型的证据就是他虚拟的年表中连死后还在继续写

1　丛小桦：《偏见。偏偏看见车前子》，周国红、朱锦花编《苏州作家研究·车前子卷》，第 107 页，复旦大学出版社，2008 年。

2　宇文所安：《什么是世界诗歌？》，《新诗评论》总第三辑，北京大学出版社，2006 年 4 月。

3　车前子：《目木楼创作谈》，周国红、朱锦花编《苏州作家研究·车前子卷》，第 21 页，复旦大学出版社，2008 年。

诗，但却始终对散文不着一字。[4] 但是读者代替车前子对他的散文给予了敬意。文章的命运本就乖谬，苏珊·桑塔格把《反对阐释》这些批评文章称为“从小说创作中漫溢出来而进入批评的那种能量，那种焦虑”[5]，但人们遗忘的恐怕正是她的小说家身份，而记住了她的评论。周亮工在《赖古堂集》里说：“青藤自言书第一，画次；文第一，诗次，此欺人语耳。”车前子自己也说，一首诗像一个人，各有各的命运。作者创造了作品，却无法肯定或否定自己的作品。从另外一个角度说，散文几乎是车前子的衣食父母，是他作为一个作家保持自由写作权利的基础，而对于衣食父母像车前子这样的文人多半都是不肯多加赞美的。实际上，我感觉车前子的散文与诗歌在很多时候是相通的，更准确的说法是诗歌构成了他的精神底座，散文和书画则是它露出水面的部分[6]。

一、傲慢与尊严

车前子的文章中有一种傲慢的气质，很多时候它对读者不是迎合而是拒绝。这是文学的傲慢，作品的傲慢，它的本质是自我的尊严，是对文学品质的不肯低就。这种傲慢与魏晋名士的简傲不同，它没有等级观念，不虚浮，而是指向实实在在的写作与生存。

文学艺术，直言之，是一种人格。因此对于自我人格独立性的坚守成为优秀作家的底线。车前子说：“要想成为一个艺术家，最需要的品质是孤芳自赏孤陋寡闻和独立思考独往独来。”[7] 这是对作家在诱惑充塞的现世安然自处的本能体悟。即使面对

4 车前子：《车前子年表》，《云头花朵》，第 291 页，中国工人出版社，2003 年版。

5 苏珊·桑塔格：《英文版自序》，程巍译《反对阐释》，上海译文出版社，2011 年。

6 关于车前子诗歌对散文的影响，范培松在《江南斜姿散文》中曾经提及，见范培松著《中国散文史》（下），第 834 页，江苏教育出版社，2008 年。

7 车前子：《西洋画本》，《云头花朵》，第 193 页，中国工人出版社，2003 年。

读者时，他不掩饰自己的诚挚，但也不放弃宝贵的傲慢。他曾毫不客气地说："我的散文是给五百年后的有教养的人看的。"[8]这是对自我写作的内心确认。他对契诃夫"既傲慢又悲悯"式的新文风感佩不已[9]，同时又说："在中国，文风上具有傲慢色彩的作家我似乎还没有见到。是有些遗憾的。"[10]文学的傲慢，体现的是见识与才情，主动与读者拉开距离，让出雍容的社会空间，既给自己以写作的自由，又给读者以批评的自由。"书籍虽说是为读者写的，但它也在挑选读者"[11]，虽然在这样一个消费主义时代启蒙话语式微，但也因此更凸现出作家对独立性坚守的可贵。

作家的尊严在于作品，二十多年来，车前子在散文写作上从未懈怠，始终在场，乐在其中，成绩斐然。他在艺术上追求一种独创性、唯一性，即使他的文章混在一堆作品中也会立刻被辨识出来。在《手艺的黄昏·序》中，车前子追溯了自己的散文写作源流，他把庄子看作远祖，把王羲之、韩愈和苏轼看作自己的"曾曾祖父辈"，把明清归有光、沈复、陈继儒、袁枚等看作是曾祖父一辈，而鲁迅、周作人、郁达夫等则是祖父辈[12]。通过这番自述，可以看出车前子在散文写作上是"取法乎上"，远追先贤，可谓目标高置，一骑绝尘。对于传统散文的气象万千、云蒸霞蔚，车前子心念神往，心摹手追。他曾说："散文写作对我而言，是一次逆流而上的旅行。我希望这一生能见到明清的护城河、唐宋的湖泊、魏晋的泉水井水、秦汉的河流。我希望我这一生能见到先秦的大海。"[13]他形容自己"是个乐此不疲的学徒，延迟着满师的日

---

8 车前子：《南京的天是蓝的》，《好花好天》，第10页，湖南文艺出版社，2006年。

9 车前子：《契诃夫是一种回忆》，《木末芙蓉花》，安徽教育出版社，第108页，2014年。

10 车前子：《契诃夫是一种回忆》，《木末芙蓉花》，安徽教育出版社，第109页，2014年。

11 车前子：《秋天的故事》，《江南话本》，第187页，花城出版社，2003年。

12 车前子：《手艺的黄昏·序》，上海文艺出版社，1998年。

13 车前子：《茶饭思·前言》，上海远东出版社，2007年。

期”[14]。车前子不缺傲骨，但更懂得适时的谦逊。但这个所谓的“学徒”生涯，毋宁说是他的自我修炼。他对当代散文写作现状有着清醒的认识：“不光是小说，我国的散文与诗歌也都成为一种简单的劳动了，千篇一律也就是当代文学的宿命。”[15]而车前子明确给自己划出了“以模仿为耻”[16]的界限。由此，他一方面自觉地在传统文化的大海中检验自己的水性，另一方面“推石上山”，在散文写作上不断求新、求变，综观车前子散文，他的写作显示了一种自由开阔的精神境界，出入自由，纵横自如，他不仅写人、写物，写回忆、情怀，他还虚拟、拼贴，显示了高度的弹性和广阔的适应性。

与车前子交往过的人都会发现，只要他在场，讨论、聊天的中心不知不觉就会转移到他身上，众人的目光会逐渐向他汇聚，就像生灵对光源的寻找与聚拢一样。他并不需要站在中心，只是他站立的地方会变成中心。这是一种强大的磁石般的主体力量，既向外发出讯息，又将周围的讯息在主体中溶解。与车前子接触过就会感觉到他的自我的强大，那是秋天平原上的大树，卓然而立。他对自己有一种确信，自以为是，自我生成，自我确证。“风雅就是闭门造车、不准确、割舍和丧失，风雅就是自以为是的美，在这一点上我想我也是风雅的。”[17]这种自信更明确的表现，就是对于他曾经寓目的东西，凡是与文化艺术相关的，比如文学、比如古琴、比如画作、比如书法、比如盆景、比如园林、比如喝茶、比如戏剧……他都有自己独到的理解，都能够在自我之中找到溶解之酶，能够自圆其说。这是一种非常强大的溶解能力。万物皆有其面目，有其本来路径，但面目和路径都会因主体而改变，如科学上所说：光线会在大质

14 车前子：《目木楼创作谈》，周国红、朱锦花编《苏州作家研究·车前子卷》，第 28 页，复旦大学出版社，2008 年。

15 车前子：《亭》，《茶饭思》，第 227 页，上海远东出版社，2007 年。

16 车前子：《答牛津大学白雪问》，周国红、朱锦花编《苏州作家研究·车前子卷》，第 64 页，复旦大学出版社，2008 年。

17 车前子：《在古琴梦游》，《好花好天》，第 185 页，湖南文艺出版社，2006 年。

量体处弯曲。这弯曲就是巨大天体的世界观和艺术观。

二、古风鼓逸

车前子给人印象最深的还是传统江南才子的形象，这是他的个性与气质在空气中自然挥发的结果。车前子的散文风格跨度很大，但大家记住的偏偏是那些表现江南风物和传统韵味的篇章。传统文化渊源久远而模糊，在此背景下，作为当代江南才子的车前子的形象则日渐清晰。更重要的原因，或许还在于车前子本人从气质与趣味上与传统文化在深层次上的相通与契合。可以说，这种文化最中他的心意，最贴近他心底里隐秘的部分，在这种文化里他如鱼得水、如龙在天、志得意满、自由自在。

作为历史文化名城的苏州，几千年间沉淀下丰厚的历史传统，街巷里弄皆是文化，推门而入即成雅士，触目皆有故事，皆耐品咂，皆可吟咏。自小在这样的环境中走动、生活，传统文化已经入心入肺，入骨入血。车前子坦承："我受到的全部滋养来自苏州。"[18]文学艺术的沉淀，文人志士的佳话，江南风物的清畅，吴地山水的泽润，这一切都对他构成了一种精神性的吸引和召唤，决定了他的文化性情与艺术趣味。

车前子有一张照片，一身传统白色褂衣，光头，短髭，竟有仙风道骨之感，古风鼓逸。实际上已经有人指出了他在精神上与道家的相通之处。[19]"天气不错，我去逛北京胡同，心想以前的中国人穿着长衫，胡同里走，微风吹来，长衫下摆摆动，战争、内乱、贫穷，好像并不能使以前的中国丧失从容、精致和优雅。"[20]这种从容、萧散与优雅是他的精神基调，他有时觉得自己是"活在当代的古人"[21]，这是精神上的恍惚和沉迷，庄生化蝶，我与古人，哪一个是哪一个，分也分不清："我写散文之际，大有幻觉：

18　车前子：《赔我一个苏州·后记》，《江南话本》，花城出版社，2003年。

19　李德武：《一种逍遥的诗歌》，《苏州当代诗歌欣赏》，吉林人民出版社，2007年。

20　车前子：《金鱼与比目鱼》，《木末芙蓉花》，第37页，安徽教育出版社，2014年。

21　车前子：《亭》，《茶饭思》，第226页，上海远东出版社，2007年。

古人像荡在我身边，漾出粼粼波光。”[22]他不止希望与古人为伴，心曲相通，他希望自己直接就是古人：“记得那天上午，校订完《老车·闲画》，觉得自己如果是个古人，多好。古人浩然之气充塞胸中，溢为诗，溢为文，溢为书，溢为画，何其轻松，仿佛顺手牵羊。”这种身份的位移与想象使他的许多散文中弥散着一种怀旧的气息，一种古色古香的味道，像老房子里的一件旧式家具。“散文没有怀旧的氛围，就没劲。但怀旧不是回忆，也不是掉书袋……怀旧是文化立场：在现实之中无处置放的良知，好不容易找到貌似尘封的阁楼。”[23]在当代，怀旧不仅是文化立场，也是才情和见识。古代文人与世界、生活的关系是一种审美的关系，修辞的关系，而并非用实用的眼光来看待，车前子深得其中三昧。一块从冷柜里拿出的糖让他忽然感觉“舌尖一片寒意，江天暮雨，衣衫与身子骨同单共薄的深秋游子走在半路，潇潇枫香树的叶子”[24]，一杯茶汤里他看出“这扁舟一叶出没风波，而舟上人须发逆风，秋江万里”[25]。这是生活艺术化的努力，要在这坚硬的现世中保存一丝文化的柔软。他吃茶、看花、读书、写字、聊天乃至发呆，给人的感觉都是诗意的、审美的。发而为文，自然精致、优雅，又绵长、醇厚，趣味弥于心田。

但是，车前子毕竟生活在当代，他眼前的月色与秋风也许没变，但却找不到把酒送别的渡口。山河总在变易，姑苏已成苏州。车前子是清醒的，他师古而不泥古，他对苏州爱之深同时又恨之切。从感情来说，他对传统的苏州有一种天然的喜爱与亲近，但现代理性又常常提醒其中的不足与危险，这里面有一种撕扯与挣扎，情味只能独自品咂。“苏州是一个梦，早做破了，又破又烂”[26]，于是他在“一个月明的晚上”毅

22 车前子：《册页晚·序》，安徽大学出版社，2011 年。

23 车前子：《目木楼创作谈》，周国红、朱锦花编《苏州作家研究·车前子卷》，第 18 页，复旦大学出版社，2008 年。

24 车前子：《软糖》，《茶饭思》，第 173 页，上海远东出版社，2007 年。

25 车前子：《茶渍记》，《茶饭思》，第 27 页，上海远东出版社，2007 年。

26 车前子：《内心一个绿油油的鬼》，《江南话本》，第 201 页，花城出版社，2003 年。

然北上，从此“把苏州之外的一切地方都看作了故乡”[27]。从此他也开始以一个陌生的眼光来审视苏州，审视以苏州为代表的传统文化。这是车前子的可贵处，仿佛百年前的鲁迅一样，进得去出得来，体现了一个现代知识分子难得的清醒。首先他发现的是苏州文化的“浇薄”：这是一种“薄如蝉翼的文化”[28]，“无论是词，还是物，都有点软，有点粉。……软和粉，其实也不错。只是江南的软和粉，有点软有点粉，还到不了极致。就不好玩了。软但不是水性，粉但不是铅华，小家子气，风土人情都缺乏大手笔”[29]。一句话，缺乏厚重和坚硬，缺少震撼人心的力量。从另一个角度说也就是轻，抛弃责任、卸下承担的轻，轻飘飘的轻。“我对吴文化素无研究，凭空想来，实在是为它巨大的消费性享乐性渗透性所害怕。……引申到所谓的苏州文坛上，就是玩主太多了，逍遥的人太多，投入的太少，轧闹猛的太多，以身殉道的太少！”[30]这种文化精致、细腻、粉软，而人却异常聪明、低调、自保，各个躲在自己终年不见阳光的老宅里，把古书一遍遍读下去。即使是历史上那些让苏州人引以为豪的怪才，比如唐伯虎，比如金圣叹，也“是畸形的怪才，像书法里的偏锋”，“痛苦在他们身上，最后总会吵闹成一出喜剧。起码被人当喜剧看了”[31]。而留下的则只有悲剧，只有叹息。自幼在苏州传统文化的糖窨里长大的车前子，虽然他选择了精神上的逃离，以冀用北方的硬朗、直接的大风将自己从苏式的糖窨里拯救出来，但是这种文化的血脉和基因他无法弃绝，而且在无意识中他对这文化母体还有一种天然的亲近和依恋。即使对金圣叹、唐伯虎等那些他称之为“畸形的怪才”，他在批判之时也是饱含同情与痛惜。

27 车前子：《明月前身》，《明月前身》，第6页，作家出版社，1998年。

28 车前子：《明月前身》，《明月前身》，第2页，作家出版社，1998年。

29 车前子：《《赔我一个苏州·后记》，《江南话本》，花城出版社，2003年。

30 车前子：《吴文化·迷宫》，《明月前身》，第225—226页，作家出版社，1998年。

31 车前子：《明月前身》，《明月前身》，第3页，作家出版社，1998年。

三、想入非非

车前子曾说："诗歌在我看来，是一个奇谈怪论、想入非非、不得而知的——一个乐园。"[32]在车前子的散文中同样可以感受到这份"想入非非"的自由。在车前子看来，散文不仅要有味道、有境界，还要好玩、有趣，出其不意，拐弯抹角，旁逸斜出。他说："杰出的艺术家偏见附体；艺术：偏见之定格。……我们要爱护它。爱护偏见，就是爱护创造力——不无危险。"[33]这一观点很值得注意，尊重"偏见"，艺术才不会被"骂杀"。艺术的本质决定了它是攻其一点，不及其余，把它推到极致，才有打开艺术新路径和面向的可能。由此，车前子发展出对于艺术的独到理解："对于艺术家而言，身上的缺点不是要急于改掉，而是要开发，看看能不能做到极致，也是以人工来印证天赋的无有。身上的缺点，是艺术家形成自己创作个性的要点，或出发点，到了极致，就是不能被其他艺术家所替代的形式色彩。"[34]艺术的秘密辩证法被他一举点破，所谓不破不立，有破有立，缺点它为艺术家提供了再出发的基础，它是艺术个性的一部分，甚至是核心的部分，构成了艺术家的识别码和防伪码。

这种观念表现在创作上，使车前子的散文显出一种灵气与精怪，它是点石成金的。作为一名《原样》"语言"诗人，他对文字有一种超常的直觉与敏感，在某一瞬间这种直觉与敏感会浮出散文的水面，使他常常获得了一种即兴书写的能力。"汉语之美——永远是第一位的！"[35]一个字或一个词的出现，触发了他的语言直觉，条件反射般打开了他的记忆仓库和语言链条，使文章满纸生机，活蹦乱跳。比如他在一篇序

---

32 车前子:《读〈史蒂文斯诗集〉的若干条札记》,《木末芙蓉花》, 第66页, 安徽教育出版社, 2014年。

33 车前子:《巫娜的选本》,《册页晚》, 第156页, 安徽大学出版社, 2011年。

34 车前子:《寿桃、咸鸭蛋与童谣》,《云头花朵》, 第181页, 中国工人出版社, 2003年。

35 车前子:《乐观与警惕》, 周国红、朱锦花编《苏州作家研究·车前子卷》, 第67页, 复旦大学出版社, 2008年。

言中写道："荆歌客气，让我为他多年创作的诗歌小集作一序，我不客气地答应了。想想当时，真有一种当仁不让的意思。后来，通读校对稿三遍，我竟难以下笔。荆歌的诗歌作品像条活鱼，我明明觉得抓住在手，却又滑脱了。这说明他在整体风格的齐正上还具有变化能力。现在想想，荆歌真是不客气，给我出了个难题，而我则太客气了。这样想了之后，我觉得又有理由不客气了：我决定把荆歌的诗歌作品这条活鱼杀死，做成一条咸鱼，以便我使用方便。"[36]在这段话中，"客气"这条"活鱼"不仅被他"杀死"，而且是一鱼多吃，一词多义，通过颠倒、反转，在几乎把词语蓄积的内涵榨干之后，又使它"复活"，并且生气四溢，意趣盎然，让人解颐一笑。"偶然——即兴：使我们在笔直的系统中常常获取了拐弯的能力。"[37]即兴写作是对意象与情思的瞬间把捉，即意外，即惊喜，这是文字的园林，开门即景，又曲径通幽，他在文章中总不忘带给我们惊喜之感。把这些"拐弯"和"曲径"通过想象力联结起来，就是拙政园的长廊、狮子林的假山、姑苏城的巷子，一眼望不到头。"酱当然好吃，久闻酱味，却也难过。我小时候经过这一户人家，常常用手紧捂鼻子，现在则大戴口罩。我小时候见得到老鹰天空中巡视，云朵不知道从哪里来的，兜售着桃花毯。有弹棉花人，在小巷口，他像骑在弓上的一支皱巴巴的箭。或者骑在马上，马蹄冒起白花花泡沫，淹没猫的波斯眼睛。"[38]车前子是优秀的思维运动员，他在思维的赛道上快速前进、逆行、斜穿、腾飞，上天入地，穿梭自如。

车前子不仅擅长即兴写作，他也是谋篇布局的高手。关于写作，车前子有一句经验之谈："写文章不怕不通，只怕规矩，一规矩，就一个字'死'。出其不意者生，循规蹈矩者死。"[39]这是车前子从写作经验中悟出的第一条"真理"，是总纲。"出

36 车前子：《数声风笛离亭晚——为荆歌诗集〈风笛〉所作之序》，《明月前身》，第179页，作家出版社，1998年。

37 车前子：《自画像的片断与拼贴》，《明月前身》，第176页，作家出版社，1998年。

38 车前子：《两个梦游》，《木末芙蓉花》，第204—205页，安徽教育出版社，2014年。

39 车前子：《梧叶舞秋风》，《册页晚》，第18页，安徽大学出版社，2011年。

其不意”也就是“拐弯”，也就是“偏见”，也就是“想入非非”，这是车前子作文法。以他的文章来说，风格上，《追忆逝水年华》古意蕴藉，《明月前身》快意激越，《走马灯之下》密集迸射，《水落石出》烟火全无；从笔法上说，《2000年故乡夏天》是纯意识流淌，《古老花园》以小说手法写散文，《恋爱中的女子》则是五彩斑斓的拼贴画。每一篇都有不同的写法、不同的风格，显示出不断寻找突破与超越的艺术自觉。车前子对“废话”情有独钟：“废话常常是一札简函中最为精彩的部分……一个人文章写到结尾，能发现只是些废话，这就有了大解脱。所谓妙文，无非是写出些有风致的废话而已。”[40]中国文章自古讲究含蓄、韵味，要拐弯抹角、旁敲侧击、含沙射影，那才有趣，所以他在文章中写着写着会笔锋一转，把笔荡开，他不会让你一下就到达目的地，而是让读者在多次的接近与远离中逐渐完成自己对文章旨意的想象与拼贴。“果肉是这么小，壳却如此之大。有意思吧。”[41]带壳的“果肉”虽然小，当初它被一层层精心包裹起来，又被读者好奇地一层层打开，那才够味。对于语言，车前子不仅追求有趣，他还追求一种科学般的准确。他曾经在一篇文章中对美国小说家雷蒙德·卡佛语言的准确表达了敬仰之情：“昨晚切开的洋葱至今还搁在砧板上，卡佛能精确地陈述出洋葱的气味，还是搁了一夜后的洋葱的气味。”[42]实际上，他在表达敬仰的过程中也展现了自己的准确：“雷蒙德·卡佛的短篇小说里，有一种腼腆。腼腆的气息忽浓忽淡，像旧家具裂缝中的尘埃，已与木质浑然一体。”[43]这种准确，是经验的集中释放，是语言与想象、感觉与趣味的高度统一，最终呈现的是审美精神的诗意传达。

---

40 车前子:《剥壳非为啖肉(说书信)》,《明月前身》,第55—56页,作家出版社,1998年。

41 车前子:《剥壳非为啖肉(说书信)》,《明月前身》,第55—56页,作家出版社,1998年。

42 车前子:《不耐心的钟表,腼腆的下午》,《木末芙蓉花》,第78页,安徽教育出版社,2014年。

43 车前子:《不耐心的钟表,腼腆的下午》,《木末芙蓉花》,第74页,安徽教育出版社,2014年。

把傲慢融入作品，于是文章超拔尘世之上。以“偏见”打量人世，方能演绎内心的摇曳多姿。一枝从姑苏“墨水瓶”中突围而出的“铅笔”[44]，接引源源活水，从天上人间奔骤而来，流淌出车前子笔下前世的江南、过往的云烟、童年的回忆和心底的波澜，而我们且随车前子读诗、讲古、听琴、饮茶、品酒，一抬头间，正是：

目木楼头明月前身偏看见，双城记里云头花朵茶饭思。

44 车前子：《苏州轶事》。

一脉心香

——荆歌散文创作印象

杨 隐

荆歌素以小说闻名，同时在散文的园地里也躬耕不辍，出产颇丰。综观荆歌的散文创作，大体可分为三类：一是针对某一话题有感而发的议论，二是对过往人事的追忆描摹，三是对文玩如数家珍（其实就是家珍）滔滔不绝的絮叨。这里面有小说家的犀利，有收藏家的痴心，有对人情世故的细腻体察，有对过往记忆的恋恋追问，这里面浸染着萧萧的落寞，参透世事的豁达，以及对闲情逸致的不倦赏玩和对生活不息的热爱。作为典型的江南才子，荆歌在小说创作、书画、古玩鉴赏上的高歌猛进，让人感佩。而正是这多种爱好的叠加，造就了他的散文摇曳多姿的生动面影。

一、生活·道理：小说家的散文

荆歌的散文中，有很大部分是关于他热爱的文玩藏品的“如数家珍”。一本《文玩杂说》，以及他在腾讯大家上的专栏，尽显他在这方面的钻研和造诣，而字里行间涌现出的那种对世间造物的热爱之情便也一下子将读者裹挟而去。

在这个机械复制时代，林语堂在《生活的艺术》所描述的古老中国那种精致的生活哲学，早已曲高和寡，器物身上独一无二的“灵韵”显得弥足珍贵。就是在这样的矛盾中，仍有那么一些人，将目光回望，于传统文化的精微之处发问，向最朴实无华也最灿烂无双的手工艺品致敬。

对于文玩，荆歌应是真的喜欢，有人打趣他是流动博物馆，身上一会儿掏出个手串、一会掏出个玉石，变戏法似的，不亦乐乎。真是俏皮又传神。不疯魔不成活，只有痴人才可以说梦，而荆歌对于文玩古物的沉迷，内里蕴藉的未必不是一种生活在别处的寄托。

荆歌如此动情地写道："好东西总是买时心疼，一旦拥有，便会越看越爱，甜在心头。多少个下午，独坐晴窗，流云之下，捧出我的点铜印香炉，将用咖啡碾磨机粉碎的香屑（檀香加沉香）填入篆模之中，然后伴着回旋委婉的香烟，陷入沉思默想。总是不知不觉，篆烟燃尽，两个小时过去了。因此我想，一炉篆香，在百年之前，也许兼有计时功能。一个时辰，那是连绵岁月中一道芳香的缝隙，人的灵魂，暂时在这闲适的空隙脱离尘俗，飘然而起。如忘我之爱情，如恍惚的春梦，翩然腾起，飘忽缠绵，极尽妖娆。"（《印香》）

"一个时辰，那是连绵岁月中一道芳香的缝隙，人的灵魂，暂时在这闲适的空隙脱离尘俗，飘然而起。"这是一种多么诗意的玄想。在人与物的对视相融中，荆歌总有妙语迭出，让人看到他洒脱外表之下柔软的内心。

他写道："我有一只小型的长方形铜制香熏，是在古玩市场偶然淘到的。它很不起眼地和大量的赝品混在一起，终于被我发现了。我瞪大眼睛看它，心里抑制不住激动。我取过它的盖子来看，二十八朵梅花，做得那么精细，那么脱俗。我知道它绝非等闲之物。我仔细看它的里里外外，看它的每一个细部，终于肯定它是一件旧物。它那么朴素，简单到会被无数双眼睛忽略。它曾经跟晚清一个怎样的读书人相伴？从它的梅花图案里袅袅而出的烟篆，曾经安抚了一个怎样的灵魂？愉悦了怎样一颗古老的心？它越过了多少光阴，来到了我的面前，到了我的手上。"（《香生活》）

一个有意思的发现是，就像前面所引的两篇散文都是与"香"有关的，荆歌似乎在写到与"香"有关的文玩时，笔致就会变得柔软飘渺，带着迷离的情思。

薄薄一本《文玩杂说》中写到香的篇什计有：《美人赠名香》《印香》《暖香》《香筒》《香则》《香生活》。占了诸多篇幅。而他由此生发，又创作了一篇与"香"有关的小说《香如故》。故事中提到的"停云"香室即脱胎于散文《香生活》中提到的"停云香馆"，而小说的核心意象——沉香在这篇散文中描述得也颇为详尽：那天，在"停云"香室，家伟还介绍说，沉香其实并不是一种树，它只是某一类树的伤疤。比方莞香树，它受了伤，它就会分泌大量的树脂去修复那个伤口。与此同时，空气中

的微生物也来入侵。这个伤口经过了几十年甚至几百年，就结出了沉香。(《香如故》)

作为小说家的奇妙洞察力和想象力，使得荆歌能够从他接触的事物中取材，并将之糅进实实在在的生活。

荆歌写道：“千千心念一动。树的伤口，结出了沉香。那么人心上的伤口呢，它最后会结疤吗？会在漫长的岁月里凝结起奇异幽香吗？……反过来，它就像她生命的一道伤口，一个努力要结痂的疤。她的生命，分分秒秒都在分泌一种东西，是芳香的思念呢还是腥味的仇恨？它要修复这个伤口，去包围它，去凝固它，为它结石，为它结晶。”

由此，荆歌从沉香的成因和形成过程中，体悟到其中蕴含的人生道理。沉香是树的伤口结成的疤，那么人心的伤口呢，要结疤就必须分泌爱或恨。而《香如故》留下了一个类似福克纳《献给艾米莉的玫瑰》般的结尾，有点惊悚，但也在情理之中。

荆歌感叹：“物藏于我，只是今藏于我。过去和未来，它都只属于别人。”（《玩物志》）正是对于文玩的不舍，他写出了小说《他日物归谁》。而对珠串的研究和爱好，又使得他写出了小说《珠光宝气》。

荆歌的小说创作与散文创作交织在一起，两者起着互相阐释的作用，他们是作者内心的分叉，有着共同的源头。注意到荆歌的散文中有一类速写式的文章曾题名为《荆歌笔记》发表，几乎是相当于小说素材了，这就更让人意会到荆歌散文的内在，它应该是小说家的散文，以区别于诗人散文、学者散文，它的叙述性很强，它的议论立足于一地鸡毛的生活，在细枝末节中左右逢源，像一只张开嘴巴的大口袋，比如他的那本《生活•道理》，视线所及包罗万象：《头发》《牙齿》《颈椎》《蔬菜》《感冒》《化妆》《睡觉》《饮水》《进补》……

二、感伤和洒脱互为表里的精神气质

荆歌的散文给人总体的感觉是自由、率性，没有拘束。对于世事的观察和议论，也从不剑拔弩张，上文中有关古玩鉴赏的散淡文字，更是见出他不紧不慢的生活姿态。这种冲淡平和的洒脱感，当是承续着知堂老人的风骨。

事实上，荆歌不止在一处说过，他喜欢知堂的散文："年轻的时候，我非常喜欢周作人的散文，那散淡冲和的境界，很让我着迷。而人到中年之后，我又喜欢上了他的诗。……老辣，幽默，看人生的透彻，以及一点点玩世不恭，几乎是前无古人后无来者的。"（《文玩》）

知堂散文中的老辣、幽默、玩世不恭，我在荆歌的散文中也的确见识过。比如那篇《仓米巷》，写到一个风光无限的男体育老师，擅长打篮球，还赢得过当时少年荆歌们心目中校花的爱情，时隔几十年，有一天"我居然在一家商场邂逅了对我来说已经形同文物的体育老师"。这时的体育老师已经变成了一个柜台收银员，头发也秃了，荆歌在他这买了半斤山芋干。然后是非常有趣的结尾："回到家里，我拈了一根山芋干放进嘴里，一吃，发现它不太新鲜了，我吃出了一股怪怪的陈腐的味道。"这是一个极富画面感的结尾，很有余韵，明明是要臧否人，却着眼于一个物，里面闪现着一丝可爱的坏笑。

而知堂老人的一首打油诗，几成为他的生活写照，荆歌或请人将之刻进竹板，或自己写进书法，喜爱之情溢于言表："前世出家今在家，不将袍子换袈裟。街头终日听谈鬼，窗下通年学画蛇。老去无端玩古董，闲来随分种桑麻。旁人若问其中意，且到寒斋吃苦茶。"（《知堂五十自寿诗》）我想，正是这种平和洒脱的生活态度，才得以养出荆歌如此随性、不事雕琢的散文之气。

但是，对知堂老人的相知相契，并不能涵盖荆歌散文的主体气质。充其量，它只是荆歌树在自身散文里的一面盾牌，它展露了荆歌心之所向，但是却也挡住了更多的秘密。

细读荆歌的散文，有一类散文最让人流连，那就是对来时路的追忆，那是属于他的"无限美丽之地"。每次展读，你都会被那种青春的张扬和朝气感染，也会被他那种深沉的感伤击中。

比如他写到常熟，在蒙蒙细雨中，他，一个刚上大学的未满二十的小青年，怯怯地跟在哥哥身后，辗转一天到达这里，读一所师范学校。他感叹："它是一个青春之梦的开始之地，也是无限美丽的终点。"

"无限美丽的终点"，荆歌用终点来形容此地，或许是想说这是永不再来的美好时光。而这却隐隐透露出他最内里的悲剧气质。就像在《苏杭班》中的结尾，荆歌写道："那时候在桃源中学当实习老师，我十九岁。结束实习的那天，我居然睡过了头，急匆匆背起行李，飞奔到轮船码头的时候，嗓子口一口血腥气。但是，我还是没能赶上这每天只有一趟的苏杭班。我赶到码头的时候，轮船刚刚开，只开出去八十米光景。但它不可能返回来载我。它绝情地走了。我站在码头上，像一个弃儿，呆呆地看着那轮船越走越远，直到没影。"

"我站在码头上，像一个弃儿，呆呆地看着那轮船越走越远，直到没影。"我想这种"弃儿"式的没来由的内心流露，肯定不是一时一地的感触，它应该是积压在作者内心的幽暗创伤的一种表征。

而在《照相馆》中，荆歌回忆了自己在照相馆当学徒时的生活，其中特别提到了一个墙洞，那是专门堆积印坏了的照片的地方："那是一个小小的洞，缺了半块砖。但它似乎是个无底洞。一天天，一张张印坏了的照片，被塞进去，它却没有满的时候。我想也许整堵墙内，都被废照片塞得满满的。显影液酸酸的气味，也许到一百年之后都难以散尽。"

在我看来，这哪里是一个墙洞，它更像是一个时间的黑洞，收藏着那些被我们不以为意挥霍掉的旧时光。它又像一个秘密的贮藏室，永远窖藏着我们不为人知的另一面，就像《花样年华》中梁朝伟对着倾诉心事的树洞。

好的散文，总是如此，它能带给你一些意外的惊喜，指引你前往小径交叉的花园。

荆歌的这类散文，有着一种独特的气质，感伤和忧郁虽轻描淡写、含而不露，但细细体会，却幽深悱恻。在追忆的过程中，因为过去之我的不断苏醒，现在之我情不自禁地放松戒备。所以，我们看到了一个坚强外表下有着脆弱内心的荆歌。而要更深入地感知，就不得不提到一篇叫《父亲》的散文。

三、父与子：一个时代的荒诞标本

荆歌的散文中，有一篇散文你没法绕过，那就是《父亲》（首发于《花城》2010年第1期）。

令我读罢，唏嘘感叹，印象深刻。不仅在于他的笔力千钧，将童年的创伤和苦难分毫不差地传达出来，更是震惊于作者直面内心最深处的勇气，那种全无保留的坦诚，但表现出来的又并非忏悔，而是一种决绝。这才是一篇难得的说真话的散文。

《父亲》中，荆歌给我们呈现了一段冷漠、难堪的父子关系。

这是一句反动口号引发的惨剧。一个八岁的小姑娘以喊反动口号为乐，在人们的盘问下，居然信口雌黄，诬陷是“我”教的，而“我”在工人纠察队的威逼利诱下，则胡乱承认是父亲教唆的。这样，荆歌的父亲理所当然成了被批斗的对象。而这也在父子之间种下了一段难解的疙瘩。荆歌写到：父亲在牢里，闲得没事，他把家里送饭去的铝制饭盒擦拭得非常干净，内外都是精光锃亮。而唯独刻有我名字的饭盒，他不擦。它黑乎乎的，与家里其他的饭盒相比，就像是一件破烂。后来，我还在我的饭盒上发现，我的名字，被画上了叉。痕迹不是太明显，我猜，那是父亲用他的指甲刻上去的。虽是浅浅的痕迹，但我看到了深入骨髓的鄙夷和痛恨。父亲再也没有正视过我。

在作者幼小的心灵中，这将会是怎样的煎熬？他肯定为自己的过失百般自责，他必定在夜深人静之时辗转难眠，悔恨不已。这是一个儿子欠父亲的债。所以，我们看到，当父亲经过两年牢狱之灾回到家中时，荆歌非常害怕：“那天我放学回家，推开门，看见了父亲。他变白了，很瘦，刚剃了头。我在门口呆掉了，我不知道我是应该进门呢，还是掉头就跑。我呆在那里，足足有五分钟。我突然放声大哭。”这哭泣“如此酣畅，如此放肆，如此响亮”。借这痛哭，少年荆歌表达了他的害怕、愧疚和悔恨，借这痛哭，他想告诉父亲，他只是一个孩子，他并非有意要害父亲陷入如此难堪的境地。

所以父亲初始的表现令他受宠若惊：父亲让我不要跪下。他说：“不要，不要！”与此同时，他很有风度地挥挥手。

少年荆歌在想：我对父亲犯下了这样的罪，他却原谅了我。

也许，如果剧情按照这样发展，那么这个家庭将会是美满甜蜜的，儿子的过失并没有泯灭父亲的爱，他以他高山般的姿态和胸怀，将这幼小的溪流和树木纳入怀中。而因为他如此博大的胸襟，这儿子也必百倍地敬重他，以一个儿子的孝顺和担当来回馈他。

可惜，这些都是假设。

真相永远是残忍的：可是，从第二天起，父亲就不再和我说话。他的态度冷得就像冰，比最冷的冬天还要冷。他的目光，再没有正视过我。生活在同一屋檐下，他却完全无视我的存在。直到他去世，那十多年，情况基本都是这样。除了对我进行无情的打骂，父亲释放回来那健在的十多年，我实在想不起我们之间，还发生了些别的什么。他以极端的冷漠，来表达他对我的切齿之恨。

站在中年，回望过去，想必荆歌已然泪湿眼眶，作为儿子，他没有享受到那种血浓于水的亲情。

也许，这些过往一直都在他的脑海中挥之不去，作为个体，这是不堪回首的人生经历，需要埋葬，永不触及。但是作为一个作家，写作意味着一种自我救赎的方式，类似于一种仪式，借由它荆歌将自己从过往的溺水状态中拉了上来，他已经憋得太久了，极需要畅快地呼吸一口新鲜空气。

所以，我们看到他的笔变得如此冷酷，不加矫饰。他笔下的父亲如此自私："他的内心，始终盘踞着毒蛇，他无法祛除它。它每天每天，都在吐出蛇信，利牙中饱含毒汁。他经常在家庭中公然表达这样的观点：生而为人，有了子女是最为不幸的。他说过，要是没有子女，生活就像天堂一样。他还说，别人的孩子都还是可爱的，而他的两个儿子，则是可厌可恶可恨的，是恶魔，是废物，是他一生悲惨命运的根源。"

没有什么比一个憎恨子女的父亲更加不称职。荆歌不惜用毒蛇吐出蛇信子这样的意象，来隐喻父亲对子女的冷漠情感。这令人震惊。这横亘于父与子间的情感鸿沟是如此深广。

荆歌之笔无所顾忌，这支笔也像是一条吐着信子的蛇。他无意于去创造一个自欺欺人的童年幻境，无意于把自己的家庭塑造成一个人人艳羡的楷模，无意于按照世俗孝子的标准包装那个过去的自己。

他化去一切外在的束缚，仅仅拥抱真实，将自己还原到那个只听到自己的心跳和血液流动之声的情境中。他写到：我捧着父亲的遗像，始终没有哭。我知道，不是我心肠硬。在父亲死前，那些他肝昏迷的日子里，我经常动不动就伤心地哭起来。我变得那么脆弱，像个女孩子一样。但是，当他一旦真的死了，我竟然一滴眼泪都落不下来。我听到有一个声音几次在我耳边提醒："荆歌啊，你要哭，你要哭几声的，送送爸爸！”我觉得所言极是。但是，我就是哭不出来。我很着急，觉得我死了父亲却不哭，实在不孝，违反了游戏规则。但是，越急越是哭不出来。

读完，一种悲凉涌上心头。

我想起加缪《局外人》中的默尔索。母亲走了，他却是一副置身事外、公事公办的嘴脸。默尔索看似不合常理、冷漠的外表下，蕴藏着的却是一种平地起惊雷般的反抗精神，这是对于他置身其中的荒诞世界深入骨髓的反抗。他用他最真实的体验来对抗这个世界的虚假和荒诞。就像加缪的另一名篇《西西弗斯的神话》所表达的，我们首先必须直面这种荒诞，这是我们反抗的起点。

荆歌，同样用他最真实的体验和感觉发出了他的反抗宣言。虽然我不确定，他是针对那个荒诞时代，还是针对那个荒诞的父亲，也许两者皆有吧。最为重要的是，他的反抗，乃是基于对自身黑暗渊薮的残酷剖析和照亮。而这本身，才是当代文学中更为宝贵的特质。因为，这不是廉价的忏悔，而是高贵的反抗。

浸在生活里的风雅

——评陶文瑜的散文

张 颖

陶文瑜是苏州的文人。之所以用“文人”而不用“作家”，是由于并非“作家”都是“文人”。“文人”有一种古典的气息，最重要的，文人的“文”是一种生活方式。陶文瑜的散文大多很短小，但都很有趣，有一种绝大多数现代人已不再拥有的真正的闲适，它们是浸在生活里的风雅——不用刻意追求，而在历史的宏阔与日常的细微里都能看见趣味。陶文瑜散文里的风雅，既是地方风物熏染的结果，也是天赋才情的自然流露。

一、纯粹的地方性

一个作家的作品与他所在地方的文化或多或少有所关联。苏州的作家里，叶弥、荆歌、朱文颖……都是如此。陶文瑜写作散文，部分由于散文这种文体的特殊性，即较少西化的技巧，他的作品里的“地方性”或许要呈现得更直接也更纯粹一点（同为苏州的散文作家，车前子的散文即使写“地方”，似乎也处处流露生命哲学的意味，并不专注于“地方”）。陶文瑜的散文写了许多苏州的风物：园林、太湖、古镇、苏帮菜、碧螺春、苏州的历史与名人……写到这些，陶文瑜如数家珍，他的散文就是这地方的一张文化名片。

在这些文章里，特别使人感到兴味的是苏州历史上的名人：范成大、沈三白、唐伯虎、俞曲园、周瘦鹃、陆龟蒙、王韬、叶圣陶……陶文瑜写苏州的名人，有点像林语堂写苏东坡，文字里饱含情感，既在言说抒写对象，也在言说自我，其间传递出的是心灵的相契。在写法上，这些散文也有别于一般文化散文的宏大叙事，而是以虚实相间的手法经营细节，通过这些细节，历史以纤毫毕露的方式呈现它的迷人魅力。令人印象深刻的如《唐伯虎》里面，写唐伯虎这样颇有喜剧色彩的“风流才子”，说过“功名于我如浮云”[1]，实际却一直汲汲于功名，如愿以偿成了“唐解元”之后，运势急转直下，锒铛入狱，侥幸保住性命。后来就更倒霉了，差点搅和进谋反之事……此后，他只能坐在临街的楼头画画，潦倒余生。但唐伯虎在精神上无疑又是快乐的，“有诗有酒，潇潇洒洒，阳光灿烂”。在文章最后，陶文瑜写道：“唐伯虎是我们共同的朋友。”陶文瑜写唐伯虎，的确就是用的朋友般稔熟的口吻；他写另一个名人陆龟蒙，隐居乡里，表面上很是不得意，过着穷困潦倒的生活。陶文瑜认为他的心情是爽朗的，因为没有了仕途的尔虞我诈和患得患失，陆龟蒙的日子过得“无拘无束，坦坦荡荡，痛痛快快的”，并且还能跟警卫官开开玩笑，显得不失幽默。[2]陶文瑜热爱苏州的这些文人，他写这些人，就好像他昨天还在跟他们喝酒、玩笑，笔端流淌的都是了解，都是亲近。而在《园子》《一代一代的花》那样的散文里，作者则以“串门”的方式，领着读者去一户户叩门拜访，叩开一扇门，就是一个人和一段历史。文章的结构就如小巷蜿蜒曲折、水到渠成，这样的写作方式也很“苏州”。

散文集《纸上的园林》内容并不注重园子本身——如这些园林的建筑风格、美学意趣等（这样的文字，苏州以外的作家也能写出），而着重写有关园林的“记忆”。写自己曾在园林里画画、捉迷藏、摘枇杷等少年旧事，后来则在园林里吃吃喝喝，甚至在耦园喝过一个朋友的喜酒。陶文瑜写苏州的园林，好像通常作家写自己童年住过的院落、走过的田垄。对于诗人和画家，苏州的园林是亦诗亦画的，对于陶文瑜，除了如诗如画，园林还是他的家园记忆。

最能表现陶文瑜作为苏州作家的纯粹性的，要数他对于苏州美食的描写。他对苏州美食的热爱，可用“偏执”二字来形容。他写苏州的面馆、鸡头米、海棠糕、藏书

1 陶文瑜：《流年白话》，第126页，清华大学出版社，2013年。

2 陶文瑜：《流年白话》，第138页，清华大学出版社，2013年。

羊肉、清蒸刀鱼……都是题中应有之义，他之“偏执”于地方美食，要从相反方向去看，即不吃什么。散文《三不吃》里面写到自己不吃火锅、客饭、农家菜，其实他基本也吃不惯苏帮菜以外的口味，如《城西大馄饨》一文写的，读完让人忍俊不禁的同时，也感慨他描写自己对于食物的“偏执”，足以代表他散文中那无可替代的地方性。

二、穿越时空的喟叹

《庄子·齐物论》里有一句话：“万世之后而一遇大圣，知其解者，是旦暮遇之也！”这句话可以形容一切时空上相隔遥远的、知己的相逢。读陶文瑜的散文，经常有这样的“穿越感”——即作者与他笔下的古人能够产生精神上的会心，仿佛时空无限浓缩了，只剩下天地间互相知己的两个人。

陶文瑜对历史的把握有时候像是写意画，用言简意赅、形象凝练的句子，传递出一种鲜活的神韵。像《徽州十记　太湖十记》里的许多文字就属于此类。比如，《明月前身》一篇写道：“在徽州，风水和传说是广大的乡村，一对飞翔的翅膀。如果说传说是情感的安慰和寄托，那么风水就是理性的依据和行为的指南。”[3] 又如《书香门第》里写道：“今夜月光如水，照在徽州的圆月，如徽州女人的一滴清泪，使我们的眼眶忍不住湿润起来。”[4]……或许是得益于早年写诗的经历，陶文瑜用生动的联想、比喻代替理性的言说，寥寥数笔，既有意境，也很见情理。因他是在熨帖地形容历史，而非生硬地解释历史。《徽州十记　太湖十记》是陶文瑜为某纪录片所写的旁白，这里面的历史感或因为言说对象、言说特质的不同，而显得略为疏离。在他另外一些比较个人化的散文里，“旦暮遇之”的时空感要更为鲜明强烈。

在作者这类较为私人化的文字里，叙事不是为了向大众进行历史与审美的“布道”，而只是抒写个人对历史的理解。陶文瑜尤为偏爱描写失意文人的宠辱不惊——主要是

3　陶文瑜：《徽州十记　太湖十记》，第 8 页，山东画报出版社，2010 年。

4　陶文瑜：《徽州十记　太湖十记》，第 26 页，山东画报出版社，2010 年。

“辱不惊”。他擅长想象这些文人生活中的点点滴滴，带着一种温情的谛视。如他写陆龟蒙在江南的乡村生活：“陆龟蒙早早地起身了，他要往自己的田里去。田是才托人买的，他急着要去看一看，并且是一副跃跃欲试的样子，因为在他的心底里，已经和这块土地定下了一个默契，那就是好好地合作，然后稻谷满仓，不仅自己能吃饱，还可以把余下的粮食分给贫苦人家。”[5]写皮日休一时兴起去找陆龟蒙喝酒：“他们常常带上了书籍、茶灶、文房四宝和钓具，驾着一叶扁舟，在太湖里飘来荡去。”[6]这些文字充满了细节感和想象力，可以看作是作者穿越时空，与古人作一种精神上的交流和对话。

充当时空桥梁的，是作者独特的人生观。从这个角度来看，在精神上获得理解与支持的，或该是作者而非古人。无论是写沈三白，还是写范成大、唐伯虎、陆龟蒙、皮日休……作者都挟一股“见解”而抒情、议论。这“见解”就是对于“日子”“生活”本身的重视，对于自由自适、逍遥自在精神的认同与追求。陶文瑜散文里反反复复出现的一些类似的句子或说明了一些什么，如“沈三白的光彩在于心情豁达，在于随遇而安，在于忧患之中也能产生的发自内心的快乐”（《流年白话·沈三白》）；写唐伯虎落魄之后，是“自由了的精神和心灵独来独往，自贵其心，歌哭出处，一任天情”（《流年白话·唐伯虎》）；写王鏊的告老还乡，则比喻作“野鸭快乐地在太湖边飞飞停停”（《精致苏州·东山》）。即使写成吉思汗征战四方的野心，他也说：“我们对他的感情，仿佛家里面一个有点淘气的孩子，到邻居那闯了祸的样子吧。”（《流年白话》）……犹如林语堂写苏东坡，陶文瑜散文里也常常见到这样的精神上的“互文”——抒写的对象即“我”，“我”即抒写对象。

对“于逆境中逍遥自适”精神的赞赏，有时会招致“不问世事”的谤议，所以鲁迅也为陶渊明“正名”，说他也有“刑天舞干戚，猛志固常在”的一面。陶文瑜的散文里没有这样的宏大志向，却偶尔露出一点忧患的面目。如他写周瘦鹃，写俞平伯，

5 陶文瑜：《流年白话》，第136页，清华大学出版社，2013年。

6 陶文瑜：《流年白话》，第140页，清华大学出版社，2013年。

都有使人格外唏嘘的地方。写俞平伯被“平反”之后，“‘缓缓地说着，往事如尘，回头一看，真有点儿像旧时月色了。’他说这话的时候，声音有一些颤抖”[7]；写周瘦鹃的“老泪纵横”与“投井”[8]，也写出了复杂的悲剧感。逝者的心灵也牵动着作者的心灵，隐隐的悲伤之外，文字中还有一种冷静自持的神情，这是陶文瑜散文里特别耐人寻味的地方。

三、“无刺”的幽默

散文是最见作者性情的文类。陶文瑜的散文里有一种幽默感，这种幽默跟一些散文里的幽默很不一样。如评论者常言钱锺书的《写在人生边上》是幽默的，但是那幽默近于讽刺；王小波的散文也很幽默，但那幽默里有思辨的追求……陶文瑜散文的幽默并不想表达什么大道理，而以一种略为夸张的方式，自嘲或他嘲，这种嘲讽却无半点令人不舒服的地方，是最为温情的一类文字。

如他有时候自嘲的文章：“我是为一家电视台写《徽州》的文字而去徽州的，记的全是和徽州从前的春风得意有关。这样的文字，似一个轻灵飘逸的文人或满腹经纶的学者在侃侃而谈。对于徽州，我几乎有点一问三不知的感觉，但形成的文字就是一副什么都懂什么都知道的样子吧。”[9]

此外，陶文瑜也很擅长用夸大的方式，写出幽默的效果：“我心里想着，要是能去老虎灶或者大饼店喝一回茶，对我比较拘谨和紧凑的人生应该会很有帮助……待我长大成人，到了泡茶馆的年纪，这样的老虎灶和大饼店已经不多了，所以我是一个生不逢时的人。”[10]“生不逢时”无疑是大词小用了，却传递出一种诙谐。《城西大馄

7　陶文瑜：《流年白话》，第 135 页，清华大学出版社，2013 年。

8　陶文瑜：《流年白话》，第 154 页，清华大学出版社，2013 年。

9　陶文瑜：《茶客》，第 33 页，浙江摄影出版社，2007 年。

10　陶文瑜：《茶客》，第 107 页，浙江摄影出版社，2007 年。

饨》里，写到自己被人带到浙江山里吃“野味”，却只看到一桌放了辣椒的菜，感到“灰心”——“我就像一个被拐骗的妇女，山山水水赶了一路，然后来到异地他乡，和一个毫不相干的男人成亲。最后有机会趁着喝酒划拳的混乱溜走，心里还想着总算生米没有煮成熟饭，谁知道村口却是新郎的大哥和侄子把持着呢。现在真要见到这样的妇女，我和她抱头痛哭的心思都有。”[11]另外，像《逯耀东》一文写觉得自己家里书太多了，于是就签上作者的名字送人，这种漫画式的、带点恶作剧性质的幽默，是陶文瑜散文特有的，读了使人如见其人如闻其声。

所谓的温情即是，像《老虎灶和大饼店》里写到“我”小时候，小女孩“秋花”与“我”的一段对话：“你肯不肯呀？”“什么？”“你到我家来，我和你一道开老虎灶。”“我不行，我碰了砻糠浑身要痒的，妈妈说我是皮肤过敏。”“那我来烧火泡水，你就晚上数钱，好不好？”“要不我回去问问我妈。”[12]……这种幽默情味，跟汪曾祺的小说《受戒》里一些情节很相似。

陶文瑜散文的幽默，不仅具有此种温柔敦厚的情味，写法上还颇见描写的功力，有一种小说叙事特有的委婉曲折之感。《流年白话》集子里有一篇散文《附近一带》，写自己有一阵去南京出差，常去一家点心店吃东西，店里有一个老人，有个女孩像是老人的孙女。作者写道：“这是多好的一家人家啊，我当时也是青春年少，心里想着在这家人家多待一会儿，或者将来有可能我们单位在南京建立一个办事处，我就在南京办事处工作，生活真是太美好了。”等弄清楚了这女孩原来是老头的孙媳妇，“我在出门的时候莫名其妙地对那个女孩生起气来了，明明是孙媳妇，还要装得像孙女的样子，多不好啊。”[13]这“生气”生得的确很莫名其妙，又很有深意。这里面也有一种幽默，但这种幽默是要让人再回味一下之后才笑出来，笑过之后又替年少时的作者感到一点类似于“失恋”的惆怅。这些人生的片断读起来轻松好笑，捕捉与描写却未

11　陶文瑜：《纸上滋味》，第 54、55 页，中国书籍出版社，2013 年。

12　陶文瑜：《纸上滋味》，第 45 页，中国书籍出版社，2013 年。

13　陶文瑜：《流年白话》，第 180 页，清华大学出版社，2013 年。

必容易，所以朱文颖说："陶文瑜便是表现这种局部与片断的高手。"[14]

四、生活即文章

同是苏州作家，车前子的散文或轻灵或紧凑，都藏着几分犀利，荆歌的散文很见细腻、显得忧郁……陶文瑜的散文则有一种疏放闲散的气质，追求的是平淡中的至味。即以对"苏州园林"的描写而论，车前子笔下的苏州园林具有精微的感官美；陶文瑜笔下的园林，则是与园林有关的生活。

如他写的介绍苏州文化、徽州文化的那些文章，固然是很风雅的，但还不能见出他的文字的风雅与其他作者的不同之处——后一种风雅，业已被"文化散文"的创造者与模仿者们表现了很多。陶文瑜散文的风雅，是在生活最为寻常之处发现真趣，并使自己的心灵沉浸其中，陶然自得。比如他写茶，可以洋洋洒洒写一本书。一般作者写茶，免不了要从茶里升华出一些人生哲理，"平淡是福""苦尽甘来""禅忘"之类。与之相比，陶文瑜写茶，常常很"俗"。如《西湖龙井》里，一开始写狮峰龙井与乾隆皇帝的关系，多么雅，文章最后，却笔锋一转，写到了自己曾经如何从一个朋友那里"诓"了几罐龙井的轶事，又是多么俗。可是在这样的俗气里，爱茶的心是雅的，无伤大雅的恶作剧也是有趣的。

陶文瑜有一篇写在香港回归之际的散文《提起香港》[15]，别人写这类文章往往从大处着笔，写出沧桑感、历史感，陶文瑜却专写他所认识的一个人、一件事，再平实不过。普通人眼里的大事件无非如此，没有多少波澜壮阔感，最多带着点私人化的兴味，更多的是淡漠。散文集《茶客》是陶文瑜主编的"大家茶坊"丛书中的一种，作品扉页上一段关于丛书的说明，也很能看出作者对"风雅"的理解："大凡茶书分为两类，一类是就茶论茶，另一类是茶叶蛋的做法，吃到嘴里是当饭当菜的蛋，你也看

14 http://www.dzwww.com/qiluqingweiliao/dushu/200402220444.htm。

15 陶文瑜：《流年白话》，第 172 页，清华大学出版社，2013 年。

不到茶叶的模样，却时不时有茶滋味浸出来。茶叶蛋的高明在于，你将蛋吃下去，最后留在嘴巴里的却是茶叶的味道……”其实这样的意思，既是作者对待文章的态度，也是对待生活的态度——何妨将风雅之物视作柴米油盐般平常，用有趣的眼光阅读生活，则无处不含风雅。陶文瑜散文里的风雅，含有一点儿对我们通常理解的“风雅”的解构。

散文这种文类，除了修辞炼句，关键还是“功夫在文外”。笔者十分认同邱向峰对陶文瑜散文的评价：“将生活艺术化，需要对现实人生进行细腻切实地感悟，才能打通文学、生活、艺术的边界，陶文瑜无疑做到了这点，他用艺术的观点来审视平凡的日子，以此消解、稀释人生和现实的沉重、浮华与喧嚣……”[16] 陶文瑜除了是一个散文作家，也是个产量颇丰的诗人，此外他还爱美食、美景、书法、绘画、评弹、围棋……最重要的，他并不将这些看得多么严重，但这些又恰恰是他人生的全部。在艺术中涵容性情，以艺术的眼光品读生活、发现趣味，的确是实现了艺术与生活的浑融。作者在《沈三白》一文里写到一位老先生对苏州文化的形容：“古典园林，吴门画派，苏州的历史文化像一只火锅，浸一下再捞出来，就是文人了。”[17] 借这一个“浸”字，以为足以说明陶文瑜散文之“风雅”的由来。

---

16 邱向峰：《一池疏影落清风》，《新安晚报》，2014年1月5日。

17 陶文瑜：《流年白话》，第123页，清华大学出版社，2013年。

2015年市文联文艺理论课题成果专辑

南方之惑

——苏州当代小说与地域文化研究综述

朱红梅

苏州当代小说与地域文化，貌似是个陈旧的话题。但是处于当下这个剧烈变化的时代，它正在被赋予复杂而微妙的新义。时代在变，历史在不断生成之中，全球化的潮流席卷下，现代文明在对于城市面貌、地域风情、方言俚语等一系列差异性的逐渐取缔中宣告一统的决心，然而地方文化的差异性与自觉抵抗同样强烈。处于这样一个复杂而急剧变化着的文化生态之中，深入考察文学与地域文化这样一对关系，研究地方性问题的特殊意义所在，理清变化带来的新的脉络与思路，是必然而又必要的。

当代文坛和评论界对于苏州当代小说的关注与研究，主要集中在陆文夫、范小青、苏童、荆歌、叶弥、朱文颖、戴来等代表作家身上。根据中国知网文献数据库、期刊数据库，中国学术期刊网络出版总库的搜索结果，综观研究资料索引，对于这些代表小说家的主要研究成果大致可分为两类：一类是作家作品的个案研究。这一类研究或是从文本入手，或是从作家的生活经历和个人经验出发，对其作品的主题内容、艺术特色、审美追求、创作转型、地域风格等因素一一加以呈现和观照，其中有相当的篇目涉及小说的地缘文化因素。另一类就是群体性的研究，将这一批作家的全体或部分置于某一序列中加以整体审视与比较。从地域角度来考察，有小巷文学研究、苏州风情小说研究、市井小说研究、城市书写研究等；从代际关系来区分，有先锋文学研究、新写实小说研究、70 后小说家研究等。本文想要着重梳理、分析并探讨的，就是其中与“地域”要素相关的研究成果。

一、 当代苏州小说的地域性研究

1. 南方之南：地域经验笼罩下的苏州叙事

地处南方，江苏作家对于南方的书写和想象构建起了一个独特而自得的叙事空间。而在江苏的文化版图上，苏州属于“南方之南”。从陆文夫的“小巷深处”到朱文颖的“细小南方”，当代苏州小说延续着充满地域个性的苏州叙事。樊星将《海上花列传》《海上繁华梦》《青楼梦》《九尾龟》《玉梨魂》一批吴方言写就的小说称作“苏味小说”，称它们上承唐代传奇，下启现代“鸳鸯蝴蝶派”。他认为，是陆文夫和范小青，为当代“苏味小说”注入了新的活力。[1] 陈晓明则认为，苏州的作家群体，他们的作品中有非常重的文化含量，这些作家本身都是千姿百态，各人风格明确的，但是在吴文化的语境中理解，他们确实有某种共同的东西，这个共同的东西，就是他们的作品中都有非常深的吴韵。[2] 围绕着“苏味”“吴韵”，评论界对于作家作品中地域性表达的研究体现出不同的层次：

一是对苏州风貌风情明确、显性表达的研究。这一类研究主要是针对地域特色较明显的作家，像陆文夫、范小青、苏童、荆歌、朱文颖等，他们的很多作品都是直接以苏州作为题材和表现对象的，这一类研究成果相对较多较丰富。例如：何镇邦《精心营造小说艺术的“苏州园林”——陆文夫近作漫评》，吴昱《范小青的园林情愫》，韩子勇《苏童：南方的植物》，张清华《南方的细小、漫长与悲伤》等。这部分研究中，有些着眼于显性的文化符号——园林、小巷、民居、民俗、方言等物化层面的南方意象，对于作品深层次的情绪和心理的把握和探究语焉不详。也有一些研究相对深入、成熟，研究者透过凝固的表象，捕捉到了作品深处的南方秉性与神韵。

综观以上几位苏州作家的南方叙事，有着明显的代际传承关系：陆文夫完成了“苏

---

1 樊星：《“苏味小说”之韵——陆文夫、范小青比较论》，《当代作家评论》，第109—110页，1993年第2期。

2 陈晓明：“苏州当代小说与地域文化研讨会”发言摘录，2015年12月4日。

味小说”主题的蜕变，从传统的才子狎妓、鸳鸯蝴蝶转移到写新人新事，为其注入了“问题与思想”的活力……而正是在对于“文化意味”的揣摩上，在以吴方言表现苏州民风方面，范小青做出了“具有开拓意义的贡献”。[3] 到了苏童这里，这个生长于苏州的江南才子更是在文坛树立起了南方叙事的丰碑：检视苏童这些年来的作品，南方作为一种想象的疆界日益丰饶。……在这样的版图上，苏童架构——或虚构——了一种民族志学。[4] 王德威20世纪90年代对于苏童的评价至今仍有其权威和说服力，被一再地提及和引用。荆歌对于江南小镇的表达是常规经验之外的，他小说里的人文地理环境伴随着童年和成长衍生而来，“这不是人们心目中鲜艳的水墨江南，没有粉墙黛瓦和小桥流水人家，她是灰度的，没有色彩，只有深浅”。[5]而对于朱文颖的长篇《莉莉姨妈的细小南方》，论者这样说：“《莉莉姨妈的细小南方》解构了朱文颖既往的南方，她现在最想做的事大概是想颠覆这个南方。南方，总在重构之中。”[6] 苏州作家就是通过几代人的文学接力，结构又不断解构着富有南方气息的、又处在不断变化中的、充满弹性的苏州叙事。

二是对苏州地域精神、底蕴、气息的隐形表达的关注与探讨。有些作家的地域特色在作品里体现得并不那么明显，地域影响只是作为一种隐形的因素存在于他（她）的血液里和意识深处。

出生于20世纪60年代的叶弥因为年少时的经历，拥有了一个从远处打量南方的机会和视角。她早期的小说文本里没有表现出对于故乡的依恋和亲近，相反，倒有着刻意的冷落和疏离。所以吴俊说：“叶弥在苏州这块甜腻之乡的出现，实在是别有一

3 樊星：《“苏味小说”之韵——陆文夫、范小青比较论》，《当代作家评论》，第115页，1993年第2期。

4 王德威：《南方的堕落与诱惑——评苏童》，《读书》，1998年第4期。

5 朱红梅：《还是一片小城月光——关于荆歌和他的小说》，《当代作家评论》，第113页，2008年第3期。

6 王尧：《在南方生长的诗学——〈莉莉姨妈的细小南方〉阅读札记》，《当代作家评论》，第111页，2011年第3期。

种‘惊艳’质感的。”[7]在她的笔下,明确地以苏州城市文化作为表现对象的作品较少见,更多的是作为一种底色和背景而存在。对此，叶弥的解释是：“关于文化，我从来不去想它，我从小就四处为家，没有一个地方的文化能长久地驻足在我心里。如果我今后一直生活在苏州，也许会在小说里流露出苏州的文化气息。”[8]她近来的创作的确印证了她的这一预言。她对于“桃花渡—香炉山空间”的营造被拿来与苏童笔下的香椿树街、莫言笔下的高密东北乡、阎连科书写的耙耧山脉作类比，论者认为：“在叶弥小说中，那世外桃源般的山脉、渡口、寺庙，从吴地悠悠古意中生长出来，模糊了现实主义小说的时空感，重塑了历史的坐标，生产出叶弥小说中具有一定自由的‘异托邦’。”[9]

将戴来小说和地域文化放到一起来讨论，似乎有些牵强。现有的研究者们都基本将她的小说排除在地域文化小说之外。“戴来小说里人物活动的场景常有苏州城市的标记，比如人民路、大公园，临顿路、十梓街等，但就苏州城市形象书写而言，这些内容只是一个地理性标识，我理解那源于戴来在苏州生活多年的不自觉，当她为人物构思活动舞台时，她眼前自然出现她最熟悉的城市空间，但是她并不是有意识地来表现和挖掘它的独特内涵。所以，这些场景也同样不具有苏州城市特有的规定性，90年代中国沿海经济发达城市里都有安天们在过着相似的生活。”[10]但是如果将视野拉长，考虑到戴来从苏州“出走”继而“回归”的生活轨迹，对应她近年来创作有所滞缓甚至停顿的状态，以及她正在有意地接纳和亲近吴地传统文化的一些尝试之举，对于这样一个面临着创作的酝酿或转折期的青年作家，地域文化很大程度上或将成为她

---

7 吴俊《漫说叶弥及其小说》，《北京文学》，第 54 页，2005 年第 3 期。

8 叶弥、姜广平：《“我太想发出自己的声音了”》，《西湖》，2008 年第 6 期。

9 何瑛《你的世界之外：从大柳庄到香炉山——叶弥小说中的异托邦实践》，《扬子江评论》，第 39 页，2015 年第 4 期。

10 潘延：《“后陆文夫时代”的苏州书写——谈朱文颖、荆歌、叶弥、戴来小说中的苏州形象》，《苏州科技学院学报（社会科学版）》，第 78 页，2007 年第 4 期。

创作的灵感之源和新的起点。

这里要特别提到的是范小青。写作三十余年，苏州渐渐沉潜为她小说里的“暗流”：“如果说，新世纪以前，范小青的‘苏味小说’（苏州风情、苏州小巷、苏州小人物）让其在文坛成名、出名并知名，那么新世纪以来，她的小说写作更是令人刮目相看……一个从20世纪80年代即开始写作的女作家，带着朴素的情怀从‘苏州’优雅地出走，进入到了更宏大的叙事世界中。”论者同时又补充，“当然，不管现实如何变化，不管表现内容如何不同，也一定有许多需要守望的精神内涵和文化传统。同样是苏童，在其诸多作品中，依然能寻到那个散发着江南的濡湿气息的我们熟悉的苏童的影子……至于在范小青的小说里，那挥之不去的苏州风情，不是也一直在读者的心头萦绕徘徊吗？”[11]

无论是对于苏州的直接抒情、显性表达，还是隐性的、侧面的叙事，苏州作家们的创作都在自觉不自觉中与这座城市里的人与事发生着千丝万缕的关系。套用叶弥曾经打过的一个比方，地域文化好比是天上的月亮，每一部苏州当代小说则是水中的月亮。水中的月亮不是那天上的月亮，因为有水的缘故，而作家们就是水。

2.“文学苏州”：当代小说中城市形象的嬗变

置身于当代文坛，苏州作家鲜明的水乡气质，南方叙事特色展露无遗。而着眼于苏州当代小说与地域文化的研究,不仅是要发掘苏州作家在创作中呈现出的整体特色,更重要的是，要关注那些不同个体表现出来的不同面目。简而言之，当代苏州小说对于城市形象的塑造要体现其丰富性。

虚构与写实，每个人心中有一座城。有论者这样评价陆文夫小说在苏州城市形象塑造上的成就：“在泛政治化的年代，他凸显了‘天堂’的人间性，让人性的温暖流淌在小巷深处；他以民间立场将叙事的中心定位于城市中的小人物，百姓生活的烟火

11 韩松刚：《江南的诗意与失意的江南——新世纪江苏小说创作概论》，《当代作家评论》，第157页，2015年第5期。

气让城市变得感性和柔软。是他让苏州变成了一个被阅读的城市，当代文学中的‘苏州形象’是他塑造出来的。”[12] 当然也有不同的声音，例如樊星就认为：“事实上，新中国成立后三十年的文坛上，几乎没有典型的‘地域文化小说’。……陆文夫的‘苏味小说’不仅文化氛围不浓，而且，苏州方言也微乎其微。”[13] 每一位作家都摆脱不了所属的时代，正如摆脱不了所属的地域一样。对于范小青小说中的“文学苏州”形象，有论者概括如下：“范小青近三十年的小说创作扎根于‘苏州’的土壤之中。工笔风俗画的市井苏州、渺远感的性灵苏州以及急遽变化中的现代都市苏州，是范小青不同时期小说创作中各具侧重点的苏州形象。她的创作使苏州城市形象的表达更具丰富性。”[14] 当然，这样的概括未必全面。在范小青的小说版图中，除了“中心”的城市，还有环抱着城市的广大乡村。几十年间，城镇化建设，古城改造等等不可违逆的大事件早就将原有的城乡格局颠覆，范小青的小说是穿梭于城乡之间的，是将旧有的苏州揉碎了重新塑成的“新苏州”。

而到了更年轻一点的叶弥、荆歌、朱文颖、戴来，评论表现出这样一种倾向，“在新一代的苏州作家中，文学中的‘苏州’已然表现出‘文化淡出、情感疏离’的特点。……叶弥、荆歌等人或可称为‘没有历史负累的写作者’，他们以自己的方式构成了与苏州这座城市的关系，文学只是他们用来书写个人在这个城市中生活的载体，并不刻意去表现这个城市的文化。传统文化气息的稀薄与现代气息的浓烈，文学表征了城市的时代变迁”。到了戴来的小说文本中，“城市在现代层面上的文化差异愈见其小，我们从中已不可能找到显见的‘苏州’元素了，苏州的城市表情在喧哗与躁动中完成了

---

12 何清：《苏州形象的文学表达——陆文夫创作的另一种意义》，《苏州科技学院学报（社会科学版）》，第64页，2007年第4期。

13 樊星：《“苏味小说”之韵——陆文夫、范小青比较论》，《当代作家评论》，第112页，1993年第2期。

14 潘延：《范小青小说中的“苏州”形象》，《兰州学刊》，第186页，2009年第5期。

向现代性的蜕变”[15]。

反思和批判，重塑“文学苏州”内在肌理。对于苏州地域文化的内观、反省与批判，伴随着当代小说创作的整个过程，体现了苏州小说家严肃、自省的创作观。不同的代际，作家们反思的角度及批判的程度都有所迥异，呈现出不同的价值取向。

无论是生活方式、市民性格，还是文化心理，陆文夫在小说中都有不同程度的审视与反省，他的文化反思，“溢出市民个体的层面，触及了吴地的集体无意识，达到了文化批判的思想深度。而且有趣的是，他的文化反思与批判带有苏式风格，温和适度而不乏幽默轻松，较少疾言厉色的抨击与针砭，咄咄逼人的炮轰与棒喝，这不能不说是苏州文化风范在小说中的又一印证”[16]。

而在范小青专注于表现市民日常生活的篇章里，亦可见到作家不动声色的倾向与判断，“阅读范小青的作品，我们能看到的多是苏州人现实中生活的原生状态，作家本身并没有明显的褒抑或贬的姿态。……显然，范小青在面对苏州人的这种劣根性时是有着深刻的思虑的，这其中有着对于苏州人文精神现状的淡淡的忧虑，有着改造和重构地域人文景观的深深的渴求”[17]。

而在年轻一代的小说家身上，当代小说对于地域文化的反思或颠覆意味表现得既浓淡不一，又意味深长。首先是苏童对于苏州，乃至江南文化的一种隔膜和对立，“江南在苏童笔下是诗意的，充溢着唯美的品质；同时又是颓靡的、阴郁的、放荡的甚至是病态的。苏童曾明确表现出自己与南方在情绪上的对抗。‘我从来不认为我对南方的记忆是愉快的、充满阳光和幸福的。我对南方抱有的情绪很奇怪，可能是对立的。所有的人与故乡之间都是有亲和力的，而我感到的则是我与故乡之间一种对立的情绪，

15 何清《嬗变的当代城市形象——关于苏州的文学表达》，《杭州师范大学学报（社会科学版）》，第99页，第100页，2009年第1期。

16 王传习：《论陆文夫小说的吴文化书写与想象》，《文艺争鸣》，第143页，2009年第5期。

17 朱云：《论当代苏州小巷风情小说中的地域精神内核》，《安顺学院学报》，第5页，2008年第6期。

很尖锐。在我的笔下，所谓的南方并不是多么美好，我对它则怀有敌意。’”[18]荆歌则以一种强硬的姿态亮出自己的写作立场，“永远保持自由意志，坚持独立人格，坚持民间立场和边缘化姿态”，他的小镇书写是他写作追求的表达。荆歌还原了另一种小镇生活的面目，有着“剥落外衣显示真相的力量”……[19]朱文颖的态度稍显暧昧些，“……那‘一只悄悄地爬上来的虱子’自然构不成毁灭性的力量，她对苏州这匹文化绸缎的诗意与优雅的书写满足了人们对古典江南的缅想；但她由那只虱子所揭示的这个城市骨子里的颓败，使得朱文颖的苏州书写与90年代风靡一时的怀旧性书写区分开来，摒弃怯生生的向往或陶醉式的沉迷，凸显出自省与剖析的意味”[20]。

他们总是作为南方作家的典型而存在，他们的故事和字里行间散发出来的优雅、阴郁、颓废等等标志性的东西不能让他们满足，他们的写作在对于自己本身的一种紧张和反抗中，变得别开生面，与众不同。年轻一代情感上的集体疏离预示着文学与地域文化这对关系间的平衡性在逐渐失去，小说家们正处于一种对于浸淫其中的文化形态的游离和深深疑虑之中，既摆脱不了，又不能完全信任她。正是在这种对于“地域引力”若即若离的状态中，他们的写作打开了“文学苏州”崭新的版图，也赋予了“苏州”更深层次的内在意蕴。

二、批评的“地理之惑”

1. 被贬抑的南方

对于江苏作家群，特别是有着苏州文化背景的作家们，学界的研究还远不够深入，

18　梁海：《苏童小说与江南地域文化》，《当代文坛》，第74页，2012年第2期。

19　潘延：《“后陆文夫时代”的苏州书写——谈朱文颖、荆歌、叶弥、戴来小说中的苏州形象》，《苏州科技学院学报（社会科学版）》，第77页，2007年第4期。

20　潘延：《“后陆文夫时代”的苏州书写——谈朱文颖、荆歌、叶弥、戴来小说中的苏州形象》，《苏州科技学院学报（社会科学版）》，第75页，2007年第4期。

这几乎是个不争的事实。陈晓明认为，这与以宏大叙事为纵论的20世纪中国文学的大背景有关：在这样一个风潮主流之下，无疑是擅长宏大叙事的北方作家讨了便宜。20世纪80年代先锋派代表的南方叙事到了90年代，被贾平凹、陈忠实们抢去了风头，而南方文学只是“一直以潜吟低唱的态度叙说着南方的故事”[21]。

另有论者的观点可以作为补充和佐证：“北方的世界，长满了金戈铁马的喧嚣与道德批判的野心，似乎更为擅长树立‘主体性’的幻觉，更具有国家民族叙事的某种宏大性；而那感伤而淫荡的南方，则似乎更为贴近古典小说中的某一部分，更适合表现所谓‘个人化’的情感想象。”[22]这说法也许不够全面和准确，但是道出了部分真相，南方的种种好处似乎总也掩盖不了那“阴性、柔弱、格局狭小”的痼疾。

出于对新时期之初刻板划一的政治化叙事模式和创作思维的反拨，江南的作家们祭出地域文化之利器，在小说中着意营造文化的诗意，题材上不以宏大叙事为己任，艺术上追求低调柔性的表现风格和审美取向，即便是批判，也多是温和婉转的语气，绝少铿锵之声。这或许成为多数南方文化背景下的作家们无法取得写作的中心地位和更高关注度的“地理之惑”。而对于这种充满地域特色的创作倾向，以及精神内核、审美趣味等等的坚守，即是困惑之源。只不过这种困惑就像其他的理论困境一样，某种程度上只是成了批评界的焦虑和难题，并未对南方小说尤其是苏州小说的写作形成实际影响或掣肘，小说家们兀自埋头写着自己的小说，这也许是他们的不合时宜之处，或可称是他们的坚守之处。

早在2007年，张光芒在他那篇《文化认同与江苏小说的审美选择》中就挟风雷而来，把江苏小说的文化认同定位于“文人身份与人性迷恋”，审美上则有“才气有余而大气不足”的趋向：“江苏作家的才子气使其更多的将注意力放在唯美、情调、文体上面，带来的一种明显的效果便是尚虚不尚实，求假重于求真。……荆歌亦是‘对

21　陈晓明：“苏州当代小说与地域文化研讨会”发言摘录，2015年12月4日。

22　房伟：《南方：“虚幻”的诱惑与“可能性”的书写——评苏童小说〈南方的堕落〉》，《时代文学：上》，第37页，2010年第6期。

假的东西在叙述中呈现为真的状态很感兴趣，而要叙述一个真的事件’时，‘反倒兴味索然了’。朱文颖在谈到自己创作的进步时也不过是强调以前写小说常常‘从虚到虚’，现在则是从非常实的细节，堆积成一个‘虚无’的世界。这几乎是吴地作家的一种倾向，不喜欢写实——不管是‘新写实’或者‘旧写实’。比如，南京《钟山》首推‘新写实小说大联展’的一系列活动中，虽然将叶兆言、苏童、范小青一并囊括其中，但他们均对此称号表示了拒绝，实际在文坛上他们也不被视为典型的‘新写实’小说家。”[23] 上面的举例涉及了几位苏州的小说家，在论者看来，江苏文学“形式大于思想”的通病在苏州作家身上似乎更加的明显。

这样的观点在今天看来更像是一种陈见和偏见。时至今日，凭《黄雀记》斩获茅盾文学奖的苏童，和创作了《女同志》《赤脚医生万泉和》《香火》《我的名字叫王村》等一系列写实长篇的范小青，无论如何都称得上是擅长写实的——无论是“新写实”或者“旧写实”，只是他们仍然会沿用惯常的小人物、小地方的叙事模式和节奏，然而通常是在这些受侮辱与被损害的普通人的命运背后，展示的是这个时代的风云际会与变迁，继而深入涉及是与非、罪与罚、现实与荒诞、绝望与救赎等重大文学主题的探讨。

大题小做，似乎是苏州当代小说的秉性。有论者将吴越小说归纳成两点：一是注重描绘日常琐事，二是叙事委婉细腻。“他们决无莫言那样的岩浆喷发，蒋子龙那样的大刀阔斧，朱晓平那样的沉重凝滞——那一切都属于北方。而在这儿，笔触总是细腻的、轻柔的。吴越作家们似乎不大写狂烈、焦灼的人生，因为那儿的民风本来就柔慧、冲淡。文化就这样制约着文风。”[24] 这是属于正面的评价，另一方面，也有质疑的声音：“受吴文化和苏州城市品格的影响，苏州作家的创作具有以小见大的特征，虽然从普

23　张光芒：《文化认同与江苏小说的审美选择》，《小说评论》，2007 年第 3 期。

24　樊星《吴越的逍遥——当代小说的地缘文化研究》，《当代作家评论》，第 118 页，1991 年第 2 期。

通人的普通生活可以窥视生命的真谛，体会人生的快感，但其创作骨子里还是‘小’。”[25]

苏州作家遭受创作题材、格局，乃至境界“小”的指责由来已久，并且在这样的“指责”中也安之若素，并不表现出寻求改变的强烈意图。对作家来讲，题材本来并没有高下优劣之分，作品的深度与广度，并非取决于所写事物的大小，而更多取决于写作者视野的开阔与否、思考的深广与否。在生活方式和信息交换早已被互联网模式和电子智能颠覆的今天，地域对于个体的约束和限制已经被极大地压缩了；城市体量小，生活方式偏精致化，与“小格局”“小境界”并无必然联系。人云亦云自然不可取，武断地抛出“惊人之语”也容易引发“批评何为”的质疑，文学批评在秉持其独立性和批评锋芒的同时，应该避免无效的老生常谈，而表现得更为审慎、客观、严谨和诚恳些，这或许才是与创作形成良性互动的更好的批评姿态。

2.“穿越”地域性

无论我们是否愿意承认，事实可能都是：传统的地域文化终将为新兴的都市文化所取代，地域的力量面对强大的现代文明终将无所作为。也许是以一种不自知的方式，当代小说家已经用创作实现了对于苏州地域文化的坚守。“苏州的作家们，以语言书写的方式、文学的方式，对苏州的文化地方性做了最为有效的保护。因为电影也好，其他的视听艺术也好，都很难像文学这样，以母语、以方言的方式保护一方的地方文化。”[26]

但这当然不是说，小说家对于塑造苏州城市形象、捍卫一方地域文化有着天然的使命和责任。相反，好的文学作品不应该从某种责任出发，不应以灌输某种理念为天职。往往是这样的“功利性”，会断送一部作品的活力与生命。苏州的当代小说也要克服功利、短视和庸俗的写作，不违背作家创作的初衷，不盲目地跟风与追逐潮流；

25　张连义：《地域文化影响下当代苏州作家的创作特色》，《小说评论》，第 73 页，2014 年第 3 期。

26　陈晓明：“苏州当代小说与地域文化研讨会”发言摘录，2015 年 12 月 4 日。

同样，也不要让自己的写作堕入媚俗的套路，在某种虚无缥缈的使命的感召下，以“拯救”或是“保护”为名，使小说创作误入歧途。在写作的开始，不必去考虑什么地域性，或是全球性，这些可以更多地让批评者和研究者去探讨和思考，作家的责任不在于此。地域文化可以是优秀作家作品的出发点和源头，但不应该成为他们的目的和归处。“文学走到今天，‘地域’这一概念应该是不再重要或必须超越的了。……作家们只有摆脱地域造成的文学和心理的惯性的制约，才能使创作具备足够的分量。”[27]

由此可见，文学与地域文化之间也存在着某种“悖论”，文学在因地域特色获得身份认证和存在感的同时，也要警惕地域对于创作主体的拘囿与限制，警惕区域性中偏执、狭隘的因子对于创作自由的束缚和戕害。

苏州小说家或许都面临着这样一个困惑：如何让创作既得益于地域文化又不深陷其中，这是个“道路阻且长”的问题。他们也在做出种种的尝试，范小青可以算是其中的代表。以她的长篇小说《女同志》的创作为例，“范小青在‘苏州’和‘南州’穿行和沉潜的时间太长了，她终于意识到这座城市的‘历史’与‘文化’不是外套，而是她在当下呼吸的空气。她不再属意历史与文化的魅力，是以直截了当的方式而不是暧昧的态度介入‘现实’，又以在历史与文化中滋养出平和冲淡的精神抑制书写‘干部’和‘城市’时的功利主义倾向。在小说中，你可以感觉到范小青在缓缓的叙述中其实是有哀有怒的，但她不怨不伤，所以我说《女同志》是迄今为止最具范小青精神气质的一部长篇小说”[28]。

这个“最具范小青精神气质”的评价终结了此前对于范小青一个“脸谱化”的形象定位，即始终乐于为其贴上苏式小说、街巷文学的标签，而有意忽略其创作中的腾挪转移、气象万千。此前的《插图本苏州文学通史》将其归入“小巷文学”一类，范小青表示理解，“他们总觉得应该给我一个位置”，但是她同时也指出，“我的小说

27　董小玉、娄吉海：《家园的篱笆——从地域分区上看文坛的“四个作家群”》，《文艺评论》，第 41 页，1998 年第 4 期。

28　王尧：《婉约江南女同志——评〈女同志〉》，《文汇报》，2005 年 11 月 8 日。

可能不太好归类”。不安于一种现状，不满足于获得的某“一个位置”，而是时刻想站起来，拔腿走出去，这应该是所有好作家的本能和禀赋。

三、2015，未完成的研讨

2015年，一场名为“苏州当代小说与地域文化”的学术研讨在苏州展开：阐述地域文化对苏州当代小说的主要影响，总结新世纪以来苏州小说的地域文化特征，探讨地域文化影响苏州当代小说发展的新的可能性。这里的可能性，指向一个开放式的未来，而对于苏州当代小说与地域文化这样一对关系，很多派生出来的话题已经被讨论过，需要面对的可能都是些基本的问题：很多人思考，被思考了无数遍的问题，研究者所要做的就是再思考一遍——于是又有一些新鲜的分叉，从旧的枝丫上生发开来。

1.“融入”与“出走”：苏州地域文化的包容与嬗变

关于全球化与地域性，文学与地域文化的研究，我们有种先验的观念，常常将地域文化预设成一个坚硬、僵化、一成不变的东西。事实上，苏州是个包容性特别强的城市。在这座城市的经济、政治等都在发生变化的同时，苏州地域文化毫无疑问也是在改变和重生中的。这种重生不是将传统的、旧的文化元素一扫而空，而是在融合、交错、对立、妥协中完成文化的重塑。

现代化进程给城市带来的变化日新月异，人口迁移流动频繁，城市面貌剧烈变化，文化的输入输出变得司空见惯。苏州作家有的是走进来的，有的在走出去。陆文夫就是一个外来的苏州作家，但是对于苏州文化的认同和融入使得他的小说创作如鱼得水，捧出了《美食家》这样一部只能产生于苏州、独属于苏州的经典之作。对于陆文夫，研究者们认为，他是“以苏北小镇的智慧为底，苏州的文化传统为用，很多外来的苏州文化人都是这样，这是具有普遍性的现象。因为受单一文化的影响是有局限的，带着其他的文化传统，到另外一个地域接受这个文化熏陶，结合得坏就会很坏，结合得好，就会很好很好”[29]。这样的表述也适用于那些走出去的作家，比如苏童、范小青、戴来等。苏州地域文化怎样通过他们和他们的小说创作，进行一个对外的扩散，“比如说像苏童，出来很多的作品也不一定是以苏州为写作对象的，但是他这个里面怎样的体现苏州的地域文化”[30]，这是一方面；另一方面，他们骨子里的地域文化的热血对于异域文化的吸收和转化，两者的融合又会在他们的作品里呈现出什么样的新的面貌，这同样也是个有意思的话题。

现有的苏州当代小说与地域文化研究成果，大部分聚焦于受地域文化影响的苏州作家进行的与苏州有关的写作；而对于苏州的地域文化怎样影响了这部分作家进行的跟苏州没有关系的写作，尚未展开充分而有效的讨论。

2. 城市、乡镇与村庄：苏州地域文学与文化的层次

讨论一地的文学，通常会以某些作家作品作为切入口。有论者将陆文夫的《美食家》作为一个重要文本提出，赋予了小说一个特殊的文学史意义，“城市文学的消亡和城市的消亡是同步的，在毛泽东时代，改革开放之前的三十年，中国没有真正意义上的城市，每一个人都必须在一个固定的单位，定在那里，城市特有的模糊性，包容性，无限的可能性都不存在。1989年《美食家》出现，意味着城市开始复苏了，开始再生了，也意味着城市文学开始再生。其实整个80年代以后的城市文学是以《美学家》为源头的，而且像《美食家》这样的小说只可能出现在苏州。”[31]这赋予了苏州和苏州小说在新时期文学乃至整个当代文学史中的坐标意义。只是关于《美食家》作为“城市文学”开端的相关研究和理论阐述，还没有相应的进展与成果。

同时，我们对于苏州地域文化的认识与研究，多偏重于城市文化，而地域文化的层次是丰富的，除了城市，还有乡镇、村庄。在苏州的重要作家那里，荆歌笔下的江

29 王彬彬：“苏州当代小说与地域文化研讨会”发言摘录，2015年12月4日。

30 何平：“苏州当代小说与地域文化研讨会”发言摘录，2015年12月4日。

31 王彬彬：“苏州当代小说与地域文化研讨会”发言摘录，2015年12月4日。

南小镇，范小青、叶弥笔下的吴地村庄，他们呈现出来的文化面貌是神态各异的。“如果把苏州当代小说和地域文化的关系，简单理解为苏州城市的地域文化和当代小说的关系，那么就不足以全面反映苏州的地域文化和苏州当代小说的关系。”[32]将地域文化分层次地深入讨论，进而观察这些地域经验是如何进入作家们的创作之中，赋予作品不同的辨识度，是一个可以拓展的研究方向。

3. 当代苏州小说与“鸳鸯蝴蝶派”的关联研究

有论者认为，文学应该承担一个对于地方文化或者说主流的社会趋势逆袭而生的功能。由此扩展开去，一个顺势而为的文学，或者追随主流潮流的文学注定是没有效果的。在研究者看来，苏州近代的“鸳鸯蝴蝶派”即是最富地域文化特色的创作流派，必然会在文学史上留下她独树一帜的身影。[33]对于通俗文学史的研究，苏州毫无疑问是重镇。范伯群为“鸳蝴派”正名，为其戴上“市民大众文学的桂冠”，并梳理出了“冯梦龙们——鸳鸯蝴蝶派——网络类型小说”的古今市民大众文学的文学链。

陆文夫作为苏州当代小说的翘楚，他早期与周瘦鹃、范烟桥、程小青等“鸳蝴派”主要成员过从甚密，在生活志趣和创作理念等方面均深受影响，这一点在其代表作《美食家》里体现得最为充分。而《美食家》的题材、审美倾向等方面都与通俗小说有着千丝万缕的关联。有论者强调，在苏州这块地方，没有宏大的叙事，没有主题先行，有的是身边的叙事，他们推崇的文学理念是趣味、审美，让人身心可以放松，同时这个地方的审美趣味又比较向高端、精致的方向发展。[34]这样的评价，对于以《美食家》为代表的苏州当代小说很是贴切，如果用来形容“鸳蝴派”，倒也合适。对于苏州地域上不同时期孕育出的文学流派与作品，雅俗互现，尽管承接和延续着不同的文学源流，但骨子里仍是有着那么多亲近的、同质的元素。有研究者进一步指出，苏州当代

32　何平：“苏州当代小说与地域文化研讨会”发言摘录，2015年12月4日。

33　吴俊：“苏州当代小说与地域文化研讨会”发言摘录，2015年12月4日。

34　栾梅健：“苏州当代小说与地域文化研讨会”发言摘录，2015年12月4日。

作家对于世俗生活的描写以及一些具体表达的方式，好像更接近于中国传统的市井小说的表达方式。并据此做出大胆的推论：当代作家普遍回归传统的过程中，是不是苏州的当代小说家走得更前一点——这可能是源于苏州本地地域文化的熏陶。[35]

同样是传承，明清小说作为一种文学遗产，和苏州传统里延续到今天的生存方式、生活习惯、审美情趣等等，两者相比较，其实是后者对于当下小说创作的影响更为具体一些，因为这些日常性的东西是渗透在一个人的身体发肤乃至血液里的。作家作为写作个体，对于小说的把握不可能像构建一个理论框架一样，那样清晰、准确，逻辑严密，创作很多时候是天性的自然裸露和流淌；观念和理性的过多介入，对创作反而是一种干扰。因此，同样生长于这片地域的作家，不管是鸳鸯蝴蝶派的通俗文学，还是当代的纯文学，作家们在创作理念和审美意识上，都有着这片地域加之于他们的独特符号和印记，他们的创作中自然会有着内在的亲和与关联。由于雅俗文学的壁垒，对于当代小说和“鸳蝴派”的关联研究尚待深入。

35 郭冰茹：“苏州当代小说与地域文化研讨会”发言摘录，2015年12月4日。

苏州市文学艺术界“六大建设工程”提升研究

缪 智

党的十八大以来，以习近平为总书记的党中央对繁荣发展社会主义文艺进行了一系列重要部署，继党的十八大对建设社会主义文化强国、推动社会主义文化大发展大繁荣提出新要求后，2014 年 10 月 15 日，习近平总书记主持召开了文艺工作座谈会。2015 年 10 月《中共中央关于繁荣发展社会主义文艺的意见》公开发布。在实现中华民族伟大复兴的大时代中，文艺正面临着“举精神旗帜、立精神支柱、建精神家园”的战略机遇和崇高使命。

围绕党对文化艺术工作的要求，近几年来，苏州的文艺事业通过组织实施“六大建设工程”（“苏州篇章”主题品牌工程、“家在苏州”精品创作工程、“德艺双馨”人才培育工程、“名家荟萃”惠民传播工程、“文艺之家”阵地建设工程、“文化苏州”组织网络工程），做大了文艺繁荣发展的格局、做强了多出优秀作品的机制、做优了文艺活动的品牌、做深了文艺惠民的服务。文艺队伍的凝聚力、社会主义核心价值观的传播力、优秀作品的影响力、服务基层的渗透力得到了全面提升。苏州市文联也在创新发展中荣获了首届全国文联系统先进集体。面对新形势，面向新要求，苏州市文联似可围绕以下方面，对“六大建设工程”进行提升，以此推动苏州文艺迈上新台阶。

一、苏州文艺迈上新台阶的基本思路

总结历史经验，面向未来发展，苏州的文艺事业可围绕以下思路展开：

以学习贯彻习近平总书记的重要讲话为指导。以习近平总书记“迈上新台阶，建设新江苏”的要求为主题、贯彻落实习近平总书记在文艺座谈会上的重要讲话和《中共中央关于繁荣发展社会主义文艺的意见》为主线，以践行社会主义核心价值观为主心骨，充分发挥文联是党联系文艺工作者的桥梁和纽带的作用，围绕联络、协调、服务、指导的职能，加强行业管理、行业服务和行业自律，以思路要宽、举措要实、起点要高的工作作风，努力推动苏州文艺工作迈上新台阶。

以“三个面向”为新要求。“面向中国梦的大时代，着力提升苏州文艺的价值引导力、文化凝聚力、精神推动力和文艺创造力；面向建设社会主义文化强国的大时代，着力推进苏州文艺全面融入社会生活大循环，增强苏州文艺工作的社会影响力和辐射力；面向传承和弘扬中华优秀文化的大时代，着力建构文脉传承创新体系，推动文化艺术的继承性创新。

以全面提升“六大品牌工程”为新举措。以做大格局、做强价值、做优结构、做出影响为方向，通过对“六大品牌工程”的调整优化提升和定位，形成以“苏州篇章”主题品牌工程做强价值，以“家在苏州”精品创作工程为中心做强创作，以“文脉体系”传承创新工程为筋骨做强结构，以“名家荟萃”惠民传播工程为张力做强影响，以“文化苏州”网络阵地工程为纽带做强服务，以“德艺双馨”人才培育工程为支撑做强队伍的新“六大品牌工程”。

以苏州文艺在“十三五”发展中迈上新台阶为新目标。文艺作品在追求思想精深、艺术精湛、制作精良中从高原迈向高峰、文艺的结构布局在优化升级中提升社会影响力、文艺的体制机制在创新驱动中增添新活力、文艺的人才队伍在团结挖掘培养中发展壮大、文联工作的职能在做强、做优服务平台中延长扩大，文艺的事业在与时俱进中实现大发展大繁荣。

二、在认识时代主题，把握时代发展方向中，增强苏州文艺的价值引导力

围绕“两个一百年”的奋斗目标，2014 年年底习近平总书记在视察江苏时提出了“四个全面”的战略布局，要求江苏围绕这个战略布局，在建设“经济强、百姓富、

生态美、社会文明程度高”中迈上新台阶，建设新江苏。这个要求集中体现了人民对美好生活的向往，勾勒出了中国梦的发展愿景。如果说实现“两个一百年”的奋斗目标是当代中国最重要的时代主题，那么“强富美高”就代表着时代发展的方向。

围绕“强富美高”的发展要求，牢牢把握时代发展的方向，就要在深入学习习近平总书记的系列讲话中，引导苏州的文艺家用独特的眼光深入地观察思考和发现，在“强富美高”建设中，经济强强在哪里？百姓富富在哪里？环境美美在哪里？社会文明程度高高在哪里的丰富时代内涵。我们应该深刻地认识到，当今时代文化和科技已成为引领经济发展的两大支柱，以文化力为依托的创意产业凭借科技手段以突飞猛进的态势正在让经济变强。富了口袋要富脑袋，解决温饱后要追求自我实现，追求精神生活的富足已成为大时代人民群众求富的普遍心理。随着社会的进步，环境美也已经从环境卫生上升为生态和乡愁，上升为诗意江南中生态和乡愁的和谐发展，环境和人文的交融发展。随着经济的快速发展，社会文明程度高已成为人民群众的热切愿望。人民群众越来越认识到诚信、诚实、法治、公益、道德向善、志愿精神的重要性，社会文明不仅事关他人，也和切身利益息息相关，对社会文明的期盼已经从群体愿望向着波澜壮阔的自觉行动发展。文化力造就经济的转型升级，富脑袋催生了人的精神解放，诗意栖居成为环境美的重要内涵，文明新风让社会变得温暖亲切，这应该是“经济强、百姓富、环境美、社会文明程度高”的一个侧影。只有在这个问题上让文艺家们想深悟透，苏州的文艺创作才会有生活的厚度、思想的深度、情感的温度和价值引导的力度。

三、在充分激发文艺工作者的社会责任感和历史使命感中，增强苏州文艺的文化凝聚力

文艺工作的中心任务是多出优秀作品，作家艺术家是多出优秀作品的主力军。时代的主题要通过文艺家们的观察、认识、体验去创造性实现。观察什么、认识什么、体验什么，是和文艺家们的社会责任感和历史使命感紧密相关的。因此，激发文艺工作者的社会责任感和历史使命感也就是要引导文艺家们去认识，在当今时代，文艺发

挥什么样的作用才能不可替代？文艺工作者创作生产什么样的作品才可以大有作为？文艺家们只有形成了这样的文化凝聚力，才不会在市场经济的大潮中迷失方向，才能通过优秀的文艺作品为社会发展提供文化的凝聚力量。

文艺的力量在于它是时代的号角，民族精神的火炬，它能在社会转折时期吹响进军号，以时代风气先觉者、先行者、先倡者的姿态，唱响人民的心声，引领社会的进步。

文艺的力量在于它是人类社会生态和精神生态的发现者和守护者。它能以问题意识及时发现社会生态和人的精神生态中的水土流失，在警示和批判现实中产生认识价值，让社会环境和人的精神生态在和谐共生中行进在通往真善美的阶梯上。

文艺的力量在于它是人类生存环境中的精神植被，是人类精神家园中的绿色指数，是人类心灵中的精神年轮，它能在滋养人的性情，净化人的心灵，塑造人的灵魂中，让人变得高尚，让生活变得富有诗意，让社会充满阳光和爱。

当今时代之所以要召唤文艺的大发展大繁荣，就是要通过文艺让我们重新发现生活的意义，让人类和社会在精神境界的陶冶中，产生精神引力，凝聚精神能量，建构起真善美的力量，让人类有理想、有激情、有思考、有品质、有格调、有活力，诗意地栖居在自然的大地上。用文艺的形式，体现文艺的力量，用文艺家的创造力，体现时代的创造力，人民的创造力，这样的力量在当今时代不可替代！这样的作品在当今时代大有可为！

四、在“欢乐着人民的欢乐，忧患着人民的忧患”中，增强苏州文艺的精神推动力

“欢乐着人民的欢乐，忧患着人民的忧患”的文艺力量通常体现在用现实主义精神和浪漫主义情怀观照现实生活的创作方法中。现实主义和浪漫主义是古今中外文艺发展史上最基本、最普遍的两种创作方法。现实主义的基本精神是在求真中通过艺术真实再现生活的本质真实，其主要艺术特征是通过让文艺成为生活的镜子，对社会产生源于生活又高于生活的认识价值。比如苏州作家叶弥获得鲁迅文学奖的短篇小说《香炉山》，以对社会生活中普遍存在的对陌生人防范的生活真实，再现了当今社会人的

精神缺失和诚信缺失的社会危机感；鲁枢元获鲁迅文学奖的文艺评论专著《陶渊明的幽灵》从现代社会工业化、商业化、城市化的滚滚红尘引起的生态危机中发现了陶渊明的当代价值；毕飞宇的长篇小说《推拿》，在再现主流社会长期以来对残疾人的“慈善”行为的现实生活中，揭示了对残疾人的歧视和伤害，有时恰恰是以慈善和关爱的面目出现的生活本质；苏州市滑稽剧团荣获国家舞台艺术精品工程的校园滑稽戏《青春跑道》，透过社会偏向应试教育的现象，揭示了青少年渴望人文滋养的心灵真实，在初恋萌动的话题中播种人类的博爱精神，在涤荡心灵的浊水中使人的灵魂走向高尚。这样的揭示就体现了以现实主义精神观照现实生活的要求，这样的作品在认识生活中发出了时代的声音，体现了人民的忧患，以时代风气先觉者、先行者、先倡者的姿态，引领了社会的进步。

浪漫主义的基本精神是在求善、求美中以直觉和想象抒发人类对理想世界的热烈追求，其主要艺术特征是通过作品的诗意力量和情感力量，给社会以精神支撑，让人们看到美好、看到希望、看到梦想就在前方。比如杨守松获全国“五个一工程”奖的报告文学《大美昆曲》，以视昆曲为神曲的浪漫情怀，激情澎湃地抒发了中华民族伟大复兴中的文化守望精神。

坚持现实主义和浪漫主义的创作方法，要把创新精神贯穿创作生产全过程。创新意味着突破，方法的突破、内容的突破、样式的突破、风格的突破等。金曾豪获全国“五个一工程”奖的儿童文学作品《凤凰的山谷》以诗意的笔调和想象力，通过一只能斗败鹰的大公鸡，在“凤凰的山谷”开发仪式中被当作了祭品，寓意了人对自然过度开发的每一次仪式，都是毁灭自己的一次次仪式。这样的作品在现实主义精神中结合了浪漫主义的诗意想象和现代主义的哲理寓意。《大美昆曲》的突破是艺术样式的突破，全媒体时代叙事特征碎片化的结构方式、口述史的细节和情感形成的散文式的形散魂不散，历史事件的纪实性和细节真实性，使这部作品在看似琐碎中体现了宏大。姜兴龙作曲的《春雨江南》是当代民歌创作中传统与创新相结合的成功突破。昆剧青春版《牡丹亭》的突破，正如有的研究者所说，在于将经典的原著、传统艺术复苏的契机和文化名人的声望、现代传媒的作用整合起来，让一个多世纪以来屡屡受挫于市场的昆剧重新回到了当代社会舞台艺术的中心。中篇弹词《雷雨》的最大成功在于将一部戏剧性、动作性很强的经典话剧在不失原剧神韵的前提下，改编成了另一种文艺样式，从而拓展和丰富了评弹的表演方法。

文艺作品坚持以人民为中心的创作导向，最根本的就是在创作中拥有“欢乐着人民的欢乐，忧患着人民的忧患”的创作灵魂，这个灵魂是文艺作为人类灵魂工程师的灵魂，这个灵魂构成了文艺作品的精神推动力。

五、在认识时代特征，把握创作规律中，增强苏州文艺的创造力

文艺作品的价值引导力、文化凝聚力、精神推动力，最终要通过优秀的文艺作品来完成。这就要求文艺创作遵循艺术规律，用典型化的方法去再现生活、反映生活。

当代中国正处在重要的转型期，实现“两个一百年”的奋斗目标、是通过转型发展实现的，文艺家只有通过对生活的观察和发现，用独特的艺术把握去反映这个时代的基本特征，作品才能有创造力。当前的社会转型有什么特点，这些特点怎样影响了人们的心理、情感、价值追求，对转型升级和社会发展产生了什么影响，如何通过引导研讨帮助文艺家们以独特的观察体验发现典型、认识典型，最终经过艺术概括，以“这一个”的方法再现“典型环境中的典型人物”，这是实现苏州文艺创造力的重要途径和重要前提。

文艺是源于生活又高于生活的，转型时期的社会生活给文艺创作提供了取之不竭的生活素材，值得文艺家们从转型时代的角度去认识和思考，从典型化的角度去提炼和反映。比如“昆山8·2爆炸事件”，就可能是一个没有及时转型的典型事件。昆山的“昆”上面是个“日”，下面是个“比”，随着转型升级的发展，昆山的发展理念已经开始从日日比（GDP速度）到比过日子，从追求经济发展速度到追求“幸福五有”，从台商投资热土到台商精神家园转变了。但由于转型不坚决，没有及时淘汰落后产能，结果就出现了“8·2爆炸事件”。这样的事件，其实在告诉我们，中国如果不加快转型升级，就会有更多的隐患出现。比如苏州市歌舞剧院创作的音乐剧《又见桃花红》以“打开欲望之门，才能又见桃花红”的故事意蕴，在展开“每个人都想开启精神之门，却又被物欲束缚着自己的灵魂”的冲突中，表达

了"我们这个时代需要精神价值"的重大主题。这样的故事意蕴就从一个侧面概括了从温饱到全面建成小康社会时期的转型特征。当今时代，人们的生活已经走出了温饱阶段，正在从生理需求向精神需求转型，一方面人们在享受市场经济带来的物质文明成果的同时，对商品交换原则浸淫的不满日益滋长，对公平正义、诚实守信、理想信仰等精神价值的期盼越来越强烈。另一方面在面对物质利益和精神价值的选择时，多数人仍然会首选物质利益。身处全面建成小康社会的时代，人的观念和选择还停留在温饱阶段。这是因为过去温饱的记忆太深还是当今社会司空见惯的权力崇拜、拜金之风、道德缺失、享乐主义等消极阴暗现象在束缚着人的价值追求转型？比如常熟农民漆匠钱福根萌生了用中草药治水的梦想，在经历一次次试验后获得了国家专利、获得了成功，他也因梦想成真而让人生有了出彩的机会。其实中国梦的本质不就是要让每个人都有出彩的机会吗？无数小人物的梦想不正构成了中国梦的追求吗？类似钱福根这样的人物，在大众创业、万众创新的时代潮流中正在层出不穷地涌现，有待文艺家们去发现和创造。

当代中国的转型期是一个黄金发展期和矛盾凸现期叠加的转型发展期，一方面改革创新如火如荼，有无数可歌可泣的人物和事迹需要文艺工作者在满腔热情地讴歌新人物、塑造新典型，在发现新事物、拥抱新时代中吹响时代的号角；另一方面社会转型已经进入矛盾多发的"深水区"。社会发展中的许多深层次问题，需要文艺工作者勇于以"问题是时代的声音"的勇气在直面现实中，推动社会向着中国梦的方向前进。

坚持问题导向，很重要的一点是通过加强理论引导，谋求文艺创作从高原向高峰的突破。当前文艺创作的一个主要问题是有高原缺高峰。文艺创作要迈上新台阶，最重要、最根本的是在不懈地努力中实现从高原向高峰的突破。所谓高峰，当是"文艺是民族精神的火炬，是时代前进的号角，最能代表一个民族的风貌，最能引领一个时代的风气"中的两个"最"字。有了这两个"最"字，就是高峰，缺了这两个"最"字，就是高原。如何将苏州文艺界出精品力作从一般号召，提升到以文艺的高峰为主题，围绕这两个"最"字，对什么是文艺的高峰，文艺的高峰是怎样产生的，文艺的高峰有什么标志，苏州怎样实现从高原到高峰的突破等问题展开系列学习研讨活动，以此提升"苏州篇章"主题品牌和"家在苏州"精品创作工程的价值引导力，使苏州的文艺工作能够更深入、更自觉、更主动地融入中华民族伟大复兴的时代大潮中去，担当起在勇立时代潮头中，举精神旗帜、立精神支柱、建精神家园的社会责任。

六、在推动文艺工作融入社会大循环中，增强社会影响力

当今时代，文化的社会地位和作用已从“跟跑”转向“领跑”，文化作为社会发展的灵魂和转型发展中的创新要素，正在全面而深刻地影响着改革创新的大时代。面对文艺加快融入社会大循环的重要发展机遇，苏州文艺工作应该认真思考，如何借鉴“互联网+”和工业4.0理念的经验，通过“文艺+”让文艺在创新驱动中形成文化的社会力量，让文艺成为激活社会创造力的重要力量，成为创新时代的精神标志。

“诗歌+宜居”，让诗歌在宜居城市建设中产生话语力量。中国诗歌节是文化部和中国作协立项的一项全国性文艺活动，目前已举办了四届，第五届将于2017年举办。从文艺融入社会大循环的角度去思考，苏州可以考虑申办“中国诗歌节”。举办“中国诗歌节”的目的就是要让诗性成为宜居城市建设的灵魂，让诗性在宜居城市建设中形成话语力量。

随着生态文明成为社会发展的重心，宜居城市建设也越来越成为社会的普遍追求。但目前的宜居城市建设基本上还停留在生态保护和环境美化的认识上，而宜居城市建设离开了人文力量，会是一个没有灵魂的城市，这样的城市离开了人的灵魂，事实上是不会宜居的。

宜居城市除了生态环境外，应该是有诗意有乡愁的。与宜居城市相比“诗意地栖居”显然更具生活的和人文的魅力。如果说宜居城市只是一个官方工作的话语，那么“诗意的栖居”就是一个人文境界的话语，文艺要发挥灵魂的作用，就是要将一个司空见惯的官方话语提升为具有文化力量的人文话语。

“诗意地栖居”作为一种文化的力量，是德国19世纪初叶的伟大诗人荷尔德林提出的，他在《轻柔的湛蓝》这首诗中说：“如果生活是全然的劳累，那么人将仰望而问，我们仍然愿意存在吗？是的，充满劳绩，但人，诗意地栖居在此大地上。”“诗意地栖居”后经德国哲学家海德格尔的应用，成了一个影响世界的话语。从文化层面

上看，宜居城市还应该是一个看得到乡愁的城市，有了乡愁，这个城市就会有历史之味、文化之韵，而余光中的《乡愁》之所以闻名遐迩，就在于提供了这样的文化力量。当今时代，无数个城市在建设宜居城市，又有哪一个城市在建设中提供了“诗意地栖居”这样的文化力量呢?

当今社会是一个呼唤创新创意创造的社会，也是一个诗意缺乏、诗歌被边缘化的社会。这样的社会为我们找回诗歌的力量提供了机遇。因为当现实生活淡忘了诗歌，就意味着这个城市的诗意缺失，就意味着这个城市失去了生命的灵性、创造力和想象力，就意味着这个城市仅仅是一个逼仄的劳累城市。中国是一个诗国，诗歌是中华民族最重要的文化基因之一，传承和挖掘中国诗歌中的生命基因、精神基因，让社会认识到宜居城市需要诗性的力量，让宜居城市诗化呈现，这正是文艺融入社会大循环很重要的切入点。

“拍客+太湖”，让拍客在展示太湖美中成为文艺创作的主体力量。随着网络视频的发展，用短视频记录和反映日常生活已呈蓬勃发展之势。顺应这样的趋势，苏州可以和著名视频网站联合谋划举办“太湖美拍客节”。举办“太湖美拍客节”就是要让习近平总书记说的“‘天堂’之美在于太湖美”的主题深入人心。通过拍客的创造性视角、体验性参与、艺术性发现，对太湖的风光美和人文美进行无穷的个性化挖掘。这样的活动其实是运用文艺形式发起了一场宣传展示太湖美的大众秀,也是大众创业、万众创新时代要求在文艺领域的运用。

“手艺+创意”，让传统手艺在创意发展中成为面向生活世界的重要力量。苏州已成为联合国创意城市联盟中的手工艺与民间艺术之都，在中国的民间艺术中，苏州的民间艺术独树一帜，并因其历史悠久、形式多样、特色鲜明、内涵丰富，被誉为“东方明珠”，曾拥有在全国手工艺产品中占半壁江山的重要地位。在全国工艺美术产品十一个大类中，苏州占有十个大类，各类花式品种逾三千五百个。苏州的民间艺术具有面向生活的传统，苏州文艺在“十三五”发展中，应着力弘扬这一优秀传统，在生活的艺术化和艺术的生活化的互动中，倡导闲适而富有文化意味的生活方式，展示苏式生活独特的人文魅力和创造力。我们正处在“以人为本”的时代潮流中，“以人为本”的实质是以人的生活为本。人是文化的产物，也以对文化的创造为本质。苏州民间艺术的历史样式和影响力为人们认识、感受苏州城市的独特魅力做出了贡献，在新的时代，苏州应通过创建“民间艺术之都”，引领当代生活美学的发展，让“以人为本”就是文化创造生活美，生活就是体验有意味的艺术的理念作为城市发展的灵魂，也让苏州通过文化多样性发展中的苏州特色、苏州创造融入世界，成为文化意义上的国际性城市。

“文艺+”整合，在推动文艺发展与社会发展的深度融合中，让苏州文艺活动的结构更加优化。苏州全市各级文联系统，每年都要组织各自的重大主题性文艺活动。苏州市文联可围绕如何迈上新台阶，牵头组织对这些活动的主题内容、组织架构、社会影响力进行专题研究，以“文艺+”整合的方法对全市的重大文艺活动进行整体性战略性重组，以统一的文艺品牌建构能够面向全国的布局规划和分工体系，在提升苏州文艺发展的品牌竞争力中形成苏州文艺的可持续发展机制，提升苏州文艺活动的社会影响力。

“文艺+”平台，在创新发展理念中，做强苏州文艺融入社会大循环的机制。“互联网+”时代，传统的通过做大规模发展的模式正在被颠覆。前不久新华网报道了海尔集团这个世界最大的白色家电企业怎样从制造企业整体转型为创业平台的经验。报道中说，过去十年，海尔集中做了一件事：去掉两万名中间管理层，把过去三十年辛辛苦苦打造的“航母”，解构成了一支并联“舰队”。“现在海尔只有三种人，平台主、小微主和创客”，海尔依托小微主和创客利用互联网交互平台深入挖掘用户数据，找出市场需求，整合代工厂和设计资源，进行产品生产，实现了转型。小微主和创客依托海尔的大平台在全球优化配置资源，做强了产品，形成了活力。海尔集团通过这样的转型从制造商转向了平台主，产业链从低端走向高端，原先的制造部分转移给代工企业了。这个经验就很值得苏州文艺工作借鉴和思考，如果苏州文联能用好智力资源，用当好平台主的理念，通过发展文艺上的小微主和创客实行创新发展，苏州文艺就会在活力大增中做强。

七、在建构"文脉体系"中，弘扬中国精神传播中国价值

一方水土孕育一方文化，文化艺术的繁荣发展不仅要与时代同步，也要与这方水土的历史文脉相契合。建构"文脉体系"传承创新工程，最重要的是站在历史和时代的高度，认真思考苏州有哪些重要的文化记忆和文艺样式构成了苏州的文化脉络。这些文化记忆和文艺样式具有怎样的独特价值，在过去对形成国家和民族的价值体系做出了什么贡献，在未来怎样通过继承性创新去弘扬发展？

苏州区域和城市文化记忆的关键，似可通过吴文化、江南文化、人本文化等重要历史记忆的挖掘；历史主题、家园主题、精神主题等重要价值的发现和建构，在有形有神、有根有魂、有特色优势、有世界眼光中形成城市的文脉体系。

一是抓住吴文化的底色，形成和丰富苏州文脉的历史主题。吴文化的底色主要体现在文化性格、文化精神、文化品位上。三千多年前"泰伯奔吴"带来的中原文化与太湖流域荆蛮文化相融合形成了吴文化。"泰伯奔吴"开创的隐逸文化传统和荆蛮文化尚武的历史传统形成了吴文化刚柔相济的文化性格，这一文化性格以六朝为界，六朝以前以尚武为主，六朝以后以尚文为主。刚柔相济的文化性格赋予苏州文化崇文的鲜明特征，但在历史的紧要关头，尚武的基因又会挺身而出，体现出社会的担当意识。顾炎武的"天下兴亡，匹夫有责"、明末清初时的"复社"、清末民初时的"南社"，就体现了这样的担当。

吴文化精神是在长期的历史锤炼中凝聚形成的对中华文化的奉献精神。这是一种追求社会发展和实现人的发展的创造精神，是一种在面临挑战和机遇时勇于进取的开拓精神，是一种在时代变迁时既不消融主体又善于接受外来文化的开放精神。如丝绸并非源自苏州，但苏州丝绸却影响了日本"和服"的出现，又通过对刺绣、宋锦和苏裱、戏装及宫廷织金类织物的创造，在"丝意生活"的创造中，使苏州丝绸成为中国丝绸文化灵魂的塑造者。如昆曲，原是四大声腔中最弱的一个，但在吸收北方各种曲调的优长和借鉴江南民歌小调后，成了全国乃至世界的大剧种。

吴文化的文化品位体现在吴地先辈创造的为世人所景仰和瞩目的文化成果上：如被列为世界文化遗产的苏州古典园林、美轮美奂的丝绸、以精细雅洁著称的"苏绣"、

古朴凝重的香山帮建筑、精致细腻的吴中工艺，以及昆曲、苏州评弹、吴门画派、桃花坞年画等艺术成就上。这些文化成果承载着苏州文脉的密码和信息，也是激励后来者开拓创造的精神动力。

围绕吴文化的文化性格、文化精神、文化品位抓好文脉规划的谋划，形成精神主体和文化载体的相互印证，是苏州文脉体系中最为重要的历史主题。

二是抓住江南文化的诗性精神，形成苏州文脉的家园主题。江南诗性精神是经历了魏晋南北朝时期的文化觉醒后，形成的与北方政治伦理精神相对应的文化特质。江南诗性文化虽然晚于北方伦理文化，但一经形成，便以其审美特质建构了中华民族精神生活的后花园。

在江南文化的核心区中，苏州和杭州有着最为重要的地位，“天上天堂，地下苏杭”的谚语，唐代大诗人白居易的《忆江南》及“江南名郡数苏杭”的诗句，不仅成就了苏杭的盛名，而且使苏杭有了代称江南的资格。江南是中国现代化进程中的“乡愁”，也是中华民族内心深处的精神家园。现代化越发展，“乡愁”越强烈，因为江南是中华民族精神血脉的根。江南文化的高峰在明清，明清文化的中心在苏州。抓住江南文化的诗性精神，就是抓住中国“乡愁”的血脉，就是抓住了建设中华民族共有精神家园的根。

江南文化之源，学术界大体有三种观点：一是距今已一万余年的旧石器时代晚期的太湖“三山文化”，二是享有“七千年前文化宝库”美誉的浙江余姚“河姆渡文化”，三是距今约六千至七千年的浙江嘉兴“马家浜文化”。围绕江南文化的诗性精神，守住江南文化的根，充分认识和重视“三山文化”的重要作用，以文脉为纲，形成传承诗性精神，建构“鱼米之乡”、“江南采莲”、油菜遍野、吴侬软语、苏式生活等江南文化的典型景象、典型意象的系列规划，是苏州文脉体系中最为重要的家园主题。

三是抓住苏州城市的历史品格，形成苏州文脉的精神主题。苏州文脉的历史品格和精神主题似可用“清逸”“和合”“忧乐”“天下”四个代表性概念来概括。这四个代表性概念与当代苏州吴江人费孝通提出的“自觉”（文化自觉）形成了苏州贯通古今的精神脉络。

“清逸”源于商周时“泰伯奔吴”的历史事件。体现了苏州优秀文化精神中的人生智慧。泰伯、仲雍以其“让国至德”的超俗行为，首创了“隐让游逸”的人生态度，这种人生态度崇尚自然的生活方式，以在文化创造中实现人的创造本质和自由境界为追求。孔子对泰伯有“其可为至德也已矣。三以天下让，民无德而称焉”的评价。

由“泰伯奔吴”种下的这颗隐逸文化的精神种子，在漫长的岁月中，与吴地特有的地理自然环境相融合，不断汲取历史的养料，形成了内敛开放的文化内核，并且培育了推动这一人生态度发展的两大群体，即从事教化和引领这一人生态度的士大夫群体和实践这一人生态度的工匠群体。苏州文化在这两大群体的推动下，由人的生活形态的“逸”上升为城市精神的“逸”，苏州文化的这种清逸特征，作为城市的文化软实力，深深地熔铸在城市的生命力、创造力和凝聚力之中。

“和合”源于苏州寒山寺开山鼻祖和合二仙（寒山和拾得）的一问一答，体现了苏州优秀文化精神中的处世态度。寒山问拾得说：“世间人秽我、欺我、辱我、笑我、轻我、贱我、恶我、骗我，我该如何对他？”拾得答曰：“那只有忍他、由他、避他、耐他、敬他，不要理他，再过几年，你且看他。”“和合”融儒家的“和为贵”、道家的“天人合一”和佛家的“忍让”为一体，体现了忍辱负重、发展为本的意识；体现了“柔中有刚、刚柔相济”的精神品格；体现了以委曲求全的韬略，在自信中实现自强的抱负。因为有了忍辱负重，才有了苏州人咬定青山求发展的“韧”性精神；因为有了“刚柔相济”，才有了苏州人开放兼容的文化心理；因为能够委曲求全，才有了苏州人历经曲折、终能后来居上的率先业绩。

“忧乐”源于北宋政治家范仲淹《岳阳楼记》中“先天下之忧而忧，后天下之乐而乐”的千古名言，体现了苏州优秀文化精神中悲天悯人的道德情怀。“忧乐”内蕴着居安思危的忧患意识，担当天下安乐的责任意识，生于忧患死于安乐的道德意识。“忧乐”以其对社会安乐的精神忧虑，极深刻地表达了人类心灵深处对和谐的文化向往。“忧乐”以其深沉不安的思想灵魂，展现着忧国忧民、以天下为己任的博大胸怀。“忧乐”以其对历史规律性的清醒认识，充溢着“祸兮福之所倚，福兮祸之所伏”的辩证精神。“忧乐”以其对治国经验的历史总结，寄寓着“忧劳可以兴国，逸豫可以亡国”的宝贵经验教训。“忧乐”以其跳动不安的灵魂，坦露着赤子之心的人文情怀。

“天下”，源于明末清初思想家苏州昆山人顾炎武的“天下兴亡，匹夫有责”的名言，体现了苏州优秀文化精神中的文化守望。顾炎武在《日知录·正始》篇中说："有亡国，有亡天下，亡国与亡天下奚辩？曰：易姓改号，谓之亡国；仁义充塞而至于率兽食人，人将相食，谓之亡天下……保国者，其君其臣、肉食者谋之；保天下者，匹夫之贱，与有责焉耳矣！""天下兴亡，匹夫有责"以其文化守望中的民本意识和责任意识，捍卫了民族的优秀文化和优良传统。"天下兴亡，匹夫有责"能经三百余年而传诵至今，足见其社会影响力和文化号召力的深广。"天下兴亡，匹夫有责"历经救亡图存的历史风云，已成为中华民族的集体意识，在民族兴亡和振兴中担当着文化召唤的社会作用。

建构文脉体系，创新一方水土最深层的精神追求，发展一方水土最根本的精神基因，彰显一方水土最独特的精神标识，让文化在梦想有魂、落地有根的价值和张力中，走向高远，体现境界，产生魅力，是苏州文艺体现中国价值和中国力量的特色和优势所在。

八、在加强文艺评论中，弘扬创新中华美学精神，展现当代中国审美风范

2015 年 9 月 24 日苏州市文联入选中国文联首批 22 个中国文艺评论基地，成为全国唯一入选的地级市文联后，提出了"五位一体"的发展规划。苏州是中国文化艺术的典范城市，依托苏州深厚的文化艺术资源，以马克思主义为指导，批判借鉴外国文艺理论，围绕梳理、研究、弘扬中华美学精神，展现当代中国审美风范进行系统研究，应成为"五位一体"规划中的重要内容。

从继承传统看，苏州是具有两千五百多年历史的文化名城，独特的地理环境，深厚的历史文化积淀，使苏州拥有太湖山水的湖光山色之胜，苏州古城、古镇、古村典型的"小桥、流水、人家"之韵，虽由人作，宛如天工的古典园林之境，昆曲评弹声腔曲调之美，苏式、苏工、苏作等民间手工艺之巧。这些文化和艺术的特点构成了怎样的美学风貌？苏州文化以精致和博大著称，苏州文化的精致和博大是由俗雅两大文化样式建构的，比如艺术形态上的昆曲和评弹、吴门画派和桃花坞年画，建筑形态上

的古典园林和水乡民居，手工艺术方面文人创意和民间工艺的融合，精神建构上的“先忧后乐”和“匹夫有责”，这两种形态怎样相互影响、相互激荡？值得认真研究。

从对传统的创造性继承、创新性发展看，苏州可面向地域文化艺术优势，加强发展的扶持与研究，这些文艺样式和内容大致为：有关吴门画派的传承与发展、有关增强“苏州——中国书法之城”影响力的扶持与研究、有关昆曲的传播发展研究、有关苏州评弹的推陈出新研究、有关吴歌的文学价值及其利用、有关苏州民间手工艺对苏州城市形象和苏州精神的影响、有关苏州古典诗词中对苏州城市形象的影响力研究、有关从冯梦龙到近现代苏州通俗文学的优势及其对当今网络文学的影响研究、有关苏州儿童文学的影响力研究等。

在中国的文化艺术遗产中，苏州的文化艺术遗产独特而典型，丰博而深厚。这些个性鲜明、形态多彩的文化艺术遗产构成一方水土的文化符号，凝聚了一方水土发展的历史智慧，代表着一种独具价值的精神财富，既是中华美学精神的重要组成部分，又构成了人类文明多样性发展的重要支撑。在传承中接续苏州文化艺术遗产源远流长的丰厚脉络，在面向未来，特别是面向生活世界中，实现苏州文化艺术的创造性转化和创新型发展，是苏州加强文艺评论的重要目标。

探索吴歌音乐理论研究的新路径

夏美君

一、吴歌文献的历史、现状及其研究局限分析

从当世见诸历史文献的有关吴歌及其文化的记载和研究来看，吴歌的既往关联文献主要集中于对吴人民间歌谣文化艺术形态及其传播方式的描述性文字记载。其中就包括了散见于各类文献史料和文学作品中的有关吴歌活动的写实性描述，包括了不同历史时期由官家或文人规模化辑录的吴歌唱词语言文本册集，包含了吴地民间平民百姓刊刻印抄的各类文本和手稿，还有不同历史时期有关吴歌文学的研究成果。这些文献中明显缺失了完全针对吴歌文化艺术现象的综合性研究成果。即便是后世文献中常为人们引用的吴歌史料，也多为散见或偶现于各历史时期文化名人的有关吴歌艺术现象及吴歌文学的相关言论，而少见专题性的研究著作和论述传世。其实，真正意义上的吴歌研究活动，正式启动于以顾颉刚、刘半农、王翼之、李白英、林敬之等学人为代表的民国时期，其后继研究者中最有影响的是钱静人、金煦、高福民等现当代学人。不过从现存由金、高二人主编的《中国·吴歌论坛》和《吴歌遗产集粹》等著作内容看，尽管这些成果包罗宽泛，却大多由短篇论文结集而成，因而这些为数不多的有关吴歌音乐文化艺术的研究成果，依然停留在就事说事、只鳞片爪、点滴散论、话题评议的层面，并未就吴歌音乐及关联文化形成整体性、系统性、体系化的规模研究，因而无法触及深层次的吴歌理论研究，更难以真正形成、确立和建构合理的吴歌学理论学术体系。所以，历史上的吴歌研究更多的只是在开启延绵千年的吴歌文化研究之尘封大门。

所幸，近年来不仅苏州地方政府、文化机构和民间研究者们纷纷参与并介入吴歌研究，更出现了苏州地方高校、民间文化机构、吴地片山歌馆、乡镇文化馆站等各类民间歌谣研究者共同参研吴歌的势头。其中当然也包括了江苏省吴歌学会和本理论学术团队研究者的共同参与。也正是由于有了这些新兴研究力量的主动加盟，致使当前吴歌研究明显地从研究领域、理论范畴、学术视野、学科理论、研究层次上，逐渐地对传统吴歌理论研究形成了明显的挑战和冲击，同时还产生了一批具有一定学术水准的理论、实践研究成果。但直到今日，源自民国学人的近、现、当代吴歌研究，依然较多集中于吴歌音乐学、社会学、民俗学研究范畴，其对活态吴歌和民间传承人的歌谣音乐、影像、声讯、文本的采集、载录、整理、发掘虽成效显著，但有关吴歌音乐的搜集整理依然大多停留在资料采集、文献辑录、声讯搜集、歌曲集成的层面，少见成气候、成体系、高质量的实质性吴歌音乐本体研究成果的涌现，更不见将吴歌与吴语文化和吴地非遗结合的综合艺术理论研究重要成果。即便是涉及吴语文化的吴歌研究，也更多地停留在吴歌文学的语言研究和关联吴歌文化社会学研究层面，少见针对吴语方言语音与吴歌音乐形态交互作用的音乐成果。而在涉及当代新兴学科及其理论的研究领域和学术范畴中，吴歌文化的纵深研究同样鲜有涉足或少见成效，因而亟待我们迅速结成团队集体攻关的雄厚力量，为避免吴歌音乐文化艺术正日渐快速地从当地民众的生活视野中消失，尽早、尽快地弥补上至今空缺的一页。

迄今为止的吴歌文化艺术研究中，堪称真正意义的吴歌理论研究主要起步于民国时期，在此之前几乎没有像样的吴歌文化及其现象研究的先行者。即便是历史上提及的有关吴歌文学风格的相关论述，也仅局限于吴歌唱词文学对主流文人诗词文学风格影响层面。如，文学史上较为著名的风人体和吴歌格等诗词文学风格，就是对源自吴歌唱词文学一脉相承的诗歌独特语言文风的总结。就连历史上记叙的陈宏绪在《寒夜录》中所引明代卓柯月对民歌小曲文学类比唐诗、宋词、元曲为明代代表性文学文体的“为我明一绝也”的名句，充其量也就是古代文人对吴歌文学地位认同的个别观点，并不能称之为真正意义上的吴歌文学研究的成果。

如今看来，就算是对当代吴歌研究影响深远堪称民国吴歌研究代表作的顾颉刚的《吴歌小史》，也只是开启吴歌理论学术研究的初步探索与尝试，不能称之为构建吴歌音乐文化艺术理论体系的扛鼎之作。而将吴歌及其文化艺术现象纳入吴语文化、吴地文明、吴域非遗的总体架构，展开包括社会学、文化学、民俗学、生态学、音乐学、艺术学在内的多元民族、地域、民间文化学术视野，作全景式、整体性研究，即便是在理论学术活动极为活跃的今天依然显得相当不够。不过，近年来由于部分高校研究生教育的介入，出现了由文学、社会学等领域参与吴歌关联研究的成果，如苏州大学的杨俊光、首都师范大学的王淑梅等所撰博士论文都体现一定水准。只是他们的研究因受所学专业方向的限制而没能涉及吴歌音乐艺术研究领域。

有关吴歌音乐的研究自新中国成立以来逐渐增多，但仍以小篇幅、单视角、孤立单篇论文居多，少见宽视角、成系列、有体系、具规模的研究专题。而诸如吴地城镇文化馆站、山歌馆、民间组织征集的许多吴歌文献，仍保留了歌谣词本为主乐谱采录为辅的传统，仅仅是在规模化的词本采集中收录了少量乐谱。80年代的江苏民歌集成活动中，吴地音乐人参与了吴歌乐谱采集，甚至还专门聘请了部分歌手录制了演唱音响，可惜这类音像资料多非本土非遗传承人所唱。不过上世纪末和本世纪初在吴地片区山歌馆和地方机构的帮助下，也采集了一些当地非遗传承人演唱的歌谣乐谱文献且收录了部分声讯数据，可依旧没有对所录乐谱和音响进行音乐体裁、结构、样式、形式的汇总、梳理、分类、归纳、概括、分析研究。所以既往逐步采集的大部分乐谱和音乐音响依然大多处于资料闲置状态，不能转化为有效的、可直接用于理论学术研究的代表性、典型化、样本化、体系化的实用理论研究素材，更无从对不同片区吴歌音乐旋律、形态、结构、调式、调性等开展专项比对研究，因而同样不能生成有地域民族民间音乐文化艺术特色的有价值、有分量的学术成果。因此长期以来吴歌研究因缺少乐谱文献和音乐样本闲置所遭遇的困局，虽在本土音乐工作者的主动参与和积极介入下得到了部分弥补，但真正的吴歌音乐研究并没有实质性展开。回顾吴歌音乐研究缺位的历史，反思吴歌音乐研究滞后的原因，音乐形态学理论体系直到近现代才得以在西方确立，而国人引进相关理论手段与方法更在其后，也是导致这些问题产生的另一客观原因。因而民国之前没有出现像样的吴歌音乐分析研究成果在所难免。

幸而新时期以来，吴歌研究不但有传统的作品分析、规律探讨、历史追索等内容，更呈现多学科、多视角研究吴歌的态势，使吴歌研究上了一个新的台阶。首先是音乐工作者的加盟，50年代的苏南民间文艺调查中也有音乐工作者的参与，但总体状况是各取所需、各自为政。尤其是近年来，以音乐形态学研究作为吴歌研究探索方向，逐步地成了苏州本土高校音乐专业教师的研究热点。再有苏州本土高校与吴地片区山歌馆规模化参与地方非遗研究，并不断组织召集国内外学人举办山歌学术会议，为吴歌音乐研究起到了很好的抛砖引玉的作用。例如，苏州科技学院音乐学院、苏南地方音乐文化艺术研究所、常熟理工学院音乐学院、苏州大学音乐学院的一批教师的主动介入，引发了新一波吴歌研究的热潮。而以吴歌音乐研究带动吴歌学术理论研究，并逐步涉猎吴歌与关联吴地非遗文化艺术研究领域，带来了一批有分量的成果，并逐渐厘清了吴歌研究的学术路线图。然而，吴歌音乐研究终究是刚刚上路，尚不能在短时间内形成和确立全方位开展吴歌音乐学、形态学、音乐史学研究的重大成果是可以理解的。因此，我们必须以时不我待的态度正面应对和尽快解决这一遗留已久的学术难题。所幸本学术团队业以借助本次苏州市文联首度启动地方文艺理论研究的活动，率先获得了本次课题立项的重要机遇，决心借助现当代学科理论体系的强势助力，担负起优先启动本课题研究的重任，以期通过我们的努力将重建吴歌音乐理论学术体系，纳入当前和今后一个时期持续开展的基础研究，使崭新的当代吴歌理论研究就此扬帆启程。

二、倡导启动吴歌音乐本体研究的学术回归

本课题力主倡导和实现吴歌音乐本体研究的突破，主张利用音乐学、音乐形态学、音乐人类学的方法和手段，引领吴歌音乐本原研究的理论学术回归。对于与吴歌音乐关联的音乐学和形态学研究，应尝试组织针对延承自上古时代的吴地重要片区山歌流系下的农耕、稻作、渔樵、蚕桑、舟楫等乡野徒唱山歌的音乐形态体系研究；组织开展江南吴地都市化演变后的具有社会怡情、娱乐、休闲、礼仪功能的各类和乐伴唱、表演的城市小调，以及作坊号子、行商叫卖调、童谣儿歌等吴声杂曲的音乐形态分类研究；组织开展与吴地官家礼俗和民俗、宗教风情、仪式、社火、祭祀、民生等关联的民俗风情吴歌音乐形态延展研究等等。并在上述各项吴歌音乐研究中，重视吴歌音

乐音调的形态、结构规律研究，发掘各流系吴语音乐艺术风格的特点、特征、特色。相关吴歌音乐研究，还应关注吴歌音乐的音调旋律、节奏节拍、旋法句式、曲式结构、调式调性、音乐体裁、音乐形式、多声声部等音乐运动规律；关注吴歌讴唱的语言唱腔、语词音韵、发声方法、讴唱技巧、腔词运动、歌唱形式、歌唱体裁的歌唱方法；关注和乐吴歌的和乐形式、伴奏乐器、伴奏音乐、伴奏音效、唱和声部，以及人声与器乐的关系等音乐范畴的学术研究。此外，针对吴歌文化的音乐学研究，还应积极涉足吴歌文化及其音乐艺术与吴地、吴语、吴人的自然、人文、社会、文化、艺术生态关系领域，不仅将吴歌作为吴地个性化的代表性非遗民间艺术形式，而且将其作为与吴文化关联的特色民间艺术加以综合、整合研究，关注吴歌形成、生存、流变、传播、繁衍、生息、传承的文化形态和生存状态，使吴歌音乐的一应研究始终紧扣广义音乐学范畴，围绕吴歌音乐展开全景式的综合音乐学研究。

我们认为，在吴歌音乐研究的起步阶段，应以近现代学人和文艺工作者采集、辑录、记载的吴歌乐谱文献，必要时研究者需亲临吴地山歌片区寻找、采集、采录、录制的音响、音频、影像、数字音乐信息；直面吴歌传承人、民间研究者、基层吴歌馆站人员收集、搜集、采集的歌谣音乐为研究样本。研究者应尽可能争取亲临山歌、小调、杂曲的传播地开展田野工作与调查，注意通过甄别、遴选、提炼特征明显的吴歌歌谣音乐，作为后期音乐分析的比对研究对象，借助对不同音乐结构、体例、体裁、风格的典型吴歌音乐样本的分类研究，在不同吴歌片区、题材、体裁、形式的体系化音乐研究基础上，形成相对完整和结构谨严的音乐形态研究成果。与此同时，还可经由吴声小调和吴声杂曲的歌谣音乐与和乐伴奏的整合研究，采用相似的音乐学方法探索研究吴歌音乐最为精彩、最为典型、最具特色、最富色彩，也是成就最高的吴歌音乐体裁的综合研究，探索非乡野态都市吴歌的音乐形态、结构、形式、内容、风格的音乐规律，及其由徒唱吴歌向和乐伴唱演进、发展、流变的自身特点和特有规律。

实现吴歌音乐研究的本源回归，是本课题对未来吴歌理论学术的重要突破和重大创新，需要专业音乐理论工作者和吴歌非遗传承人的联手协作，更需要在苏高校研究力量的积极加盟和主动参与，力求由此弥补传统吴歌理论在民族音乐学和民间音乐理论上历史研究空缺。不仅如此，吴歌理论的许多后续研究突破，也需要本部分理论学术创新作为前期基础。

三、展开关联性泛吴歌音乐之形态及现象研究

探索吴歌音乐与吴地非遗音乐的整合研究，应为吴歌音乐研究的另一重要范畴。因为吴歌不仅是江南吴语文化之精粹，更维系了吴地音乐艺术之根脉。其实，我们只需对吴地包括吴歌在内的各类音乐非遗的形成、发展、演进历史略加梳理，便能轻易地发现，吴歌音乐不仅与几乎所有吴地非遗音乐都有着十分紧密的联系，甚或就是各类吴地民间音乐的共同源头。因而将吴歌音乐与吴地非遗音乐打包整合，就二者间的相互影响、作用、渗透、融合联系，探索泛吴歌音乐之形态、现象研究，则不仅对我们认识和理解吴歌文化对吴地文明和吴语文化的重要性，更可对进一步地丰富和拓展吴歌音乐研究助益多多。其实历史上的吴歌不仅与吴语方言、吴地文学、吴域民俗、吴人生活一荣俱荣、休戚与共，它还与诸如吴乐、吴舞、戏曲、说唱、杂艺、宗教音乐等拥有难以割裂的渊源。因而，要想实现吴歌音乐研究的理论创新，就不应忽略吴歌音乐与吴地非遗音乐的关联研究，并以该领域的探索去拓宽吴地音乐的学术范畴和理论疆域。

在传统吴歌理论研究中，忽略吴歌音乐对吴地音乐的影响、辐射、渗透作用，忽略吴歌音乐与吴地各类非遗音乐的关联，不仅是传统吴歌研究、也是吴文化研究的另一重大疏漏。吴歌，尤其是吴地最古老的乡野山歌，不仅是吴地最古老、最原始的音乐文化形态，更是后世吴地音乐艺术繁盛的直接源泉。吴歌与吴乐的渊源不仅对我国荣列世界非遗名录的古琴艺术意义至深，且江南古琴及琴歌音乐更是大量地从吴歌音乐中汲取营养，甚或直接与吴歌讴唱风格相关联。其中无论是历史上大大有名的秦川派（虞山琴派）还是吴门琴派，都与南音音乐甚或吴声歌有关联。历史上“同一地区的琴人之间，经常彼此交流，相互学习，同时又共同受到地方语言和民间音乐的影响，从而形成相近的演奏风格，使琴曲亦具有特殊的地方色彩。《左传》记载楚囚钟仪鼓琴，晋人认为‘操南音’；赵耶利评论初唐琴坛：‘吴声清婉’‘蜀声躁急’，都是因地域形成的不同风格”。其间吴语方言文化及吴歌对南音音乐、对古琴、对琴歌的

共同制约，亦为导致江南琴派得以立派的重要因素。此外，东晋以后逐渐兴起的和乐而歌的吴声小调，也由于乐器伴奏的引入，得以丰富人声歌唱与器乐合作的联系，渐而又对后世吴地器乐艺术、江南丝竹、戏曲音乐、曲艺音乐、江南吹打，乃至吴地的佛教、道教、民俗、礼仪、节庆、祭祀、社火音乐的交融渗透，产生了重大的影响。所以，切实组织开展吴歌音乐与吴地他类音乐结合的研究，同样是为了弥补传统吴歌理论研究的缺陷。

该内容研究应由吴歌音乐领域向吴地非遗音乐研究逐步渗透，研究中需以广博的视野探寻吴歌对吴乐的影响与作用，同时结合相互渗透、借鉴、融合关系，尝试以共同吴语文化语境探究吴歌音乐与他类音乐的共性风格、特点和社会文化功能作用，推动吴文化背景下的吴歌音乐研究走向纵深。本课题期望未来的吴歌音乐研究能适当涉足吴歌音乐文化与他类非遗音乐艺术现象的关联研究，使本课题研究在吴地民间非遗音乐文化艺术研究中得到更为全面的丰富、充实与提升，为支持吴歌音乐学体系的构建提供理论和实践的研究支撑。例如，此类研究不仅可在音乐形态研究中找寻吴歌音乐对吴地器乐和他类音乐的影响因素；而且应重视从两类音乐的曲式、句式、结构、调式、音调、旋律、节奏、加花等音乐元素中寻找二者的关联线索；还可尝试从吴歌方言音韵与吴歌音乐特点融合的角度，探究它们对吴地他类音乐非遗的演变、发展、演进的影响；还应探索从吴歌音乐文化和艺术表现形式对他类吴地非遗音乐艺术的舞台艺术表现的综合影响等等，尝试运用音乐学的理论、方法和手段开展系统研究，并借以获得理论学术领域的重要突破。

四、探索吴歌地域文化的多学科综合延展研究

有关吴歌创新理论研究的另一构想，是将吴歌音乐文化艺术现象置于现代科学、文化理论视野，尝试探索在民间地域文化条件下的多学科延展研究，以开启吴歌在江南吴语地域自然、文化、社会生态环境中的吴歌民俗文化、吴语方言文化、吴歌民间非遗文化影响研究之大门。该研究其实就是要借助诸如人类学、生态学、环境学、文化学、民俗学、社会学等多科理论，考察和探究吴人孕育、繁衍吴歌音乐文化的自然、

地理、社会、人文、环境、生态条件，并通过有关吴地物质文化和非物质文化要素的作用关系，探讨它们是如何促成吴歌音乐与吴语文化的融合与繁荣，搞清吴歌音乐文化的形成、发展、传承、流变的机制，继而从姑苏吴地的历史社会文化生态环境的变化角度，剖析吴歌音乐文化的盛衰兴替和传承演变规律，为当今时代吴歌文化的生存、繁衍、传播、发展提供生态理论依据，为有效开展吴歌非遗音乐文化的传承、保护寻求合理的路径。

例如，可根据吴地流传的稻耕、渔樵、舟楫、蚕桑、劳作、生活歌谣与本土地理、自然、生态、生产、生活、社会等环境要素的关联关系，尝试用上述学科理论的立场、观点、方法，研究维系乡野态吴地山歌生存、繁衍、传播的必要人文社会物质文化基础；还可以根据吴声小调与都市士、工、农、商、学的文化生产、生活要素的关系，研究城市设施、教坊、戏台、庭院、园林、酒肆、茶社、饭庄等人文陈设，以及场景环境、水乡服饰、戏剧行头、舞台道具、乐器制作、绘画、刺绣、工艺、器具等吴地水乡物质、非物质文化要素，对乡野态山歌向都市歌谣文化演变的影响作用机制，尝试将吴歌理论研究引入一个崭新的学术系统，以更好地推进吴语方言语境下的吴歌文化综合研究。

该研究期望通过针对吴人栖息地的地域、自然、社会、文化物质属性研究，经由全景式生态系统模拟、重建、整合、还原吴歌的文化生成环境，寻找对吴歌音乐文化艺术样本的解剖与分析，实现吴歌学术理论与非遗保护实践的学术创新，意在为地方政府的振兴区域文化，促进地域经济文化建设提供可资参考的借鉴，并以当今多元文化、非遗艺术理论，实现跨学科领域的理论整合，为吴歌文化的未来理论、实践创新奠定坚实的基础。为此未来的吴歌地域民间文化的多学科延展研究，需从被既往研究忽略的大文化视野角度，探索综合运用音乐学、民俗学、艺术学、语言学、文化学、社会学、生态学等多科理论研究，以突破传统吴歌理论的思维局限和学术屏障，使全新的吴歌研究真正实现跨学科的交叉、融合、整合。

五、重视吴歌理论研究的思想、观念、方法、手段创新

吴歌理论研究的重构与创新必须依赖思想、观念、方法、手段、途径的创新突破。因而以现代科学思维理念和专业技术手段发展和推进前人的理论，积极融合现今的思想理念、文化观念、科学意识、人文精神、学科体系，选择合适的理论技术路径和学科交叉方法，拓宽吴歌音乐艺术理论研究的学术视野和领域，实现跨专业、学科、艺术、门类的吴歌理论学术创新，应为构筑符合学科专业特点的吴歌理论体系的重要方面。

在思想观念的创新上，首先应做到不生硬地固守传统、抱残守缺、自缚手脚，而是要大胆地突破学科理论界限和思维观念禁忌，比如在音乐学研究中，并非只能固守音乐形态学和音乐学的方法、手段，而是要勇于使用现代科技手段，大胆尝试以不同的观察角度、不同的学科方法、不同的技术路径，开展每个专题的研究，唯有这样才有可能在相同的样本研究中发现不同的问题、做出不同的判断、形成不一样的结论。

比如，我们应落实对散落的吴歌史料文献的检索、搜集、发掘、发现研究中，应关注同样的文献资料在历史学、文献学、人类学、社会学方面的不同意义，通过认真搜集、征集、采集、汇总民间的吴歌文献、实物资料，寻找以往民间调研、采集、征集、研究中被忽略、遗漏的历史线索，尤其要关注可能散落在他类非遗音乐文献中的吴歌乐谱文献，为吴歌音乐及其文化研究积累史料文献研究提供有价值的素材和资料作证。此外，还应组织专门力量去民间展开更加深入、细致的田野调查、寻访、征集、采录工作，尤其是要注意细致观察至今存活、流布、传承的吴歌，注意地方民间吴地歌谣非遗传承人的口中，寻找流传久远的古老吴歌音乐和唱词的音乐文化线索。抑或从民间各类刊、刻、印、抄文献样本的寻访、征集中，寻找不同朝代、年代民间歌谣的时代文化信息。再有从与吴歌文化关联的各类物质或物态的环境、场景、遗迹、场所、痕迹、遗存中，挖掘物质文化和文化物质要素与吴歌的文化渊源。而对那些不能直接征集和采集的实物、遗存和活态音乐、舞蹈等，应利用现代科技的声光、影像、声讯、数码技术，尽可能原汁原味地原始、完整、忠实、全景式地采录，提供做后续研究的资料、素材准备。而对吴歌唱词方言音韵与吴歌音乐声腔音调的关联研究，利用整合语言学、语音学、音韵学、音乐学的相关理论，借助语音和音乐的声频、频谱、

波形比对分析，找寻吴语方言发音与吴歌音乐音调的对应形态，研究吴语方言对吴歌音乐形态的影响与作用，推进、开拓跨学科专业的吴语方言与吴歌音乐延展研究。

再有，对既往吴歌研究、集成、辑录、采集并归档收藏的吴歌唱词文本、文献典籍、口述历史、民间传本、文学研究，乃至近现代吴歌研究的文章著述、片区吴歌的词曲集成，还有政府和民间机构及自然人采集的各地吴歌传承人活态传唱的吴歌的乐谱、录音、图片、影像、声讯等固化实物音乐、音像、声讯资料，以及历代遗存的照片、图片、影像实物素材，可进行集中分类清理、整理、梳理，通过素材的遴选，匹配不同的研究专题。此外我们还应大胆引入并涉足现代社会诸多关联学科研究领域，运用不同学科的先进理论学术方法和研究手段，积极拓展、推进、引导吴歌学文艺理论的学术创新，为创建全新的吴歌文化艺术理论体系夯实基础。比如，我们可在吴歌研究中引入生态人类学，亦称“文化生态学”理论，尝试探究吴人、吴歌与吴地环境的关系研究，将吴人社会、吴语文化、吴地环境、吴地非遗艺术，都视为吴人种群乃至吴歌文化的特定适应条件因素共同作用的产物。经由不同时代、环境、片区、流系的山歌、渔歌、船歌、号子、小调、叫卖调、宗教歌谣等吴地山歌、杂曲分类研究，结合吴歌、吴乐、吴舞、吴戏、吴杂艺在音乐文化上的关联特征，研究吴歌音乐文化与他类吴地非遗艺术形式、吴语方言文化、吴地地域文明关联关系，探索涉及多元民族民间文化、地域文化生态、民间文明繁荣与传承的跨学科研究等等。总之，应通过上述方法和手段激活现有锁在档案柜中的固化文献，使之成为活态的吴歌研究素材，为今天和日后继续深入开展吴歌理论、实践创新的研究奠定前期基础。

加强苏州评弹理论建设的思考

潘　讯　周　巍　童李君

评弹理论建设对于苏州评弹的本体认知、美学价值以及书台实践具有非常重要的意义。不过，真正意义上的评弹理论研究始于改革开放以后。评弹理论建设成就，举其要者大概囊括几个方面：1. 涌现出了知名的评弹理论专家。2. 评弹理论上取得了新的进展与突破：历史研究的争鸣、传统资源的发掘、艺术特征的讨论、一些概念的提出。3. 出版了评弹理论研究的专著和期刊。4. 组建了研究会、博物馆等研究载体。

据周良先生文章称，20 世纪末，曾有意开展"新中国成立以来苏州评弹工作总结和研究"，可惜无人响应。加之人事变迁、一些研究者年纪增大，时至今日，评弹理论建设和研究还是暴露出很多问题。

1. 缺少新的研究成果。20 世纪 80—90 年代，各种因素的综合影响造就了评弹理论研究的黄金时期。今日纵览各类期刊数据库以及网络资料，仍有不少人撰文评论、关注评弹，或者从历史学、社会学角度重估评弹在江南区域社会史、区域文化史的价值。较为重要的研究力量是上海师范大学唐力行教授组织的"苏州评弹研究小组"，目前已经取得了不少的成果，出版了诸如《雅韵留痕》《书台上下》《弦边婴宛》《评弹 1949》等著作。或者从音乐学、非遗保护的角度撰写文章、出版书籍，比如上海音乐学院的张延莉、苏州大学的吴磊等等。这些研究成果虽然丰富了我们对评弹的了解和认知，但严格意义上来说依然不能纳入评弹理论建设成果的范畴。围绕苏州评弹艺术本体的研究缺少新的理论著作和理论突破。

2. 研究人员断档。20 世纪 80—90 年代，评弹理论建设取得很大成绩，部分取决于原来评弹管理者的身份和角色转变。他们在评弹管理岗位上积累了很多经验，为日后的自觉研究提供了很多保障。不仅如此，他们还培养了很多年轻的专职的评弹理论研究人才，构成了当时的“评弹团队研究共同体”。时至今日，当年的年轻研究人才年龄日渐增大，个别已经年逾九旬；研究机构撤并、单位更改，一些研究人才转制、转岗。评弹理论研究者“青黄不接”现象非常严重。原因也是多方面的：（1）年轻人对评弹理论研究不感兴趣，喜欢新奇的娱乐商品，以获得新时代的身份认同。（2）年轻人很难获得评弹理论研究的话语权。（3）经费投入有限和主管部门不重视，年轻的评弹理论专职研究人员更是少见。即使有年轻人想跻身其中，眼见于此也会望而却步。（4）缺少常设化的研究组织依托。

3. 没有纳入学术视野。纵览网络资料，可能会产生一种“研究评弹理论的人员”不少的错觉、“研究成果层出不穷”的“繁荣”假象。其实，认真分析和阅读这些资料，不难发现有以下特点：（1）此类文章多是印象式的所谓“艺术”评论。以网络论坛、博客、微博等形式传播，多以“舍我其谁”的口吻否定其他研究者，又以极度夸张的赞美口吻肯定喜欢艺人的一切。（2）此类文章呈现出民间性、松散性、自娱自乐性的“研究”取向。文章不标注任何的资料来源，缺少基本的学术规范和学术道德，以讹传讹，对苏州评弹的发展毫无益处可言。（3）此类文章缺少学理性和学术性，发表此类文章的多是一些戏曲曲艺爱好者（有些自称票友），文艺理论家、评论家、学者很少参与。

4. 与艺术实践脱节。改革开放以后，苏州评弹的文化生态环境、内容呈现、表现形式、保护理念均发生了很大改变。一些年纪稍大的评弹理论研究者的研究文本依然是老的书目作品，研究的话语体系依然固守在几十年以前，无视当下评弹的实际情况和未来发展趋势，出现了“理论”与“实践”脱离的局面。在此局面下，理论研究者和评弹从业者之间的良性沟通阻断，前者批评后者背离传统，搞得“评弹不像评弹”；后者责难前者老古董，已经看不懂时代变迁以及跟不上审美倾向的潮流。即使是年轻一辈的评弹研究者，也很少关注当下的评弹创作和舞台实践，很少从实际出发去思考和探索评弹艺术的保护和传承。这样下去，很难形成一股对苏州评弹发展的有利合力。

结合改革开放以来评弹理论建设取得的成果和存在的问题，为今后评弹理论建设继续推向深入，现根据调研提出以下意见：

1. 系统总结历史经验，在传承基础上创造新的理论成果

历史遗产的重新审视和整理。首先是梳理明末至清中叶的评弹历史，研究这一历史时期苏州评弹的发展及其特点，尽量剥离艺人回忆的主观性、随意性以及传说性。其次是老一辈评弹理论家受传统史观和文艺观的影响，一些结论明显带有时代的局限，“文艺为政治服务”的色彩浓厚。在习近平总书记新的文艺思想指导下，苏州评弹的历史有必要进行全新的梳理和书写，去除“阶级斗争”的语气和表述方法。

老一辈评弹理论家的评弹观也需要深入研究。比如苏州文艺界曾举办了周良评弹理论研讨会，吸引来自不同学校、不同专业背景的研究人员，对周良先生的评弹理论进行了系统总结，出版了《周良与苏州评弹研究论集》。上海文艺界也举办了吴宗锡评弹理论研讨会。但是，各地评弹理论研讨会的召开，并没有打破门户之见，限于本地文艺界的“自娱自乐”，故而还需要在总结的基础上综合地传承和研究。要充分继承他们在数十年探索中取得的理论成绩，并注重探讨这些成果与评弹艺术发展规律、社会环境之间的深刻联系。

评弹理论评论话语体系的重新建构。评弹扎根于民族深厚的曲艺传统和江南地域文化传统，不能简单用戏曲或现代文艺理论的话语生搬硬套，应该重新回归苏州评弹的“地方性知识语境”。不能为了曲艺能够走向全国、走向世界，就脱离曲艺本身的文化土壤。否则，“评弹就不能称其为评弹”，也不具备潺潺流水似的江南诗意。要深入挖掘和继承数百年流传下来的评弹批评术语和话语体系，在文艺批评和理论构建的操作上，可以借鉴传统的点评、诗评、评注等文体，体现人民的、历史的、艺术的、美学的评价标准。

加强艺术本体、地域文化与评弹、传承内涵与路径等课题研究。新阶段，我们发现艺术本体的模糊性抑制了研究的深入。比如这种曲艺形式的指称究竟为“评弹”，还是“苏州评弹”，抑或加上其他地域前缀的“评弹”？ 2006 年，首批国家级非遗名录里很明确地注明是“苏州评弹”。这些需要继续深入研究，以及加大宣传力度，避免同一曲艺被人为、地域、行政意识所割裂。还要着重探索评弹与赖以生存、发展的苏州（江南）地域文化之间的深刻联系，从文艺生态学角度切入评弹研究与保护。

2. 利用苏州院校优势，加强苏州评弹的学科和理论体系建设

目前，评弹课程选修课与学校其他通识教育课程如苏州园林、苏州昆曲、苏州方言等一起构成了吴文化这一互补而互相促进的知识系统。与专业知识的讲授一起，为提高人才培养质量而服务。对学生综合素养积淀、个体良好人格形成、价值观确立、社会文化能力获取等，都具有十分重要的作用。苏州的一些地方院校所开设的评弹课程，以苏州评弹基本知识为框架，以评弹流派、代表书目的鉴赏与专题研究为主要教学内容。使学生在学习过程中通过切身体验，来感受评弹艺术和吴文化的魅力，培养他们鉴赏评弹的能力。通过中国文化艺术的熏陶，提高学生的文化素质与文化品位，从而达到弘扬传统文化和实施素质教育的目的。课程的难点在于学生来自不同的地区，对苏州评弹这一地方性很强的艺术不太容易理解，尤其是听不懂苏州方言，对理解书目有一定影响。具体解决的办法，一方面，规定基本的必读（看）书目，阅读文本的难度小于听，通过阅读文本可以增强学生对评弹的感性认识。另一方面，在具体讲课过程中可以适当教一些苏州方言，有利于学生理解评弹。在具体教学中主要运用以下几种方法：（1）多媒体教学，让学生真切地感受评弹艺术的魅力。（2）现场表演教学。请优秀艺术家走进课堂，使学生能够直面最美的艺术表演，直接感受艺术神奇的魅力。（3）课堂讨论教学。通过现场提问以及共同讨论环节，回答学生们的各种问题，探究评弹的艺术特色与未来发展，调动大家为评弹未来的发展“出谋划策”。（4）现场感受教学。带领学生亲临评弹表演实地现场，亲身感受演出环境和氛围。（5）评弹学唱。唱、讲结合，培养学生艺术素养，提高学生学习兴趣。在课堂上教授一些评弹开篇，使学生对评弹感同身受。

此外，教师还可以运用新媒体拉近学生与评弹的距离。传播媒体的发展超过了以往所有的时代。网络、数字电视、移动电视等新媒体的出现，进一步改变了评弹以往的传播途径，新媒体在评弹的传播中，具有不可比拟的优势，它较之传统媒体具有更大的传播空间，并且更加自由化、个性化，它为评弹艺术提供了新的传播渠道与手段，提供了评弹在新世纪发展的机遇。教师可以通过深受年轻人喜爱的新媒体来吸引大学生们对评弹的关注与喜爱。

教师可以在教学中向学生介绍在新媒体中获取评弹资源的途径。（1）通过数字

电视与移动电视。如苏州电视台的曲艺频道。（2）通过网络。网络的出现，为评弹的发展带来前所未有的机遇，如今评弹在网络上的传播主要通过以下几种方式：①专门的评弹网站，如中国评弹网。②评弹爱好者及演员创办的网站、博客、微博、论坛、贴吧等。③各大门户综合类网站都有相关的评弹资料。而且网络具有之前传播媒介不可比拟的优点，它在评弹爱好者和专业演员之间建立起了一座沟通的桥梁。爱好者们和演员可以在网络上交流各种评弹信息，自由讨论当今评弹如何发展、传承和创新。网络上的评弹资源丰富，具有评弹的文字、音频、视频、图片等多种样式的资料，可以多方面展现评弹的不同面貌，爱好者们可以不受时间空间的限制，自由选择并重复欣赏自己喜欢的作品，网络为评弹的发展提供了新的空间。因此在新媒体时代，教师可以进一步发掘与认识新媒体在评弹的传播与发展中的功能与意义，促使评弹在新媒体时代能够更好地传承与发扬传统文化，延续这种优秀的非物质文化遗产。

在苏州高校开设苏州评弹课可谓得天独厚，本课程可以与苏州评弹团以及中国苏州评弹博物馆保持合作，由它们承担本课程的教学实践，将评弹理论与实践相结合。高校开设评弹鉴赏课，不但可以让学生走近评弹，聆听最美的声音，还能激发他们对优秀曲艺的认同感，培养更多新的听众，甚至能更进一步对艺术本体进行研究。此外还与文学史、艺术史课程相结合，编写了与评弹相关的教程。

3. 充分发挥评博优势，打造苏州评弹的传承基地与研究中心

苏州评弹博物馆位于江苏省苏州市平江路中张家巷，建筑面积 839 平方米。馆内藏有评弹各类珍贵历史资料 1.2 万余件，各种评弹孤本、脚本几百部。值得一提的是，老一辈无产阶级革命家陈云的夫人于若木女士捐赠了陈云生前珍藏的评弹音像资料 560 多盘，为评弹博物馆的建立打下了良好的基础。然而这些珍贵资料的利用情况不容乐观，编目等基础工作还没有进行，原始档案，特别是有年代的音像资料、脚本，难免存在介质老化、保存困难、使用不便等问题，极易造成资源浪费，甚至丢失。因此，加快评弹博物馆资料的整理利用，积极采用高科技手段，对评弹博物馆的资料进行整理、汇编、数字化，有效地实现资料的保护与共享，对苏州评弹具有重要的意义。评弹博物馆在体现收藏功能的同时，还要进行资料展示，更要开展研究，活用博物馆。

我们建议：（1）苏州评弹博物馆能否重新设立在评弹理论建设中发挥积极作用的评弹研究室，考虑承办《评弹艺术》，并且如同每年举办的会书一样，能否每年举办与评弹理论研究相关的论坛研讨会，更好地发挥博物馆在苏州评弹传承中的作用。（2）重新恢复苏州评弹博物馆的活态演出场所——吴苑深处。这种活态演出场所对游客了解苏州评弹很有帮助，不能因为个别游客的投诉而讳疾忌医，更不能受到“少做少错”思维观念的局限和影响。

4. 依托校团联动力量，引导理论研究与舞台实践紧密相结合

评弹艺术的现场表演才能体现其真正魅力，书场弹词的脚本往往只是一个故事提纲，而且往往只有唱词，对白总是在不停地变化，鲜活丰富的说表要靠艺人在书坛上创造，书中人物的动作、神情更是需要艺人不断地模仿，从而达到惟妙惟肖的效果。在弹词演唱的过程中，说书人往往根据情境的需要巧妙地穿插各种噱头，制造的各种笑料往往能拉近与听众的距离，形成书场弹词特有的讲唱氛围。因此，评弹的理论研究非常有必要与舞台实践紧密结合。

首先，这种结合有赖于苏州评弹学校和苏州评弹团的联动。苏州评弹学校和苏州评弹团的联动发展为评弹人才培养和艺术传承创造了良好的条件，校团联动同样也有助于评弹理论研究与艺术实践的结合。要吸引研究者和评论家走近评弹艺术团体，与一线演员面对面交流合作，围绕评弹团的创演作品进行研讨，特别是一些重点打造的作品（如每年度重点项目），一些重点打造的演出活动（如青年演员专场、光前裕后演出系列等），要召开专题研讨会，吸引评论家的关注。只有在演员与研究者的深度互动中，才能进一步提升评弹理论研究的层次和水平，提升文艺评论的针对性，从理论层面概括提炼出苏州评弹的艺术风格和传承路径。苏州评弹学校作为苏州评弹教学的重要载体，力行“崇尚实践、一专多能、校团合作、全真实训”的课程改革，以中国苏州评弹艺术人才培养、理论研究、艺术创作、非遗传承为己任。应该吸引评弹研究者和评论家走进校园，共同探讨评弹传承规律和艺术方向。苏州评弹学校可以设立评弹理论研究中心，聘选一批研究者作为专职或兼职研究员，直接为舞台实践做出指导，或者通过舞台实践积累的经验推动评弹理论研究的进一步深入。

其次，这种结合有赖于苏州本地非艺术类学校和评弹专业团体（主要是苏州评弹团）的联动。在此过程中，要大力发挥校团联动力量，为了使学生近距离感受评弹的魅力，教师在教学之外，可以通过多种途径，促使学生现场感受评弹。如邀请评弹名家进校园，为学生讲解、传授、演绎经典曲目。在这方面苏州市职业大学有着丰厚的资源。为推进大学生素质教育工作的深入开展，提升大学生文化素养，多年来，江苏省政协和四校（苏州大学、苏州科技学院、苏州经贸职业技术学院、苏州市职业大学）联建国家大学生文化素质基地，并联合组织开展了“戏曲走近大学生”的活动。众多名家走进了苏州市职业大学的校园，为全校师生进行生动的讲解和精彩的表演。在将名师请进校园的同时，教师也应积极鼓励学生外出观摩。评弹表演是现场的艺术，只有深入现场，才能更好地领会评弹表演的精髓。因此，教师应该积极与评弹团联系，关注他们的动态，及时将演出情况带给学生，鼓励学生利用课余时间亲临评弹表演现场，近距离感受演出的环境和氛围，增强学生的感性认识，加深他们对评弹表演内涵的了解，开拓学生的眼界。

中国苏州评弹艺术节是一项全国性的苏州评弹艺术展演活动，从 2000 年举办首届以来，每三年一次，固定在苏州举办。建议配合艺术节举办研讨会、论坛，以参演作品为主要对象开展研讨与评论，广泛吸引江浙沪乃至全国的评弹、曲艺界人士参加，使研究与评论与一线舞台实践紧密结合起来。

5. 设立专项扶持资金，积极支持苏州评弹理论研究纵深开拓

市政府应进一步发挥在苏州评弹传承与保护中的重要作用，加大政策扶持力度，与社会各界一起，积极支持苏州评弹理论研究向纵深开拓。如设立评弹研究专项扶持资金，可借鉴国家艺术基金的运作模式，面向高校、专业人士、评弹爱好者公开征集评弹研究课题。当前，有关评话、弹词不同的演出场所以及弹词演员的生存状况都需要更进一步地调查研究，从而了解评话、弹词的发展现状，分析其在与媒体的结合中所遇到的问题，如接受群体的萎缩问题、传播过程中的版权问题、长篇书目的建设问题等等，探索如何使评话、弹词这种古老的曲艺得以更好地延续与发展。国家和省层面已经先后出台了关于支持戏曲传承发展的政策意见，我市也即将出台意见，细化落实中央和省委精神，建议在我市的实施意见中明确通过购买服务的方式，支持戏曲和曲艺理论建设，通过文广新局或文联以课题发布的形式予以资助。此外，还可以为评弹理论研究提供发表见解的阵地，形成百家争鸣的局面，如在《苏州日报》的文艺评论专版，增加评弹的相关内容。

6. 组建理论研究团体，吸纳各方研究人才投入评弹理论研究

苏州评弹的研究队伍从界别上看主要来自三方面：一是包括评弹在内的曲艺界人士，二是文艺界人士，三是包括大专院校在内的学术界人士。评弹界有组织研究团队是苏州的传统，曾经先后有苏州评弹研究室、苏州评弹研究会等机构，令人惋惜的是，随着研究人员的逐渐老化，这些机构已经先后停止了活动。2012 年成立的苏州评弹表演艺术传承研究会就是以艺术研讨和艺术交流为宗旨的非营利性群众组织，是苏州市曲协的下属机构，自觉接受市曲协的指导和管理，并接受市文联的监督。传承研究会在“双百”方针指引下，总结和交流苏州评弹表演艺术的经验，保护和促进苏州评弹表演艺术的繁荣和进步，高度自觉地担当起传承优秀传统文化的责任和历史使命。该会在国家级非物质文化遗产传承人金丽生的主持下，出版“苏州评弹艺术家评传”丛书，在总结、记录苏州评弹表演艺术的经验和体会，交流研讨苏州评弹表演艺术的继承与创新，以及在保护和传承苏州评弹表演艺术等方面做了大量的工作，但是在谋划下一步的选题、撰稿、出版等具体活动时也不同程度地遭遇了困难。政府应鼓励组建各类理论研究团体，适当提供政策支持和资金支持，并将这些研究团体纳入传统戏曲、曲艺保护与传承的整体框架中来看待。同时，理论研究团体还应秉持开放、包容的态度，广泛吸纳各方研究人才投入评弹的理论研究，为评弹的传承与保护添砖加瓦。

“苏州民族民间音乐集成”的编纂意义及价值探讨

王小龙

1978 年十一届三中全会后，苏州市文联也恢复了正常的工作。在时任主席周良的关心支持下，由马忠涌、金砂等人历时七年，于 1984 年编纂出版了“苏州民族民间音乐集成”丛书。该丛书是当时对苏州民间音乐最为全面的收集整理。在时间上也与文化部与中国文联“收集整理音乐遗产计划”的想法和行动不谋而合。可以说当时苏州市文联的一系列类似的行动，对“文革”后苏州文学艺术遗产进行了及时的摸底和抢救保护，由此奠定了苏州市文化遗产工作在全国的领先地位。

丛书油印出版后，各大图书馆纷纷要求收藏，但由于印刷量小（一百册），在学界尚未引起足够的重视，至今没有一篇相关的研究文献问世。一个不容置疑的事实是，后来的文化部与中国文联、中国 ISBN 中心联合出版的被称为“中国文化长城”的十部“中国民间文艺集成志书”中的“江苏卷”部分，就参考了该书的很多内容。苏州民间音乐两本大书《苏州民间器乐曲集成》（古吴轩出版社，1999）、《苏州民间歌曲集成》（苏州文广新局编，文汇出版社，2011）更是参考了该书很多内容。

“苏州民族民间音乐集成”所收作品及其特色

“苏州民族民间音乐集成”共有九册，分别为《目录索引》《昆曲音乐》《苏州弹词音乐》《苏剧音乐》《苏州民间歌曲（上下册）》《苏州吹打》《苏州十番锣鼓》《苏州道教音乐》。

《目录索引》为铅字排版油印本，一开始载有“编辑说明”，介绍了总集的册数、编纂人员、编纂的一些基本方法，比如："全集在历年来编印的各种音乐选本基础上，重新整理、补充、校订，汇编成册""对同一曲调又各具风格者，为便于研究，均并存入册""对同一曲调的多段唱词，除对一些内容不够健康的加以删改外，基本保持了原有的面貌，仅供参考""为保持民歌中衬字的乡土特色，均按吴语记录为准""《苏州十番锣鼓》中某种特有的演奏方法，采用了一些尚未通用的符号，均用文字加以说明"。"说明"也介绍了集成的用途，是为了"供音乐界、文艺团体、艺术院校研究参考之用"。

后附有《苏州市行政区域图》《苏州市民族民间音乐主要曲种分布图》，接着就是丛书"总目录"和"曲目索引"。

其后各集均为钢板刻印油印本。《苏州吹打》"前言"中说："苏南吹打是盛行在苏州（的）笛曲，流传于江苏、浙江、上海一带的民间吹打乐。""苏南吹打分为神家和道家二大类。它早在明代是一种坐唱形式，在农村、城镇为人民群众所接受。当南方昆曲搬上舞台后，它又作为伴奏音乐广为应用。"又介绍说该集"主要编选了神家堂名音乐中无唱词的四十四首曲牌，分为舞乐、宴乐、喜乐、哀乐、神乐、军乐、雅乐七类，是神家吹打的重要组成部分。神家吹打结构严谨，层次分明，有细吹和粗吹之分，具独特的演奏形式和浓郁的地方风格。多年来，许多从事民族音乐研究、创作的同志在继承传统的基础上，又以新的手法编写了不少反映新生活、新思想的新的吹打乐，受到了人民群众的欢迎与好评"。

该书"舞乐"部分就收有十四首曲目，有《春从天上来》《平沙落雁》《锦上花》《到春来》《老六板》等；"宴乐"部分收有十一首，分别为《迎仙客》《春日景和》《雁儿落》《傍妆台》《柳摇金》《川拨棹》《豆叶黄》《金山寺》《哪吒令》等；"喜乐"五首，为《普天乐》《汉东山》《小拜门》《寄生草》《挂金牌》；"哀乐"三首，为《哭皇天》《苦黄连》《北正宫》；"神乐"四首，为《万年欢》《小开门》《朝天子》《普安咒》；"军乐"四首，为《将军令》《大开门》《水龙吟》《一枝花》；"雅乐"两首，为《四时景》《花信风》。可以看到，这些曲牌均为昆曲的牌子，有着悠久的历史。

《昆曲音乐》"前言"指出："昆剧，即昆曲……曲牌极多；但常见于舞台且有特色的，最多不过数百个。”“这些曲牌，基本上是‘专曲专用’，能较好地刻画人物、描绘内心情绪和加强戏剧性。”“昆曲的理论及表现手法，不论是作曲、演唱、表演、编剧等方面，还是较别的剧种丰富。”“它的旋律色彩和节奏的多变化，很值得我们学习、研究；它刻画人物性格、表达内在感情、增强戏剧色彩的手法，更值得我们借鉴。”

“前言”特地说明：“因为这是内部参考资料，在词的‘把关’上较为宽松，请大家批判对待。”可以看出作者仍对“文革”中左的文艺政策心有余悸。

《昆曲音乐》收有曲牌六十曲，分别为：山坡羊、寄生草、油葫芦、梁州第七、皂罗袍、刮地风、骂玉郎等。

《苏州民间歌曲（上册）》主要收有苏州民歌与儿歌、叫卖调，此处“民歌”大多是小调，为苏州市井民歌；《苏州民间歌曲（下册）》则主要收有苏州城郊、农村山歌等。它的编纂体例，上承明代文豪冯梦龙主编的苏州民歌《挂枝儿》和《山歌》，也就是苏州市井里巷的民歌小调（“挂枝儿”）与乡野市郊的山歌野曲（“山歌”）。但是规模与方法非冯梦龙收集的时代所能望其项背。《挂枝儿》和《山歌》总共收有小调和山歌 800 多首，而《苏州民间歌曲集成》上下册共收有歌曲 821 首（根据江苏省文化艺术研究院谢建平院长的统计[1]），且词谱俱全，弥补了当年冯梦龙搜集时有词无谱，不能演唱还原的缺憾。《中国民间歌曲集成·江苏卷》（中国 ISBN 中心，1992）收有苏州民歌 141 首，苏州文广新局 2011 年出版的《苏州民间歌曲集成》收有苏州民歌 1110 多首。这也能说明本《苏州民间歌曲》所收民歌数量还是惊人的。

《苏州民间歌曲》在“前言”中认为：“千姿百态的苏州小调、民歌、山歌、号子、渔歌、儿歌、丝竹音乐、吹打乐、叫卖音乐等，组成了苏州民间歌曲的基础。”但是作者认为：“在漫长的历史长河中，由于封建地主阶级的长期统治和利用，给它蒙上了一层封建的，甚至是庸俗、黄色的灰尘，这是难以避免的。所以我们在编辑工

1 谢建平:《苏州民间歌曲集成·序三》，苏州市文化广电新闻出版局编《苏州民间歌曲集成》，第 7 页，文汇出版社，2011 年。

作中，既不用现在衡量艺术的尺度去要求它，也不夸大它的历史作用，而是以历史唯物主义的观点全面了解它的发展和形成，以及它在各个历史时期的表现特征，给予实事求是的系统评价，并有选择地加以整理和编选。”

《苏州十番锣鼓》卷，是比较有特色的一个选本。首先，它采用了用字母记锣鼓经的方法，应该是开了首例。其后的20世纪90年代，《中国民族器乐曲集成·江苏卷》等也开始使用。第二，它认为“十番锣鼓”包含“吹打曲”与“江南丝竹”两个部分，这一说法比较新鲜。学界一般认为“十番锣鼓”就是锣鼓乐，与“江南丝竹”是两个乐种，这主要受了早前杨荫浏先生《苏南吹打》（后改版为《十番锣鼓》）这本书的影响。但笔者认为这一说与杨荫浏等等学说相比，又进了一层，进一步说清楚了江南丝竹的源流问题。笔者据吴锦亚的叙述似可推断，早期的“十番锣鼓”到了近代分别衍化为独立的“吹打”与“江南丝竹”，但早期形式并未消失，则才形成了三者并存的局面。时至今日，像苏州相城地区仍活跃的“顾家班”、常熟仍活跃的“辛庄堂名”均以这种方式生存。第三，该书“前言”还强调了它与“堂名”的关系，文中说：“十番锣鼓是江南地区一种比较完整的民间音乐。早在明代它已在苏州地区广泛流传，从农村到城市曾有不少半专业的民间音乐团体（即堂名），例如‘春和堂’‘万和堂’便是当时较有名望的演奏班子。每遇到婚丧喜庆、逢年过节、灯会、庙会、划船会时，丰富多彩的器乐演奏就成了人民群众不可缺少的自我娱乐的活动形式。”这一现象到今天才真正为音乐学界所重视[2]。第四，它点破了“十番锣鼓”的结构形式，“前言”中说，十番锣鼓“结构形式分为：粗锣鼓、细锣鼓、清锣鼓三类”。这一结构划分方式为中央音乐学院袁静芳教授的名著《民族器乐》所采用。

该卷的“说明”还列有表格，附有例曲，详细说明了十番锣鼓各种乐器的敲击法与结构特点。比如：“（1）板鼓、单堂鼓的敲法，基本上固定。尤其在重要部分的敲法是相当统一的。例如‘急急风’‘走马’‘十排’等锣鼓曲很简单，但在实际演奏时，鼓点不能敲满，在收锣或转接其他锣鼓曲之前必要休止几拍后再收或接，这样

2 乔俏：《乐籍制度解体对堂名形成之影响》，《音乐研究》，2015年第2期。

才能发挥打鼓的指挥作用。”“（2）‘三阴三阳’有强弱之分，（即阴为弱音，阳为强音）但在具体演奏时却是‘阳起转阴、反阳转阴、反阴转阳’，都由打鼓指挥，长短不定，可以灵活，谱上写的‘……’虚线记号，表示连续照前一小节演奏。”等等。

《苏州道教音乐》卷，据“前言”所称，材料来源“是根据周祖馥、毛仲青、华丽生等十三位民间音乐老艺人传抄的工尺谱整理编选成册的”，说明主要以苏州玄妙观道教音乐为主。它按“小笛曲、中笛曲、大笛曲、新笛曲、其他笛曲、曲牌吹打、套曲吹打、江南丝竹选曲、赞偈、堂鼓”对道教音乐进行分类。

《苏剧音乐》卷，作者显然对苏剧音乐谙熟，音乐分类开始有“开场音乐”，后每一个曲调以生旦等行当分类，条理很清楚。在“前言”中，作者将苏剧的历史以简要文字进行了梳理：“苏剧是植根于苏州的地方戏，前身系苏滩，约在清代乾隆元年（1736）前后就流行于江南了。”“关于滩簧，民国初年的《清稗类钞》中有段记载：‘滩簧者，以弹唱为营业之一种也。集同业五六人或七八人，分生旦净丑脚色。惟不加化装，素衣，围坐一席，用弦子、琵琶、胡琴、鼓板，所唱亦戏文，惟另编七字句。每本五六出，歌白并作……’从中可看出当时滩簧的一般概貌。后来有了前、后滩之分，又有化装苏滩的出现。总之滩簧除了未搬上舞台外，已具备了戏曲的一般特点。解放后在党和政府的关怀下，才搬上舞台，告别苏滩，确立了苏剧。在50年代初，华东地区戏曲会演中，《醉归》《送子》等苏剧剧目均获奖，从此苏剧以崭新的面貌，在祖国的文艺百花园中和兄弟剧种竞相争艳。”

“前言”还说明了几个常用曲牌的音乐性格特征，如“苏剧的主要曲调——太平调，快板，较深沉、委婉，动听，已较具规模了”，“南方调是已绝迹的南方戏曲调，能表现深沉、回忆，自叹等情绪，其中也有清板部分”等等。

《苏州弹词音乐》卷，以陈调、俞调、马调三大腔系分类，同样显示出作者对这一曲种的熟悉程度。据笔者所知，1964年中央音乐学院音乐研究所编的《民族音乐概论》中尚未提出三大腔系，只是提出了“清代便有著名的两大流派，即俞秀山所创的‘俞调”和马如飞所创的‘马调’。以后，再经过不少艺人的发挥和创造，增添了不少的支派和新派。目前在艺坛上，影响较广的就有‘俞调’‘马调’‘蒋调'和'薛调'"[3]。1979年9月出版的上海音乐学院连波所著《弹词音乐初探》第一次提出了"三大腔系"，即"陈调""俞调""马调"的分类，但是他是将"陈调"放在最后的[4]。《苏州弹词音乐》也沿用了这种曲目分类模式，可以说是吸取了当时学界最新的研究成果。有些重要的唱段还附记了三弦或琵琶演奏谱，开了详记弹词音乐乐谱的先河。

"苏州民族民间音乐集成"的影响

"苏州民族民间音乐集成"印行后，正如时任苏州市音协秘书长唐斌华总结的那样："产生了巨大影响，全国各大音乐艺术院团、音乐院校都竞相索购，直到现在，海内外的有关单位、有关人士求购的信函、电话频频而至，只可惜当时印数有限，已然告罄。"[5]

"苏州民族民间音乐集成"对其后各集成"江苏卷"的影响，从各卷所用的谱例就能看出，《中国曲艺音乐集成·江苏卷（上）》，大量采用了陶谋炯的记谱，如定场音乐《三六》（第72—75页），魏珏卿演唱的《险些儿一缕香魂赴太玄》（选自《珍珠塔·哭塔》陈翠娥唱段）（第79—94页），朱耀祥、赵稼秋演唱的《卿卿嘱咐甚多情》（选自《啼笑因缘·别凤》樊家树、沈凤喜唱段）（第95—100页），钱正祥演唱的《家树听把眉颦》（选自《啼笑因缘·别凤》樊家树唱段）（101页起）等。中国曲艺志全国编辑委员会、《中国曲艺志·江苏卷》编辑委员会编《中国曲艺志·江苏卷》（中国ISBN中心，1996年）第291页在论述俞调的唱腔特征时，就选用了俞筱霞演唱、陶谋炯记谱的开篇《梅竹》。该书谈到伴奏乐器的演奏特征时，又连续引用了陶谋炯

---

3 中央音乐学院中国音乐研究所：《民族音乐概论（中央音乐学院试用教材）》，第133页，音乐出版社，1964年。

4 连波：《弹词音乐初探》，上海文艺出版社，1979年。

5 唐斌华：《谱写苏州音乐事业华彩乐章》，《苏州文联50年》，第189页，2001年。

记谱的两首作品，周玉泉演唱、龚克敏伴奏的《玉蜻蜓·描容》选段（第 299—300 页），沈俭安演唱、薛筱卿伴奏的《珍珠塔》选段（第 300—301 页），以及李仲康演唱、李子红伴奏的《杨乃武·翻案》毕秀英唱段（第 302—304 页）。其后的定场音乐《三六》也是采自陶谋炯记谱的庞学庭演奏版本（第 304—307 页）。

“苏州民族民间音乐集成”对苏州市文化局编的两本集成也有直接的参考作用。这两本书为苏州市文化局编《苏州民间器乐曲集成》（古吴轩出版社，1999 年），《苏州民间歌曲集成》（苏州文广新局编，文汇出版社，2011 年）。因笔者尚未展开具体的比较研究，两者的相似度现在还没有确切的统计数据，但是单就两套书所收的曲目目录看，《苏州民间器乐曲集成》与《苏州吹打》《苏州十番锣鼓》《苏州道教音乐》所收乐曲大部分都是重合的。《苏州民间歌曲集成》的实际编纂人沈石在该书的“后记”中也谈到类似“苏州民族民间音乐集成”这样的书，就是他编选《苏州民间歌曲集成》的“底气”：

2000 年，在《吴歌遗产集粹》即将付印的时候，原苏州市文化广电事业管理局高福民局长就提出……吴歌作为“歌”，它音乐方面的内容，包括它的曲调以及它的研究，至今苏州还没有一本专著正式出版。他建议应该下功夫把苏州吴歌的曲调资料尽快辑录成书……我说，要采风收集怕是不大可能了。……但是，解放前曾经出版过一些江南民歌选，选了一些苏州民歌……尤其是苏州市文联在 80 年代编印的“苏州民族民间音乐集成”，其中有两册就有民间歌曲达 700 多首，只是都是作为内部资料的油印本，印数极少。

有了这个底气，在完成《苏州民间舞蹈志》的编写任务后，从 2003 年起，开始着手《苏州民间歌曲集成》工作。[6]

“苏州民族民间音乐集成”对学界也产生了一定的影响。如，《中国曲艺经典唱段一百首》（连波编著，安徽文艺出版社，2012 年）收入徐云志演唱、陶谋炯记谱的开篇《寇宫人》（第 112—114 页），著名民族音乐学者冯光钰著《曲艺音乐传播》（香

6 苏州市文化广电新闻出版局：《苏州民间歌曲集成》，第 939 页，文汇出版社，2011 年。

港：华夏文化出版社，2001年）在论述苏州评弹俞调时，就引用了陶谋炯记谱的《梅竹》。上述中央音乐学院袁静芳所著《民族器乐》也采用了吴锦亚对“十番锣鼓”的分类方法等等。把这些资料搜集起来，估计也有800首以上，足以编为集成了。

“苏州民族民间音乐集成”是改革开放初期，苏州市文联独立开展文艺工作后取得的一个重要的成果，充分显示了苏州文联当年敏锐的“名城文化保护意识”。这一意识是新中国成立以后就已经具有的，并在新时期继承发扬的。“苏州民族民间音乐集成”编纂的工作机制，体现了当年苏州市文联独立思考、努力打开文联工作新局面的思路和因地制宜、因势利导的灵活工作方法。当时的领导层与下属关系密切，对下属寄予充分信任，而开展工作的同志也能够积极主动、无私奉献出自己的岁月和智慧。

据“苏州民族民间音乐集成”《目录索引》卷的说明，参加集成编纂的主要人员是金砂、马忠涌、金仲英、唐斌华、陶谋炯、吴锦亚。

总结苏州市文联在改革开放初期组织“苏州民族民间音乐集成”丛书的编纂出版工作，可以看到苏州市文联在文化事业建设与发展上的特色做法，主要有：

第一，定位准确。苏州是文化古城，文联在改革开放初期，没有完全跟着“商品大潮”的风浪走，而是当时就把文化遗产收集整理与保护放在首要位置，足见其文化工作定位的准确与思路的前卫。

第二，筹划主动。基于一种“地方文化自觉”，当时的文联领导周良以及具体分管这项工作的马忠涌同志都积极主动地开展了繁重而又艰巨的工作。马忠涌同志主动请缨，而当时的文联领导，特别是周良主席给予积极支持，才使得这一巨大工程得以确立完成。

第三，用人得当。虽然此书编纂难度大，但是因为选用了金砂、唐斌华、陶谋炯、吴锦亚等专家、学者型的收集整理者，包括马忠涌本人，使得该工作稳步有序，最终成果极富学术价值与社会普及价值。

第四，工作细致。九册书内容十分丰富，从侧面反映出当时工作的细致程度。像吴锦亚、陶谋炯等人的记谱成为当今民族音乐记录研究的范本。这一方面是苏州吴地一贯讲求细腻、认真风格的人文滋养，一方面也是参与者工作态度的一种反映。

第五，不计报酬。如此艰巨、繁难的任务，最后的报酬只是象征着组织关心的一盏台灯。当时苏州的文艺人就是靠着一种奉献精神，凭着对文艺事业的热爱才做出了不俗的业绩。

可以说，在苏州市文联的领导下，“苏州民族民间音乐集成”的编成，为改革开放后苏州民间音乐的保存保护做出了突出贡献。

小说家专辑

途 中

戴 来

如果说我最初开始写小说是因为闲极无聊，那么后来越写越少还是因为无聊。为什么要写作？在写了百八十万字后，这个问题有一天突然冒了出来，像是当头一记棒喝，把我自己也给问住了。与此同时，最初那种新鲜的、隐秘的写作冲动和热情越来越少，觉得再写出来的东西并不比之前的好，至少没有多大的进步和变化。既然如此，为什么还要在惯性中接着写呢，去占据本就在萎缩的文学刊物的版面。占据着，仅仅是因为不想让别人忘记你？不但无聊，似乎还有点无耻。

无聊几乎贯穿于我生活的每一天，实在无事可干，就读读书。联系到自己的写作，读后的心得体会往往是两种，一种是，别人都写成这样了，觉得自己没必要再写了，怎么费劲巴拉写出来都是瞎忙活。而阅读文学期刊，通常又容易让我心生不满和自满。

这些年我经常要跟别人解释为什么突然就不写了，他们询问时的语气让我觉得自己做错了。我的家人和朋友用多种方式表达了他们的担忧，我试图让他们相信我是用不写的方式在写作。他们将信将疑。事实上，我自己都不太信。

问题是我似乎并不着急，并且由此还挺佩服自己的。我和魏微、金仁顺通电话，告诉她们我还是什么也没写，她们用不同的声调表达了相同的意思，那就是，你好无耻啊，什么也没写还有脸得意。

对于这些年不写东西，我并不愧疚，因为我从不认为文学需要我，我写作纯粹是因为我想写，我的精神需要写作，我的焦虑、不安和困惑，通过写作有了释放和缓解，它是我诸多情绪的一个寄存之处，仅此而已。

2012年我又开始写东西了，两个短篇，《潘叔叔，你出汗了》是写中年人的困惑的，

《前线，前线》写老年人的性。十多年过去了，中老年人的生活依然吸引着我。有时候，看到（也许这存在于我的想象之中）一个老人，他坐在太阳底下，眯缝着眼睛，微驼着背，拱着肩，他的身体和膝盖几乎合为一体，远远看过去，一点样子也没有。他坐在那里，却一点样子也没有。你能感觉到他老了，并且还在衰老下去。他把假牙从嘴里拿出来，看看，又塞回去，这是怎样一副景象啊。当然也有活得兴高采烈的老人，那是极少数。我写老年人完全是感兴趣、好奇，觉得那是我认知的一个盲点，让我有冲动想去了解。同时，心里摆脱不了伤感，我的父母已迈入老年，而我也很快就会老去。

2014 年在写《都去哪儿了》（《花城》2015 年第 1 期）时，又一次让我在写作过程中体会到了类似于一个备受失眠困扰的人突然能正常入睡了的欣喜。这欣喜来得有点意外，简直令我措手不及，于是在患得患失中赶紧又写了一个短的，《表态》（《人民文学》2015 年第 1 期）。那急巴巴的情形就像一个苦追多年的恋人，有一天忽然松口同意结婚了，那么还迟疑什么呢，赶紧着趁热打铁把婚事办了。

重新开始写作，还是从短篇开始。

在这年头，短篇小说是不起眼的，它的节制与这个浮夸的废话连篇的时代格格不入。尽管如此，写短篇始终能给我带来莫大的快乐和成就感，虽然有时过程中也会有类似于便秘的痛苦，但当终于完成，终于可以从坐久了的那个地方站起来，这时所获得的满足绝对大于从便秘中解脱出来的轻松感。

尤其是当写着写着，故事的走向完全脱离了我最初的想法，擅自奔跑了起来，我跟在它后面，气喘吁吁，然后我又超过了它，看到了更多可选择的方向和奔跑的可能性。我时不时回头瞟它一眼，或者故意停下来让它跑到我的前头，它跑啊跑，我也跑啊跑。我们交替领跑，这里面有斗智斗勇的游戏的快乐。

短篇小说的魅力在于它的精巧、节制、角度独特、以小见大，提笔开始写的时候，作者就清楚舞台就如此这般大，表演时间短，种种的限制也许反倒能激发出写作者最大的创造力和想象力。打个不恰当的比喻，就像你只有能力买一处小房子，那么你必须花心思尽可能在实用性上多做文章，可有可无的，去除，装模作样的，去除。

我喜欢写短篇小说，她不像长篇那样需要做大量的准备工作。长篇的写作过程类似于跑马拉松，过程中有些阶段是用意志在对抗身体的极限，只是在做机械运动。而写短篇小说，完全可以在整个过程中都保持饱满的叙述状态，起承转合，张弛收放，节奏尽在自己的掌控中。

可能只是一个好玩的念头，然后游戏就开始了。如果足够勇敢，并且注意力集中，沿途会触摸到各种未知的可能性，我要做的就是寻找和抵达这些可能性。

就是这样的，由已知的部分开始，尝试探究我们视野和感知力的盲区，进而呈现我们充满多种可能性的复杂境遇，这实在是有意思也有意义的一件事。在有限的篇幅里，依靠细节的力量，屏气凝神，劈开外表貌似正常甚至光鲜亮丽的生活的一个横截面，将其杂乱无章或许已经腐坏的肌理暴露在外，作为一个写作者，想想都觉得激动。我固执而且阴暗地认定谁的生活都经不起细看，多扒拉两下，内里的不堪就显露出来了。还不止于此，这个世界的喧闹和五彩是经过伪装和刻意涂抹上去的，细心感受，她的质地是灰暗的、阴郁的，也许正是这些暧昧不清吸引着我在停滞几年后重新开始写作。

每天写一点，慢慢来，写得不满意就放在那里。放在那里，它还是我的；任我指手画脚，敲敲打打，变成铅字了，反而跟我关系不大了。

忘了是谁说过的，在这个世界上，有些人和事物注定是与你有关系的，另一些则是没关系的，注定有关系的早晚都会发生关系，注定没关系的，就算有了关系也还是没关系。写作，像是我心里的一个恋人，尽管久不与之见面，却时常挂念，每每想起，甚至还会泛起小激动。我总是对自己说，不着急，慢慢来。不出意外的话，写作是一件我一辈子会做下去的事。如果它现在还只是一颗种子，那就让它慢慢生根，发芽，顺其自然吧。我每天浇浇水，除除杂草，到头来，也许它会枝繁叶茂，也许它枯败凋谢了，谁知道呢。

在假模假样中寻找生存真相

戴来　马季

马季：总体来说你的写作是比较均衡的，每年都有一批作品问世，俗话说鞋子合不合脚只有自己知道，你遇到过什么障碍吗？或者说，对自己的写作有过怀疑吗？

戴来：和刚开始尝试写作的时候比，现在的写作速度慢了下来。我想这和生活的局限性、视野的局限性有关，也和自己的懈怠有关。前些年写得比较多，这两年打算多读点书，沉下心来好好想想，补补气。

马季：哪部作品写成之后，你觉得自己算得上是个作家了呢？你有过创作上的转折吗？

戴来：我写作的时间不算长，1996年底开始学习写作，写到1997年秋天时，大约写了有十五万字吧，全是短篇，然后开始投稿。1998年第4期《人民文学》发表了我的第一篇小说。1998年这一年，我在《人民文学》《作家》《钟山》《江南》和《当代小说》一共发了十个短篇，全是自由投稿，我一个编辑也不认识，现在想想，还觉得带着梦幻的色彩。

1997年底孩子降临，之后有半年时间没有写作，完全没写，但特别想写。1998年夏天过后，我写了我的第一个中篇《恍惚》，后来发在《钟山》1999年6期上，也就是在写这个中篇的时候，我找到了从容和自信，感觉对自己正在做的这件事是有把握的。

其实我要特别感谢一些编辑，像当时《人民文学》的李敬泽老师、原来《钟山》的唐炳良老师、《收获》的程永新老师。作为一个自由投稿者，和这些刊物打交道心里是诚惶诚恐的，我只是把稿子寄过去，好像连信也没附，并不报太大的希望，结果他们采用了。还有《小说选刊》的冯敏老师，他选我的作品时，我刚开始发稿子，一点名气也没有。我想说的是，正是这些素未谋面的编辑对于一个初学写作者的肯定建立起了我写作的信心。

马季：你习惯为自己设定创作计划吗？写作的时候是喜欢将自己封闭起来呢，还是像往常一样，该干吗干吗？

戴来：我是一个在生活上和写作上都没有什么计划的人，信马由缰，比较散漫。小时候，我爸爸老说我就像是个陀螺，时不时地得抽上一鞭子，否则越转越慢。对我来说，写作是生活的一个组成部分，它和生活不冲突。正常的情况下，我每天上午都会在电脑前坐两三个小时，写不写东西，都是那样一副模样。写长一点的东西的时候，也还是原来的生活习惯，只是心里隐隐地会有些激动，似乎自己正秘密地干着一件不为人知的事。

马季：你曾经生活在河南，有没有感到文化上的差异？苏州的生活方式和语言习惯对你写作有什么影响吗？

戴来：可能是在河南生活的时间长了，对文化差异的感受越来越淡，习惯后也就成自然了。就写作来说，河南作家，包括西部作家，大概比较喜欢也擅长写苦难写宏大的作品，苏州作家的笔触要细腻一些，更关照人的内心。因为从小在苏州长大，吴文化对我有着潜移默化的影响，尤其在语言的运用与表达上的影响更大。

马季：在和朋友的交往当中，倾听和倾诉，你更倾向于哪一个？你是个善于表达自己的人吗？

戴来：我想毫无疑问，我是那只耳朵。在与人交往时，我一直都不善于语言表达。尤其是在不熟悉的人面前，我是羞于表达的。

马季：机智和敏感已经被认为是你小说叙事的一个特征。日常生活中你也会表现出这个特征吗？你的家人和朋友都怎么形容你呢？

戴来：和熟悉的朋友聊天，我会比较放松，说话会比较快进入状态；而在陌生人面前，则显得木讷、口拙。碰到不善言辞的人，我时常会生出一种同病相怜的感觉。我想我的家人和熟悉的朋友大概会把我归于比较好玩有趣的那类人吧。

马季：一个作家的日常表述和文学语言之间的距离，是个很有趣的现象，尽管表面会不一样，甚至很不一样，我想内在一定是统一的。我们交谈的次数虽然不多，这个距离我还是感觉到了。你认为呢？

戴来：对，在生活中，特别是应付外在关系时，我常会有紧张感，我也不喜欢那样的自己，所以会竭力去掩饰。刚认识的人有时会评价我比较淡漠比较酷。而当进入写作状态时，我整个人是放松的，写作这件事让我觉得是有能力去做的，是游刃有余的。因而反映到日常表述和文学语言中，就会呈现出截然不同的两副样子，前者拘谨，后者松弛。在口头表达和文字表达两个方面，我大概更善于文字表达。

马季：你的很多小说，比如，《折腾》《自首》和《找啊找》这一类涉及人的生存境遇的小说，其中的荒诞色彩与我们的日常经验非常接近，这些问题常常是在我们脑子边上“嗡嗡”作响的声音。你想在里面寻找什么呢？或者说你发现了什么呢？

戴来：有很长一段时间，我的口头禅是：荒唐。现在不这样说了，但心里仍旧时时会泛起某种荒诞的感觉。我想写作的过程其实是一个发现的过程，一个逼近经验的真实的过程。我常常只是根据人物的性格发展去捕捉人物的心态，描述人物的情态，同时寻找故事的走向。要说发现了什么，比如呈现了“荒诞”，那是因为生活比小说更像小说。

马季：如今，自我分裂已经算不上“疑难杂症”，而是一个很普遍的社会现象，我看过一个调查，说现代人 70% 以上存在不同程度的心理疾病。在《恍惚》《我看到了什么》《你躺在那儿干什么》等一些小说中，你用相对温和的态度去开掘这个世界，冷静地面对我们置身的现实，虽然戏谑但不走极端，能谈谈你为什么选择这样的表达方式吗?

戴来：带着一定的有病的心理去面对同样有病的生活，这的确已很普遍，尤其是对我所描写的那些处于边缘状态的人物来说，更是如此。对于我来说，从未想过去诊治什么、救赎什么，我所做的只是试图走近这些在精神上让我感兴趣的人群，理解他们。而且，用轻的形式或者说叙述姿态去表达有点分量、有点意思的问题，是我所喜欢的方式，尽管我做得不好。

马季：在你的小说中尽管看不出明显的女性写作痕迹，但是我还是认为，你观察细小事物的特殊视角，所切入问题的层面，仍然是富有女性特征的；同样是写边缘人的生存，男性写作会比较多的联系社会宏大问题，而你的关注比较直接，可能不是很宽阔，却比较感性、纯粹。总之质地不大一样。

戴来：这也许和人的精神气质有关。在现实生活中，有些在别人眼里的大事，我反倒比较麻木，不往心里去，而就是一些不起眼、不触及原则的小事情让我难以释怀。同样在写作中，对细节的揣摩和想象让我很是着迷。

马季：戏剧化是相对于生活而言的，处在社会边缘的人群往往在生活细节上体现出人的本质，比如《外面起风了》中失去性能力的老王，用侄子的玩具枪伸进了给他戴过绿帽子的老婆体内。这种逻辑关系对人性的深度挖掘是显然的，能说说你在这方面所做的努力和尝试吗?

戴来：有时候，处在社会边缘地带的人们也会就他们的不满与愤懑进行发泄，表示反抗，但他们只能以他们力所能及的方式，所以有时会呈现出某种极端性戏剧性，但这种戏剧性里也有其意义。在这方面，批评家洪治纲曾就我的写作发表过“另类化”的精神状况的评说，他说：“这种‘另类化’的精神状况，它同样也折射着人类生命中的某种疼痛。”他发现和提升了我写作的企图。

马季：你的小说语言很松弛，比较神气但有节制，就是很自在很自信的状态。我一直认为，文学语言是藏在一个人心中的神秘王国，有时候就连自己也不清楚里面藏着什么宝藏，你可以神游它却不能任意支配它，它有自己的生命。

戴来：对。简约、质朴、准确的语言是我喜欢的，也一直是我努力的方向。

马季：你的小说人物男性占据了很大的比重，寻找他们在不同环境中的细微差别，是你理解和剖析生活的重要方式吗？

戴来：我只能说写男性，或用男性的视角去写东西，让我尝到了更多的写作乐趣。当然，在迄今为止的写作中，这的确已成为我把握生活和察看世界的重要方式。

马季：好像有评论提到过，你的小说所描述的人物比较类似。你是怎么看待这个问题的呢？

戴来：这是我早就意识到并且这两年在力图改变的，但写来写去，我还是对这类人物更感兴趣，感兴趣了才会愿意去体味此类人的生存景象和精神状况，才会有写的激情。事实上，我认为这一类人物远远没有写够，或者说，我对这类人物的挖掘还不够深入。我坚定地认为，有些景象是被我有限的视野所遮蔽的，所以我还得寻找还得琢磨。另外，我这两年一直想写写老年人，他们的生存状况和精神世界让我有深入进去思考和探究的兴趣。

马季：设谜和揭谜，是你经常使用的叙事手法之一，这也是先锋作家叙事的重要特征。你阅读先锋小说时是什么感觉，写作受他们的影响大吗？

戴来：在我还没开始写东西也根本没想过要写东西之前，我几乎读了能找到的所有当时被称为先锋派的小说。它们的叙述、结构，包括你说的设谜和揭谜等，都曾经让我相当着迷，应该说对这些小说的阅读，让我获益匪浅。

马季：我觉得你不喜欢循规蹈矩的写作，在处理细节的时候，经常运用生活经验制造个人化的逻辑关系。你是想用这种方式表达你所发现的生活吗？在这方面有什么体会？能不能展开说说？

戴来：写作者的叙事方式其实和他对生活的理解、他的世界观是相一致的。我总觉得在这个世界上，无论你如何辉煌，说到底我们都是失意者、失败者。另外，在我们貌似平静的生活秩序下，暗涌着某种危险，危险的组成元素很是杂芜，它的源头是欲望，这东西在我们内心生长，搅得我们不得安宁，它们说不定什么时候就会爆炸。而我们被所谓的秩序裹挟着，我们身不由己，我们心有不甘。所以在我们正常的生活表象之下还重叠着多层隐秘的伤口，我想揭开看看。我给不了治疗方案，我能做的就是揭开来。

马季：怎么理解你所说的“有意思的小说”？它应该是什么样子的呢？能具体说说吗？

戴来：它应该带有一定的游戏性的特质，有张力、有趣味、搞脑筋，和读者有一个互动，有出人意料的结局，它是混沌的、难以言说的，也是开放的，它在说出一种可能性的同时让读者相信还存在着更多的可能性。

而对写作者来说，写有意思的小说就是挑战自己已有的写作经验，让写作变成一种创造性的劳动，而不仅仅是描摹生活。对于一目了然的故事脉络情节走向，再去写又有什么意思呢？因而写也许将要发生、也可能永远也不会发生、但存在着发生的可能性的故事，对我来说就是一件有意思的事。

马季：想请你谈谈对自己的长篇小说写作是怎么看的，你已经有五部还是六部长篇了吧？自己总结过吗？

戴来：我的长篇其实都比较短，大都属于小长篇，写得也比较即兴，有时候就是一个好玩的念头，然后就往下写，往下写，用我爸爸的话说，从态度上来说就不够端正。相对来说，我的第一个长篇《我们都是有病的人》（单行本《对面有人》）和2003年后的两个长篇《甲乙丙丁》《缝隙》，我自己更满意一些。

马季：发在《作家》上的《缝隙》，我觉得这部小说你是力求写出一个比较完整的故事的，是面对难度的写作，尽可能把复杂的生活写得凝练一些，是这样的吗？

戴来：这是我目前为止写得最慢的一个东西，也就十来万字，前后写了有一年多。

我把这一漫长的写作过程形容为一次令人沮丧绝望的便秘。一个中年男人在失踪五年之后，他的家人注销了他的户口。而在千里之外的异乡，这个男人貌似平静地生活着。同时，他不得不承认时间是有缝隙的，他经常会有顺着时间的缝隙在往下加速度坠落的感觉，那是一种自己完全无法控制的失重的状态，心慌、气短、绝望，双手下意识地想捞住点什么，但终究两手空空。眼下这个男人最不能面对也最不愿面对的就是时间了，时间里有难堪的过去、没有指望的未来和某种正在以不为他觉察的方式向他逼近的危险。写这个东西的时候我自己有种写进去了的感觉，我不喜欢这样，我更习惯于做一个旁观者，因此我不断地停下来。

马季：你也写了不少随笔，对小说以外其他文学样式的写作有什么感受吗？

戴来：我的随笔基本都是2002年前写的，现在回过头去看，大多数我都不满意，比较应景，浮于生活的表面，不提也罢。比较起来，我那些有一搭没一搭的书信和所谓的创作谈之类的随笔，因为真实地表达了自己，因为写了跟没写一样，所以要稍好一些。

马季：小时候有没有值得说一说的阅读经历？你还记得读过什么书吗？

戴来：小时候喜欢看小人书，主要是看里面的画，看完后就临摹，把纸裁成小人书大小，一页一页照着画，把我认为啰嗦的部分删去（有点像给故事写梗概），编上页码，最后装订成册，四处炫耀，从别人的表情中寻找惊叹和佩服，心里特别有成就感。

马季：你有读闲书的习惯吗？就是看起来和写作毫无关系的书籍。你最近在读什么书？

戴来：我爱读的几乎都是闲书，像菜谱、地图什么的。最近在看一本由湖南科技出版社出版的科普书《生命的多样性》（爱德华·欧·威尔逊著），从达尔文以来，还没有一个人对生态学有如此敏锐的洞察力和丰富的想象力，蛮好玩的。

把雨衣挂在门外

李敬泽

看到戴来的《要么进来，要么出去》，就想起从远方听来的一段话，有人冒雨访友，把雨衣挂在门外，主人惊诧：“咦，磨盘大的雨你身上怎么干干的？”客从容答：“我从雨缝缝里钻过来的。”

好，现在说戴来。我喜欢戴来的小说，理由之一，是这些小说不像一个女人写的。我知道该理由很荒唐，而且政治上不正确，所以我必须补充第二个理由，就是戴来很残酷，不是那种恶毒的残酷，而是冷静、精确，像一个外科医生，她的手不会抖。当戴来写小说时她通常穿着白大褂，脸上蒙着口罩，这副派头总会震慑住读者，比如我。

戴来小说的主人公都是男人，女人在哪儿呢？在外地，在街上的茫茫人海中，男人辛辛苦苦地去找，通常是找不到。女人是男人生命中一处溃烂的伤口，总也愈合不了。

所以戴来的小说都是“史诗”呀——我这么说人家肯定要笑，其实我的意思仅仅是戴来在无意中模仿了《奥德赛》什么的，而且她比较倾向于把寻找那个宝贝视为连滚带爬、乱七八糟，最后莫名其妙地意外打住的过程。而戴来手里的宝贝是什么呢？或许是使日子两边平衡的那个支点，我们把它叫做“意义”。

不平衡、倾斜，这是一种危险状态，因为倾斜的结果是我们可能掉到什么地方去，戴来的小说中充满了掉下去的可怜虫，戴来对他们毫不怜惜，在口罩上面，她连眼睛都不眨一下。

为什么不怜惜？那些顺着刀锋地滑下去的家伙在另一个人的笔下可能成为“英雄”，他们有一种不好好过日子、冒险犯难的勇气，但在戴来看来，这并非“勇气”，而是人性中不可救药的弱点，他们都有一种病，叫作“软弱”。

只有软弱的人才能做出危险的事，戴来的小说中有时人会杀人，而杀人者都是软弱的。那些神经衰弱、多愁善感的人是些“搅水男人”，他们总会把生活折腾成不可收拾的烂摊子，这么干时他们无喜悦，亦无恐惧，他们只是感受到了内心深处巨大黑洞的吸引。——这可能是戴来的一种根本看法。

现在，谈谈她的这种根本看法有什么意思。意思之一是，安全的、平衡的日常生活是人的弱点被治愈的生活，“治愈”的意思是什么呢?

就是用药片、电击、紧身衣把他收拾妥当了，他没弱点了，乐呵呵地去过上进的、有意义的生活。

于是就有了意思之二：总有人治而不愈，或者一不小心就把生活的支点踢翻了，于是老病发作，事情一团糟，但坏事很可能会变好事。

无论是坏到底还是好到底，都不是犯病者的选择，在戴来的世界里没有“自由意志”这种事物，或者“自由意志”在这里就是“软弱”。两点放在一起，证明了戴来的“残酷”。

那么，接着谈谈为什么这些倒霉蛋都是男人。鉴于戴来本人是女人，她这么写显得颇不寻常，因为似乎在女性主义批评视野中，所有女作家归根结底都在惶惶不可终日地思考自己是个女人这一大问题。如果戴来也是如此，那她的弯子绕得实在太大，以我的这点女性主义修为无法追踪蹑迹，所以我只能给出一个比较简单的解释：

戴来是个具有古典艺术精神的小说家，她的小说中没有“我”，对她来说，取消“我”是写作的首要程序，因为“我”是世界的杂质，这个词本身就是人类的绝对软弱的表征。作为小说家，戴来希望让世界在“我”之外生长、呈现，为此她遮蔽自己的痕迹，她甚至遮蔽性别，让每一篇小说始于男人终于男人，坚强的、软弱的男人，他们对女人的追寻和我们对小说背后的小说家的追寻一样徒劳无功。

——这就让人想起我在甘肃听到的那段话，把雨衣挂在门外，“从雨缝缝里钻过来”。我觉得小说家应该如此，特别是现在有太多的小说家浑身淋得精湿就那么站在我们面前。

熟悉与陌生的对峙

——戴来的三个短篇及其他

程德培

当老童和爱人陈菊花各自经历社会人生的转型之后，再次投入了家庭角色的互换，在这小小的卧室、客厅和卫生间中，处处留下了家庭角斗的痕迹。老童终于在经历了小小的挫折之后，在家庭之外被莫名的邂逅带来同样莫名的欣慰与情趣；陈菊花则是获得小小的胜利后陷入失落之中，最终坚定而又茫然地离家而去。心情愉悦的老童陪着三个谈笑风生的女人去超市的路上，偶遇擦肩而过的陈菊花时，“那个往西而去的背影让他觉得又熟悉又陌生”。这是小说结尾处的情景。什么意思呢，好像又没有什么意思，但又不像一点意思也没有。戴来的短篇写到妙处时经常给人以这样的感觉。感觉有时很重要，千万别因明白无误的意义而丢弃它。《向黄昏》就是这样一个短篇，琐碎的夫妻生活磨擦，没完没了滋生着厌烦的情绪，而作为艺术的叙述又那么精致。短篇艺术需要精致，而它所对峙的生活却又是那么冗长而绵延不断。这种局面需要叙述者付出智慧的努力。表面上都是生活的日常呈现，而不露声色背后却又暗藏诛心之术。《向黄昏》全篇八千余字，而开篇老童和陈菊花之间被窝卷内外的推推搡搡，那只手不断地进与退的折腾就足足写了千余字。多少有些无聊的日常纠葛却道出了这对夫妻迈向中老年生活所面临的困惑、焦虑与不安。所谓转型，不止讲的是社会与时代，而且也是更具体的落实：下岗、退休，社会与家庭角色的互换，中年步入老年的更迭，生理对心理的暗箱操作。

一方面是我们渴望逃离琐碎生活的折腾，另一方面我们也无法忍受逃离它的想法，也许后者是前者的原因，生活对我们来说意味着“把折腾进行到底”。哲学家一直试图解释世界，而凡夫俗子相反，要紧的是活得比世界更长久。投掷悲欢离合的骰子这远不是戴来喜欢的行当。检验日常生活是否被赋予应有的地位倒是作为小说家戴来的营生。《向黄昏》告诉我们一对迈向老年生活的夫妻是如何应对角色互换的，日常的生活业已剑拔弩张，一触即发，即使平常的触摸都会引发“名存实亡”的明火。老童弃门而去，在老人圈却呼吸另一种空气，到头来依然是自以为有意思而很可能是没什么意思的折腾。小说将人之步入老年之后难以认同的心理“折腾”得惟妙惟肖，“硝烟”之后依然是静如止水的生活之日常。

如果说《向黄昏》中如何叙述还是作为一种手段、一种方法，生活中的杂色只是对象，那么在《后来》中，叙述成了对象。整个小说就由一场少见的亢奋的叙述组成。戴来很少用第一人称，就是不多的几篇，虽用“我”的叙述，但依然是我眼中的他怎么样怎么样。这次不然，“我”不仅是重要角色，而且，故事的叙述和“我”的喋喋不休的叙述组成一个叠影，不仅我在讲故事，而且故事也在讲我。由于在赴朋友老刘的饭局途中的意外发现，由于其他人迟迟不到的漫长等待，电话中同样漫长的亢奋叙述也登台上演。“我”的叙述不断被打断，几经周折，而另一个被隐匿、被叙述者蓄意埋伏的故事渐渐地浮出水面。亢奋的叙述像吹大的汽球被戳了一个洞，小说在走向它的高潮时，也走向了其尾声。《后来》的结构表面上像独脚戏，整体而言又很像中国套盒，盒子中套着个盒子，但戴来演绎得却更为精致和巧妙。其妙不可言之处在于无法避免叙述的地方却避免了叙述，在动人的叙述背后有着另一套更为重要的叙述在暗中运行，在不经意的叙述中却潜伏着另一种精心布局的版本。当“我”津津乐道于对小舅子疑似同性恋的那场跟踪时，电话那头的爱人王馨却在上演着另一番确切无疑的勾当。人心难测使我们感慨，而叙述那难以捉摸的智慧却使我们不得不叹服。小说的名字起得好，叙述并不仅仅停留在字面上，一切为了“后来”，重要的是那并不言语的后来。

戴来小说中出现最多的似乎是抽烟，那都是和人的习惯心情和情景有关，《后来》中也有抽烟，但却进化为小说中必不可少的伏笔。戴来的小说大都“以人为本”，确切地说以日常的人居生活为“临摹”对象，也可称之为“室内剧”。既然为“室内”，洗手间也就少不了了，《后来》中也写到洗手间，但在这里却演绎了惊心动魄的一幕。用那老套的契诃夫说法，那挂在墙上的猎枪终于拿下来打响了。几年前，戴来的小说还不时会出现一些不为容忍的议论，自以为是的妙语，而今则一扫而光，小说日趋成熟、完美。戴来还是那个戴来，但在熟悉之中我们分明又见到了几分陌生。瞬间的微言大义是戴来所青睐的，“亮了一下”“闪了一下腰”无非讲的是瞬间的魅力，也都是短篇艺术赖以生存的光照。老童那瞬间的感觉、陈菊花那瞬间的醒悟，还有“我”那瞬间的发现，都是构筑叙事必不可少的支撑。

我们经常在表演，我们永远在舞台上，社会学家经常会用这样的比喻来表达对生活的认知，对“角色”的分析。日常接触是一种游戏，这游戏的迷人之处在于必须借助一种颠倒的方式，在表面的日常显现之中戴来留意的是角色颠倒的魅力。《看我，在看我》中，下岗闲置家中的高远因为无意之中的一句搪塞之语糊里糊涂地成了一名作家，身份认同的误区，难以维系的角色表演，让高远生活在危机四伏之中。莫名的作家身份使高远一定程度上获得心理上的满足，既激发其他人的倾诉与窥视之欲，也同样地激发高远对误认的认同，一切都朝着无法确定的方向演变，不止是生活过于微妙、间接和含蓄，而且虚幻的角色同样也是生活的一部分。一会是像实话的谎言，一会是像谎言的实话，《看我，在看我》的扑朔迷离之处在于人们常常认为的“写作就是戴上面具扮演自己、假装别人的一种方式”，在这里却演绎成了对生活中有趣情境的生动摘要。自我误认和被别人称谓，高远的伪装无法卸去，“将折腾进行下去”更名为将伪装进行下去。真实的作家哥哥高瞻近在咫尺，成了摹仿的对象，还有那编剧薛未，改稿改得近乎疯狂，“满脑子都是那个剧里的场景和对话”，成了生活中陪同高远进行中的演练。事情就是这样搞大的，但搞大的方式各有不同。非常严肃认真讲述一场虚构，而同时又带着游戏的口吻提及一下极为真实的东西，这可能是戴来把事情搞大的方式。当我们读到那六十多岁的老男人完成了对作家高远的人生讲述时，“反正老张那边已经开始设想这本书的各种细节了，字数、封面、装帧。他老人家甚至拿了一本叫《受活》的书来找高远，用一种深思熟虑后才得出结论的口吻对高远说，我想我们的书以后差不多就是这个样子。高远翻到《受活》的最后一页，天哪，整本书有三百七十一页，三十万字，定价五十五元”。读到这里，我想谁都会禁不住流露出一丝笑意。《看我，在看我》全篇在乎一个“误”字，一个误会演绎一个误会，一个误认接着一个误认，一个真实的误解导致另一个误解，甚至连最后的醒悟也很可能是高远踏入更大的人生误区。误认和陌生是种同谋关系，原本的熟悉现在成了跳板，跳板的作用在于借用之后我们就会远离他。当我们熟悉这个下岗赋闲的他被误认为、错以为是作家的高远时，陌生感便降临了。然而对阅读来说，陌生经常又是借用的跳板，动人的小说最终又总是召唤熟悉的降临。“又熟悉又陌生”原本是读戴来三个短篇的题目，也是随手从戴来的《向黄昏》中无意牵来的。现在想想，这“又熟悉又陌生”说法有含混不清之处。典型说曾借助这一点而建立批评的霸权地位，其背后除了意识形态的支撑外，含混不清也是其不战而胜的意外收获。这很像是眼下颇流行的对梅兰芳的评说，舞台上比女人更像女人，生活中比男人更男人。此种奥妙的评说只能点到为止。如果要向透彻靠拢，除了到弗洛伊德那部“词典”中查询注释，别无他途。

熟悉和陌生是一种对峙、无法认同的敌对关系。对小说而言，当熟悉的生活被摹仿、被复制时，作为叙事的语言是不甘心束手就擒的，而陌生便是其抗争的手段之一。熟悉与陌生彼此对视，各个都虎视眈眈，意欲干扰甚至侵蚀对方，唯有这种对立的关系之中，我才能感觉到他们之间维持联系的细线。陌生既是视觉的盲点，又是人内在的“灰暗处”；熟悉既是认知的此岸，又是明白无误的错，自以为是的非。除了彼此对立外，熟悉与陌生又彼此诱惑、互为转换。从某种意义上说，熟悉和陌生都是感知印象的简单化表达，它容易忽略生活本身的含混性的东西。陌生在本质上又是对我们眼前熟悉对象的否定，反之亦然。双方都是抽空对方的内含而得以自身的延伸。“又熟悉又陌生”的状况和感觉不是没有，但更多的情况是自以为熟悉的东西实际上是陌生;自以为陌生的东西却是熟悉的。“我想把脸涂上厚厚的泥巴，不让人看到我的哀伤”，这是迟子建为人注目的中篇小说《世界上所有的夜晚》中的第一个句子。也可以看作又熟悉又陌生的写照，而第一个出现的“我”可以无限扩展为信仰、教义、上帝、佛祖、权力意志、敬畏之神、历史法则、传统规训、公共视野……我们经常因为异己的力量、那个无处不在的他者而涂上一层厚厚的泥土，这样的脸随处可见，为人熟知，但失却的是那厚厚泥土遮掩的背后，那属于自我的喜怒哀乐、七情六欲，结果本应熟悉的东西被陌生化了。熟悉经常躲在陌生的背后，同样，陌生也经常隐于熟悉深处。

戴来曾有过一个出了名的短篇《红烧肉》，小说开始便从熟悉入手，“菜市场的早市，小军妈最熟悉不过了”。然而由下岗导致的家境窘困，女儿小玲跳楼自杀未遂所造成的雪上加霜，这个普通家庭的关系日益恶化，彼此间变得互不相认，难以理解。最后，平日渴望吃的红烧肉演绎了一家的死亡悲剧。这是一场典型的由熟悉走向陌生的叙事，唯其如此，才有震撼的发现。其实，熟悉和陌生往往流于表象的感知，它和真实、真相并无直接的关联。生活中我们经常为各种各样的假象所包围，假象挟带着熟悉离我们近了，真相自然裹着陌生离我们而去。文本中的陌生感确实也带来了一种诡异和微小的刺激，仿佛我们无意间发现了一个我们从未怀疑、但又并不被我们所熟悉的状况。戴来小说中的许多故事很可能已经为我们所熟知，但仍然需要被找出来，而寻找本身是一个我们需要好好玩味一下的概念，其中“陌生”又扮演着重要的角色，戴来在日常生活中经常使用“好玩”这个词，“好玩”在戴来的口中作用被放大了，可能作为玩笑也可能作为隐喻世界的延伸，不管怎样，“严肃性”还是顽强地潜伏其中。这很像她的小说，经常有信手拈来，随意使用日常生活中的细节、道具，有时也很“好玩”，但严肃依然是这个世界的永久性居民。

说来也巧，十多年前《作家》杂志曾推出一辑“70年代出生的女作家小说专号”。1970年出生的魏微、金仁顺、朱文颖挟带着晚两年出生的戴来一同亮相，十年后，《作家》如法炮制了纪念专号。“专号”值得纪念，那是和四位女作家十年的创作业绩分不开的。俗话“十年育人”，多少隐含着人才培养的时间漫长而又不易的意思。而这十年在我今天看来恰如瞬间，如今她们都是个“文坛”不可或缺的“角色”。对她们的认知，恰与《红烧肉》阅读认知相反，是由陌生到了熟悉的过程。

这几年，戴来的小说写得越来越少，面对这多少有点懈怠的岁月，作者的解释是“我想这和生活的局限性，视野的局限性有关”。在一向熟悉戴来言语方式的人可能会不习惯这种说法。而几年前那个经常“以写作的名义发呆下去，发呆下去”的戴来同样地使我们有点陌生。但有些情况依然如故，比如故事中极少有女主人，抽烟和关门还是这个舞台久久未撤的“道具”，男性的困窘难熬仍被审慎地观察着，那曾经吸引我们，“远远看上一眼”的锐敏，“暗中观察”的能力依旧。不过，今天这些中年男子行将迈向老年，随着年龄的增长，戴来的小说也增添些我们所陌生的东西，“把门关上”的写作渐渐地走向把门打开，我们有理由希望看到更多地走出门的“室外剧”。让我们的感知不妨再经历一次由“熟悉”转身为“陌生”的旅途。

吴门谈艺

铁骨焦墨梅精神

——细读张继馨画梅

朱栋霖

乙未初春，廖军兄送来他与张继馨先生合作的百幅梅花书画图册。张继老素爱画梅，画有五十幅梅花图，邀廖军前来助阵。廖军亦擅花卉书法，作品笔墨淋漓，开阖有致，笔趣墨韵尤显豪脱个性、大家气度。廖军以五十幅古人梅花诗吟书法相配继老梅画，一字一画成就《百幅梅花书画册》。

一、“不信试看千万树”

廖军兄邀我评论一番。我于绘画是外行，在虔心拜读张继老作品之后，深知不是易事。如果写篇一般评价文字，有负老艺术家惨淡经营的苦心。我只能从学术的角度出发，老老实实研读中国绘画史有关评述，再捧来一批古人梅花画册细细赏读，梳理古来梅画的来龙去脉，才明白张继馨梅画创作匠心独运的创意与价值。

吟梅画梅，为历代文人崇尚，其文学源头可追溯到陆凯赠梅诗：“折花逢驿使，赠与陇头人。江南无所有，聊寄一枝春。”

现今我们能看到的较早的梅花图，是现藏台北“故宫博物院”的北宋赵佶《腊梅山禽图》。赵佶所画为疏朗一枝梅，款款斜出弯伸，雪白花蕊丰满凝端，风度绰约典雅。

南宋理学盛行，国运艰危，士大夫与社会上下看重气节，于是继陶渊明赏菊，西子湖边孤山林和靖梅妻鹤子高标气节，低吟着“疏枝横斜水清浅，暗香浮动月昏黄”，成就千古绝唱。林和靖唱出了梅花孤芳自赏、孤标傲世的美韵精神，唱出了文人倾慕的孤傲气节。梅与竹一跃而成为文人诗词丹青的首选娇宠，千姿万态的梅竹，经代代文人代代吟唱联翩而来，争奇斗采。历代文人墨客殚精竭虑，不同风格、审美的梅花抒写了秉心清高、疏离官场的文人们的心灵情怀、文化蕴涵、精神憧憬与美学追求，也体现了时代风貌。曾被赵佶讥为“乡村中梅花”，杨无咎《四梅图卷》（藏故宫博物院）那疏枝弯曲、寒梅数点、寒呛孤单的清疏淡雅风，开始受文人青睐，无咎以“墨梅擅天下”（刘克庄语）。林椿《梅竹寒禽图卷》（藏上海博物馆）画一枝瘦梅倒挂弯曲，再从底部屈曲斜出，初绽寒蕊数点，那样的画风开始受追捧。

南宋马麟《层叠冰绡图卷》（藏故宫博物院）画寒冬冰雪中孤单细枝寒梅，玉蕊端庄，尤显品格，而且寒梅两枝在整幅画面中仅占右下一角，诗题曰“开到寒梅尤可爱，此般必是汉宫妆”。

“元四家”王冕尤擅墨梅，他师无咎得其精髓。《至正六年五月三日图》（藏上海博物馆），王冕画梅，一枝横斜，双勾数朵梅蕊。另一幅梅作，他自题诗：“不要人夸好颜色，只流清气满乾坤。”但王冕师无咎又有新创。补之画凌寒的孤梅仅一枝数点花蕊，王冕创意墨笔画满幅梅枝梅花，千花万朵，称为“密梅”，且花蕊丰满肥硕，其意在张扬梅花凌寒竞放的生命力。传世名作王冕《墨梅图轴》（藏上海博物馆）系画满幅的梅枝梅花，自右上幅迎寒飘洒而出，犹如满幅柳枝，而梅蕊无数，丰满端庄，其意境正如自题诗：“朔风吹寒珠蕾裂，千花万花开白雪。仿佛蓬莱群玉妃，夜深下踏瑶台月。银珰泠泠动清韵，海烟不隔罗浮虚。”可见王冕画梅创意与无咎不同。王冕另一幅《墨梅图轴》（藏上海博物馆）画一树劲挺，细枝斜展，画幅上花蕊繁密，自题诗以抒其幽人情怀：“玛瑙坡前梅烂开，巢居阁下好春回。四更月落霜林静，湖上琴声载鹤来。”

涧梅寒正发

王冕梅花，对明代画坛影响甚大，指示了文人写梅的两条艺术路径：一写梅干一枝细曲，一画梅花千花万朵。从杨无咎、林椿、马麟到王冕，一个基本取向是画梅只取一枝横斜，细曲劲挺，数点寒蕊，凌寒绽香。明代陈洪绶画梅，以曲取胜，《梅石山禽图》（藏天一阁博物馆）画梅以疏枝屈曲横斜为美，细枝弯曲而下，再从下翻转上伸。如果以现在美术话语关照，其图式是一个纤细的倒S，顺时针由下而上弯曲，以见其“疏枝横斜”之极致的美。他的《梅花小鸟图轴》（藏上海博物馆）也以梅花虬枝纤细盘曲为其特色。

清代弘仁，爱梅成癖，自号梅花古纳，他受倪瓒简素淡雅风影响，将梅花“疏枝横斜”之美简练到极致。弘仁善用枯笔淡墨，笔墨凝重，构图洗练简古潇逸。存世梅作大多仅一枯枝细劲，图式为两个S颠倒互接，缀以梅蕊数点，仅此而已（《松石梅花图》，藏故宫博物院）。《梅花图轴》（藏上海文物商店）自题诗：“吹灯转觉纸窗明，一树空濛夜雪晴。常拟抛书闲半月，不妨闭户坐三更。”汪士慎工八分书，善画墨梅，其笔瘦硬古朴，笔下梅受弘仁影响，仅一枝瘦劲横斜，数点寒蕊，寒淡闲雅，别具风韵（《梅花图册》之一、之二，藏上海博物馆）。

明代王谦承王冕墨笔“密梅”风格，一渍墨画干，枝繁花密，丰神绰约。清代金农画梅誉满文坛，他上承王冕，写梅致力于画繁密的花朵。他以淡墨湿墨画细枝，用来烘托具金石味勾圈的花朵，梅枝参差交错，繁花满枝，而且金农梅画大都满构图，花蕊在五十朵左右，《昔耶居士图》（藏故宫博物院）的梅花在一百枚以上，名作《空香沾手图》《空香如洒图》《驿路梅花图》（均藏故宫博物院）都是数百枚花朵铺满全图，即使那幅强调“画梅需有风格，宜瘦不在肥”图也画了近百朵梅花。金农画梅花如此之繁多，看来是受到商业性的制约，俗众商家订购金农梅画要求花骨朵越多越好。金农将画梅的寓意寄托于构思与题诗之中，试看他那幅《恰好邻僧送米来图》（藏故宫博物院），满幅梅花，而画的“饥寒”立意是从金农题诗中蕴生的。

梅树初花石涧流

二、从画花画枝转为写干

竹与梅画，历来文人不断探索其艺术空间。古人画梅，大致两个方向，或画疏枝横斜，或勾写梅蕊清香。徐渭却论画梅应不拘一格，他说：“从来不见梅花谱，信手拈来便有神。不信试看千万树，东风吹来便成春。”

张继馨先生另辟蹊径，不走古人老路，他致力于状写梅树老干，画铁骨虬枝老梅树干，苍怆勃郁古梅干，其旨在提炼他倾慕的梅花精神。

画册首幅《春消息图》写古梅迎春。《老干迎春更著花图》，画幅三分之二画一杆粗倔硬铁的老树干，从右下往左上斜刺而出，倔强地拔地挺起，又被强制拗折转弯折下，再经四个折弯，形成整幅画面主要构图。画梅树干纯用粗直的硬笔，笔力遒劲，落笔运笔强劲快捷、大刀阔斧，树干折弯处缀以五个浓重的节疤留下岁月沧桑。一股老辣苍健倔强充沛的元气透出纸面，给人强烈的视觉冲击。画幅上端点缀以稀疏的梅枝花蕊，苍健阳刚中包蕴柔媚细腻。另一幅《笔走龙蛇写梅花图》以焦墨写梅，纵横交叠三枝百年老树干。

张继馨先生画梅之精髓源自他爱梅之深痴。他与梅结下因缘，他爱梅好画梅。每到花期，从梅含苞欲放，花蕊满枝，到香留骨残的凋谢，他总是一路聊发少年狂，盼花念花爱花赏花惜花护花留花悼花，徜徉梅林，将整个花开花落的过程品味不尽。平常春秋，他也走近梅树，吟诵前贤梅诗，细品那崛奇的老干，抚摸那斑裂的树皮，凝想那浓叠的藓苔。他欣赏梅花凌寒傲雪的精神，铁骨虬枝的风姿，岁首报春的温馨。他悟透梅神，追寻梅魂。他对梅花有自己的理解与文化诠释。他说：“花木皆感春气而生，独梅开以冬。盖东方动以风，风生木，故曲直作酸，则梅者木之性。惟梅之味最酸，乃气之正。北方水为之母，以生之则易感，故梅先众木而华。”（《春意浓图》）他与梅花心灵交流，他感悟到凌寒的梅树饱受岁月风霜、暴力摧残，然而铮铮铁骨蕴含苍怆雄健的生命。梅花给了他灵感，这是令张继老赞叹膜拜的。于是，他的创作主体已从古人画疏枝、画寒蕊转为画树干，那苍怆勃郁的铁骨虬枝，最能寄寓画家对梅花的心灵礼赞。张继馨本人也年经九秩，九十人生，九十沧桑，岁月磨难使其饱蕴心灵的倔昂与精神的勃郁。他写梅，馨香梅花精神也就是写自我的心灵世界，礼赞苍怆勃郁的人生精神。他也从梅花凌寒品格汲取精神自励。设若寒冬无梅，他以画梅相伴，“壬辰新正梅花节，阴天寒盆梅未绽。余晨起即兴落笔，使之有墨香相伴”（《迎春图》）。夏日无梅，他写梅自娱，“丁亥仲夏戏以生宣作此似有清逸风致”。

张继老写梅已非一般意义上的绘画，画梅就是书写情怀，就是自我心灵的抒写、个人精神世界的表述，就是前人所谓“画者，写心耳”。

于是，《百幅梅花书画图册》中张继馨的五十幅梅花图，大都心灵兴会于画铁骨虬枝的老树干，苍劲雄健的古梅桩。他在《霜寒露冷香清图》中引宋代范成大论梅：“梅以韵胜，以格高致。故以斜横疏瘦与老怪奇者为贵。”张继老画梅创意在于，从岁月沧桑古梅斑驳中透出其苍健勃郁的元气精神，那元气精神既是表现梅花的，毋宁说更是抒写他的自我情怀。首幅《春消息图》是本画册代表作，图中那树历经岁月沧桑的古梅苍倔地弯身挺立，主干三折，扭曲着，强制倒折而弯，画家以三处黑黢黢的浓墨强调三处巨大的树窟窿，揭示曾经岁月多少残酷的暴力戕害。他不画疏枝横斜数点寒梅，他状写古梅新枝绵密，繁蕊竞开，而且他以淡墨写梅老桩，以朱砂勾梅花，以突出红梅绽放，于是“春消息”跃然纸上。

历来画梅，各具创意之路。弘仁、汪士慎一派画梅极细曲一枝颤颤弯折，寒蕊仅数点，表达茕茕孑立、凄怆孤芳。陈道复的梅花，论者谓格调“清绝”，他笔下数朵寒梅哀婉横斜，清香绝尘，含蓄有风骨，他题诗：“寄语不须容易落，且留香影照寒江。”金农承王冕一路，画花繁满枝。金农着意于画出寒怆冷隽而惊艳的韵味。他画江路野梅，“古干盘旋嫩蕊香”，画出水仙薄冰残雪之态。他画“雪比梅花略瘦些，二三冷朵尚矜夸”，他画“硬水生冰墨半干，画梅需画晚来寒”，“画到十分寒满地”，他笔底梅花与寒冷感觉相连。他画梅画出苦寒，“冒寒画得一枝梅，恰好邻僧送米来。寄与山中应笑我，我如饥鹤立苍苔”（藏故宫博物院）。他终于自吟那些有金石味、冷隽惊艳韵的梅花图，“满纸枯毫冷隽诗”，表达他的人生感悟。

张继馨画铁骨老干，则画出其苍怆勃郁的元气精神，老树新枝的生命力。这几乎是张继馨梅画总的气韵、总的精神主题，又各具风貌情韵。

《老干新枝竞精神图》，以淡墨老干为底层烘托，突出新枝竞放花蕊。《霜寒露冷香清图》，老梅树树皮斑驳层层枯裂，然而苍怆遒劲勃郁生精，三支疏枝数点白蕊，以见其冷香清幽。《领异标新二月花图》《琼珰玉佩行瑶台图》，再以焦墨写老干直挺，新枝横斜，白蕊密缀以见其二月春初标新。《春意浓图》，再写老梅树干的畸曲，倒折而再弯盘为构图，树皮折裂斑皱，树窟窿数个喻示岁月的巨大伤痕，而以嫩绿绘新蕊点点，尤见绿蕊神采清悦。

张继馨笔下的梅花全是写意的，他不需装饰铺排诸多琐碎，他也不实写梅树干枝的状态——上世纪70年代以来中国画坛曾流行实写梅树干如松树、红梅怒放的倾向——他只取最能表现自己要表达的梅花精神的主体意象，大刀阔斧硬笔直入就够了。他自题《领异标新二月花图》，云：“作画宜少修饰，以呈自然之妙。”他只需抓住梅干老枝、数点梅蕊，约略变换构图，就呈现出新风貌，传情达意即足矣。他对梅花的钟爱，已能轻捷、写意地提取其精神意象，他的梅图约略数笔，就令人如闻幽香浮动，那种古老躯体中的生命苍怆雄健，油然而生。细读他的《梅有清香格自高图》《只留清气满乾坤图》《梅清不受尘图》，确是如此。张继馨先生情不自禁题诗赞道：“梅清不受尘，日净本无垢。微风处解事，排遣香入牖。”他的《疏枝横玉瘦图》再题诗赞梅花传递春消息：“疏枝横玉瘦，小萼点珠光。一朵忽先变，百花皆后香。欲传春信息，

双清

不怕雪埋藏。玉笛休三弄，东月正主张。”他画《疏枝横斜一枝春图》，大发诗兴：“茶山雪海总梅窝，一片瑶光接太湖。花气袭人天乍暖，隔林好鸟啼相呼。早为月吐断崖东，月色花光一样同。消受清寒忘夜永，行吟不觉月当空。”

三、铁骨虬枝写焦墨

中国绘画思想与西方美术不一样。文人学士，“画梅谓之写梅，画竹谓之写竹，画兰谓之写兰”（汤垕《画鉴》）。中国绘画，看重的是画以笔墨成形，与书法相通，二则画梅兰竹菊乃至画世间万物万形，画者都是写心写意抒写情怀。因为琴棋书画已内化为文人生命的文化，此四者就是文人心灵情怀的寄托与表现。

张继馨青年时即师从吴门画派传人张辛稼习书画。民国与当代绘画虽以创新变通取胜，但在明四家超强大传统优势的苏州画坛，则以传承吴门画派笔墨传统为主。沈周、文徵明、唐寅、陈道复、王宠，都是书艺卓绝，自成一家。沈周书法平淡素雅，文徵明清雅谨脱，唐寅潇洒妩媚，陈道复通脱舒展、内蕴谨严，王宠清雅宕逸。他们的笔趣墨韵成就吴门画派艺术作品令人寻味无穷的艺术魅力，在今日以创新、标新、西化、流行为主流的中国画坛，这一传统画派不会引来喝彩，只能被时下视为一个守旧的群体边缘化。但是吴门画派与中国书画巨大的艺术仍旧具有深潜的魅力，它的生命力在老辈艺术家笔墨中传承。张辛稼、吴敦木之后有马伯乐、王锡祺、孙君良、徐源绍等，张继馨是其中代表。他绘画重笔墨，积数十年功力，行、草、篆各具韵味，而将书艺化之于绘画的运笔渲染，则卓具特色神韵，他善篆书，运之于梅花圈点则韵味尤足。他一向看重“笔墨是中华之精髓所在，笔为形墨为情，盖欲画可先书，以求借助以书入之妙”（《只留清气满乾坤图》）。他在题画中一再强调，书法是中国写意画的精神支柱，“书画同源，画是线条艺术。

故识者强调以书为法与以书入画，使得象外之意画外之趣”（《凌寒独自开图》），“书法之美亦造就中国画笔墨之美”（《老干新枝竞精神图》）。

张继馨先生中年画风秀润典雅，得吴门画风精髓。试看他画《微风动苹末，疏雨散蒹葭图》，以篆行笔轻轻圈画小荷圆叶，布局随意，散圆自如舒展，具无穷意蕴。再以淡蓝有层次地涂染底色以为湖面，留出虚白显出天光烂漫，全幅画面轻灵青葱，清气溢荡，煞是青春气息。设若不考虑到画幅上端那几笔苍凉的蒹葭，您哪里会想到作者已是“八十八叟”。然而他深以自谦，认为厚重不足。值得赞叹的是，张继老晚年绘画又获新创，在笔墨上再探入新境。他以焦墨硬笔写铁骨虬枝，写出梅画新境界。

辛巳年四月，他游皖南归来，见砚有宿墨，弃之可惜，即随意涂抹，墨尽掷笔，完成了焦墨画《笔走龙蛇写梅花图》。还有那幅《梅花寿石图》，是春日晨起，他见案有宿墨，一时兴到随手涂抹，墨尽为止，继老自觉气足神完。张继老发掘了焦墨的特殊艺术功能与美学效果，明代王谦用渍墨写墨笔梅。渍墨与焦墨之分，大约在墨汁所含水分。张继馨则以硬笔运焦墨，相得益彰其效。他兴奋地连续以焦墨作梅，相继完成了《铁骨虬枝图》《琼珰玉佩行瑶台图》《朵朵梅花淡墨痕图》《梅有清香格自高图》《双清图》《舞春风图》《鸟啼枝上喜生春图》。他饱蘸焦墨，得意于笔酣墨饱，秉着直笔硬笔，迅疾落笔，快速运笔，以浓墨重彩的直划写出梅树饱经沧桑斑裂陆离老干的纹路肌理，将那铮铮铁骨的苍健勃郁风貌蕴含的沉郁顿挫风骨，表达得淋漓尽致。又以浓重的黑粗点随意点染出岁月浓叠的藓苔，犹如京剧裘派唱腔拖腔的鼻腔脑音高调荡挫般的韵味。这些作品，只有简练写意的寥寥几笔，不再有任何附加的装饰与烘托，达到了张继馨主张的“昔贤以书为法，无矫揉造作之弊”。这些创作，张继老“墨尽掷笔”，不免得意地频频探问：“此图何如？识者当为评说。”“识者以为何如？”“以书为法入画，游戏之作可娱而已，何计工拙？”

我的回答是，苍辣粗犷的焦墨线条，视觉交晃的沉郁顿挫，简练、粗重获致的淋漓酣畅，渲染出苍怆勃郁的元气精神，令人想起叶派《罗成叫关》、裘派《探皇陵》《刺王僚》的悲怆浓烈！

细读张继馨先生五十幅梅花图，读出了他艺术构思的活跃灵动，他于构图的惨淡经营创意出新，他运笔着墨的灵动点染花样翻新。他的良苦用心，使五十幅梅花图无重复、单调之感，这本是较难避免的遗憾，但张继馨先生做到了，艺术就是克服困难。

他得意于他的创意焦墨作画，但又尝试以淡墨构图，《雾里看花态更娇图》，就是“现又淡墨为之”，以渲染雾中梅花影影绰绰的朦胧之美。他再以传统的工笔，画出浓丽鲜艳的《天寒游鹤守梅花》。

《梅和腊雪调新艳图》，则又以焦墨与虚白的交叉处理，渲染出白雪皑皑的严寒冬雪，二三梅朵凌寒而香的境界。

《花开春色满江南图》，则见一块淡雅的太湖石弯曲地居于画图中间，石后一梅枝婉转而出，恰如一位袅娜而行的美女，他以粉红点细雅的梅蕊，三缕梅花蕊绵密绽放成三条飘飘的粉红纱巾。《梅格已孤高图》，画的则是绿萼更幽绝。

涧流、巨石、寒梅的三元素组合题材，是张继老的另一擅长。张继老笔下的山石都是磐石，他以浓墨粗毫大笔直画勾勒巨石的立体棱角，方棱出角，显示出无穷力。其大刀阔斧，大开大合，三两笔就成动态的树石湍流，直扑眼帘。曾读文徵明《古木寒泉图》，下半幅图以遒劲的粗圈勾勒古树老根扎入巨石，再以遒劲直线划出寒泉之流速，其劲斧开合直画出苍古深寒的古貌。张继馨则以直笔大斧勾出虚白，画涧流急湍喷溅直下，而以劲笔写梅树老根从石缝迸出咬定石根，又以工笔写出梅花枝娇柔细姿，幽静地绽放清香。粗犷阳刚与柔雅细美相结合，成为张继馨这类画的风格。您再试看那几幅石涧梅花图，《梅树初花石涧流图》《竹里疏花梅吐香图》《幽香带石泉图》《涧梅寒正发图》《枝斜清流上图》《清泉石上流》《春新野梅香初动图》，其构图、运思、立意、意境又各各不同。

在这篇细读张继馨画梅的文字的最后，我要特别提到这些画品所显示的张继馨先生深厚的文学功力，这是支撑张继馨梅画内涵与品味的不可忽视的重要因素。

我注意到张继馨绘画颇看重题款，他好选录昔贤诗行，借以提升画面内涵，表达他的诗意情怀。他画《寒香袭客衣》，题录宋人咏梅诗和清人吟邓尉诗。他画《疏影横斜一枝春》，题录诗“茶山雪海总梅窝，一片瑶光接太湖”。他画《梅清不受尘》，题诗“微风能解事，排透香入牖”。他画《春风初发小山梅图》，取吴昌硕扇面制诗的一首七言歌行：“滟滟湖光淡淡山，密密疏雨梅花斑。”“屐痕处处穿花人，不惜衣湿惜花湿。强欲别花且远看，虎山桥头对雨立。”而以他的书法功力，行草篆兼有，书画与诗兼容，提升了他梅画的文化与审美品味。

我也注意到张继馨的画，其题款总是凝练为一句优雅的诗，“寒香袭客衣”“梅清不受尘”“幽香带石泉”“疏雪乱梅花”“春新野梅香初动”“枝斜清流上”“阴崖深树绿”“乱红欹涧水”，等等。这些梅画题款的文字总是凝练雅致，简约风韵，提炼与点醒了画面的主旨。以我作为一个文学研究者看，其遣词炼句，推敲斟酌，在在都显他的古典文学功力不俗与深厚的文学修养。那些题句，如其中的“袭”“清”“带”“乱”“初”“阴”“欹”等字的精准遣用，可谓“诗眼”的提炼，而他的画确实把“袭”“清”“带”“乱”“初”“阴”“欹”那些灵动精准的状态写活了，画出了那意象，画出了那意境。张继馨擅丹青，几十年间他又读很多书，他还写书，他写有《笔上参禅》《馨子砚语》《颠倒葫芦》等，与人合著《吴门绘画史》。中国画是文人画，绘画的高下均是艺术家文化审美的对象化。沈、文、唐、仇等吴门艺术家，从王冕到弘仁、金农，他们都首先是文学家、诗人，其次才是画家。他们都以文人自居，而不会以“画家”自称。传统社会习称其为“读书人”，“读书人”才是文人。王冕、倪瓒、沈周、文徵明、唐寅、祝枝山辈，饱读诗书，唐寅一幅《葑溪骑犊图》，画主骑犊葑溪，“角端轻挂汉编年”，出游还随带史书。沈周、文唐，几乎每画必题诗，而且都是自作诗，书法所录也大都是自著的诗文。即使到了近代金农也是如此。文学修养令他们的绘画文化品位高致，审美优雅，各放异彩，独具神韵。张继馨先生亦然。这是我认为更值得向当下画坛推荐张继馨先生艺术的理由。

繁复与瑰丽

——徐惠泉水墨重彩人物画的独特语式

尚　辉

在新时期的人物画创作领域，徐惠泉是在水墨重彩方面取得突出成就的艺术家。

相较于上世纪五六十年代，新时期人物画不仅突破了题材的禁区，而且突破了笔墨加造型的单一模式。在人物画题材方面，表现古装历史人物、表现审美性的情愫、表现非主题的人物形象，更加丰富了人物画对于现实主题的表现。在艺术语言方面，除了笔墨加造型相互结合的个性化探索之外，回归传统写意人物画的表现方法更成为一种潮流；而工笔淡彩对于西式造型与色彩的借鉴，也极大地提高了传统工笔淡彩的表现能力。但相对而言，试图将重彩和水墨写意结合起来的艺术探索显得较为稀少。新时期之初云南的工笔重彩和当时流行的一些水墨重彩人物画，曾绽放一时，而至90年代末期所剩寥寥无几。水墨重彩没有形成蔚为大观的格局值得美术史学者进一步探讨。

以水墨重彩名世的徐惠泉，早在上世纪90年代就从事水墨重彩人物画创作并形成了自己独特的风格语式。他的作品一直和现实主题保持着优雅的距离，画面往往通过对深闺女性闲适恬淡生活的描绘，捕捉她们忧伤缱绻的心理表情。他的这些画面大多注重江南园林庭院、亭台楼阁的环境描写，以此反衬深闺之中江山无尽、美人迟暮的文人心理。徐惠泉的这种和现实主题表现出适度距离的人物画，既揭示了新时期人物画对于此前意识形态化的现实主题的反拨，也反映了“85美术新潮”

后传统中国画对于西方现代主义艺术潮流的逆向运动。而包括徐惠泉在内的江苏新文人画群体，正是在这两种文化思潮的夹层之中获得了生成与发展的文化土壤。他们都以传统文人画的出世心态和对于文人笔墨的玩味而和现实社会拉开距离，以此表现出他们对于传统文化的一种敬重与回望。作为此种新文人画思潮的体现，徐惠泉的人物画一直以描绘古装仕女为题材，以表现美人迟暮的文人心境为主题，由此而体现出对于当代人物画的另一种文化表达。

不过，和这个新文人画群体中的其他追求笔墨表现性的画家不同，徐惠泉更偏重对于绘画视觉审美性的探索，他的创作也由此而和当代视觉审美经验相贴近。在徐惠泉的艺术构成中，笔墨的表现性是其人物画不忍丢掉的一个重要特质，因而这决定了他没有完全走向工笔，他的画面的底色乃至人物勾线，都保留了丰满的水墨用笔与水墨气象。但他更注重色彩与水墨的融混探索以及其他复合材料的运用，以此为传统水墨人物画增添新的视觉审美的因素，这使他的水墨人物画跨入到重彩领域。他在人物画方面的成就便体现在这种将水墨与重彩结合在一起的语言跨界上。

材料美学是当代艺术的一个重要标志。从当代审美的角度，几乎没有什么材料不可以进入画面。或许是受当代艺术理念的影响，徐惠泉不遗余力地在他的水墨画面上尝试着各种材料，从有机颜料到矿物颜料再到化工颜料，从水溶剂到胶溶剂再到矾溶剂和洗涤剂，从拓印、转印到多种溶剂混搭再到泼墨、泼彩、贴金和敷箔，他的水墨重彩也许是当代中国画家中运用材料最为驳杂、制作程序最为繁复的画家。多种材料的运用赋予了他的水墨重彩以富丽厚重的色彩，但这种色彩的富丽与厚重依然保持了水墨的墨色和宣纸水墨的渗化与氤氲之美。对于水墨重彩而言，难的并不是色彩不能够斑斓富丽，而在于水墨与重彩的相互结合；难的是水墨之中见色彩、厚色重彩之内见水墨。从这个角度看，徐惠泉敢于并善于运用多种复合材料，一方面是为了在水墨基底之中制造肌理

苏绣　纸本　188cm × 178cm　2014

回望 95cm×190cm 2012

多变而又透明空灵的底层，另一方面则是在色彩表层创作丰富的色彩质感以追求斑斓富丽的色彩意趣。

由深入浅是他协调水墨与色彩关系而独创出的一套自己的创作程序。他的这种由深入浅、浅中求色的画法，无疑和一般的中国画创作程

序相反。这意味着他必须解决一系列逆向运墨设色的方法与技巧。譬如，“墨”，在他的画面中代表着“空”；“浅”，在他的画面中则成为“有”。这种“空”不仅意味着画面的“深境”，而且也是画面显现水墨意蕴之处。他画面所有的“有”，都是通过重彩提“浅”，其设色过程也是逐渐让画面从深处走向近处的过程，而每一笔的重彩又通过运笔而泛出墨色，因而每一笔也都体现出反向的“用笔”意蕴。色墨相融的笔性，或者说，色墨相融的写意精神，除了上述的反向“用笔”外，还体现为他画面不断出现的墨痕褶皱。这些褶皱，既像瓷器的开片，具有皴裂自然的线纹美感；也是不断分割重彩，让墨时隐时现于色彩表层的一种巧妙方式。显然，墨痕褶皱不仅增添了他画面的装饰意趣，而且也是他自由进行墨色混搭的有效手段。

总体而言，徐惠泉的水墨重彩人物画追求繁复瑰丽的审美品格。他的画面是在深暗之中寻求色彩的富丽与斑斓，因而重彩并非十分的光鲜与绚丽，而是追求古朴和静雅。可谓斑斓之处见玄思，墨深至极见瑰丽。除了水墨重彩人物画，徐惠泉还兼擅水墨写意人物画，这或许是他追求繁复缱绻的水墨重彩画面的另一种审美图式。这既可以看作是他舍繁复而追求简约率真的别样体裁，也可以认为是他“养”水墨重彩写意精神之“气”之“格”的一种手段。因而，在他的水墨写意人物画中，人们可以看到他对于明清文人画传统的研习，尤其是海派任伯年那种勾线造型的人物画技巧，加之吴门灵秀洒脱的笔意墨蕴，而形成了他率意恣肆、落拓不羁的画风。应该说，笔墨的收放自如和清雅灵秀也回馈到徐惠泉的水墨重彩人物画的创作中，从而完善了他在这个领域鲜明而独特的艺术个性与审美语式。

交融色墨工写，调和中外古今

——徐惠泉人物画的现代意义

陈瑞林

纵览中国绘画的历史，人物画家辈出，人物画佳作蔚为大观。明清时文人画占据中国画坛主流的位置，文人山水画、花鸟画兴盛，人物画似转入颓势，然而这一时期的人物画创作的脉络并未断绝，陈洪绶、任伯年诸人留下了众多优秀的作品。明清人物画的成就，至今仍然为人们景仰。

社会变革开启了中国绘画艺术的新篇章。在中国绘画从传统向现代转变的历史进程中，人物画居功至伟。人物画的兴盛极大地推动了中国画的变革，人物画家的不同探索为中国画现代转型积累了丰富宝贵的经验。毋庸讳言，如同中国社会现代转型是正在进行的、尚未终结的过程一样，中国画的现代转型也还是正在进行的、尚未终结的过程。人物画创作取得了巨大的成就，亦出现种种的缺陷和不足。中国画家不断探索、努力解决如何对待中国绘画传统图式，如何对待中外古今的艺术，也就是如何对待中国画的用笔用墨用色或工或写，如何对待本土和外来传统和现代的问题。关于中国画的多次论辩，无不因此而兴起和开展。

时代大潮流浩浩荡荡，促使一些持非此即彼、抱残守缺、固步自封态度的画家也不得不尝试中国画变革，更多的怀抱壮志的画家则奋然兴起，高扬时代精神，吸取中外古今艺术的精华，突破陈腐无用框架的束缚，兴亡继绝，前赴后继，胆敢独造，作品的绘画语言和艺术精神都达到了新的境界。

徐惠泉的人物画着力于色与墨的交融、工与写的谐调，消解本土与外来、传统与现代的畛域之见。交融色墨工写，折衷中外古今，徐惠泉的人物画具有值得重视的现代意义。前人论画，有“色不碍墨，墨不碍色，又须色中有墨，墨中有色”“以色助墨光，以墨显色彩，要之墨中有色，色中有墨”之说，推而广之，“工与写”“中与外”“古与今”亦无不如此：“工不碍写，写不碍工，又须工中有写，写中有工”，“中不碍外，外不碍中，又须中中有外，外中有工”，“古不碍今，今不碍古，又须古中有今，今中有古”。这种色墨工写的交融、中外古今的折衷，并非简单生硬的凑合和拼接，而是要创造出“以色助墨，以墨显色”“以工助写，以写显工”“以中助外，以外显中”“以古助今，以今显古”，色墨、工写、中外、古今，浑然一体、相得益彰，以我为主、以中为主、以今为主的现代中国画新风貌。

现代艺术注重个性的张扬，注重自我，注重创新，亦强调综合，强调多样，博取众长，和而不同。徐惠泉曾就学于苏州工艺美术学院，以“工”和“色”、“形似”和“制作”为特质的工笔重彩画原是画家的当行本色。早年学习传统绘画的经历，后来在中国美术学院和苏州大学的学习，为画家注入更多文人水墨画的养分，杂学旁收，造就了画家多样的创造能力和开阔的艺术视野，尤其是长期孜孜不倦地学习文化艺术，使得画家在依托工笔重彩画优势的同时，得以去除当下工笔重彩画创作甜熟、板滞、肤浅、匠气的弊病，乃至当代中国人物画创作的弊病，进入了“写意”“写神”“写心”的现代艺术境界。

绘画是一门技艺，由技进于艺，由艺进于道，则是艺术家与匠师也就是“画画人”的区别。当下许许多多号称“艺术家”的人物，究其实只不过“画画人”而已。现代艺术注重技艺，注重制作，注重材料，并非为技艺而技艺、为制作而制作、为材料而材料，重视技艺、制作、材料的目的是为了更好地传达出现代艺术的精神。徐惠泉之所以确立重视技艺、重视制作、重视材料的现代艺术意识，固然与画家的艺术学习经历有着重大的关系，更多的当是在长期学习和实践中建立起来的现代艺

纸本扇面　28cm × 58cm　2015

纸本扇面　28cm × 58cm　2015

术意识，这种现代艺术意识反过来指引画家的学习和实践，循环往复，历久而弥新。

中国画现代转型，需要媒材、技艺、语言、意识的变革。现代艺术博取众长，强调综合，强调多样，由此出发，更强调自我，强调创新，不齿食他人之余唾。徐惠泉的人物画创作以中国传统媒材为主，在生宣纸上用水墨和中国画颜料，以工笔重彩画和水墨画的技艺作画。色与墨的交融是画家创作的要点，也成为画家创作的兴奋点。为了创造出满意的效果，更好地传达出自我的意识和精神，画家不拒绝多种媒材、多种技法的使用。水彩、水粉、丙烯、染料，乃至金粉、银粉、喷漆、油墨等颜料，油画笔、漆刷、刮刀、扁笔，乃至牙刷、丝网、喷壶、吹管等工具，胶、矾、拓、印等特殊处理，都为画家创作经常使用。为了艺术的追求，可以说是“无所不用其极”。

徐惠泉的人物画创作以中国传统媒材为主，在生宣纸上用水墨和中国画颜料，以工笔重彩画和水墨画的技艺作画，亦不拒绝多种媒材、多种技法的使用。画家追求的是温文尔雅的文化面貌，难以见到摆出一味叫嚣、张牙舞爪的架势。画家喜用中国画的矿石质颜料作画，稳定沉着，不火爆不张扬；水墨渗化亦注意恰到好处，避免时下那种号称“水墨淋漓”，实则“满纸流淌，一塌糊涂”的弊病。徐惠泉多绘古装人物，画面采用多种媒材、多种技艺制作出来的斑驳肌理效果，为作品增添了世事沧桑的厚重历史感。

中国画讲求“笔”“墨”“色”“法”“意”“气”，通过用笔、用墨、用色和画面的经营，创造出深邃悠长的意绪，传达出流动不已的生命息气。观赏徐惠泉的人物画，无论是清丽工整、色彩斑斓、墨不碍色的《花之梦》《疏影》《绣春》《远缘》《江南可采莲》《清风世家》《清风缘》《往事》，还是工写并重、浓淡有致、色不碍墨的《孤松盘曲》《疏枝横斜意自芳》《听风》《箫声远》《山色澹生秋》《听泉》诸作，看似一气呵成、漫不经心，实则锦心绣口，意匠缜密。中国画创

桃花依旧　纸本　222cm×96cm　2014

作以“经营位置”为重，画家煞费苦心经营位置，画面章法布局将笔墨色彩诸多技法塑造出来的形象精妙地组织到平面空间当中，创造出美好的意境和生动的气韵。徐惠泉人物画的“法”，在承继中国绘画传统构图方式的同时，引入西方艺术的穿插、构成，超越时空限制的多种法则，正中有奇，平淡之下蕴涵画家慎之又慎的惨淡经营。

古人曰“诗画本一律，天工与清新”，“画是有形诗，诗是无形画”。中国画强调诗情画意，要求画家具备深厚的文化修养。苏州古为吴地，丰饶繁盛历来为江南之冠。明清时苏州是中国经济文化最为发达的地区，人称“一等温柔富贵之乡”。苏州地区孕育出中国传统社会最为成熟的艺术形态，传播出最为优雅的文化基因。画家徐惠泉生于斯长于斯，浸淫于水软山温、低斟浅唱的自然环境和人文环境，修炼出了一种淡雅幽香的艺术气质。他的画作重工笔，亦重写意，重状物，亦重抒情，将工和写、状物与抒情自然和谐地结合在一起，追求一种含而不露、自在空灵、韵味悠长、娴静恬适的画风。徐惠泉的人物画延续数百年江南特有的文人习气，却不陈腐、不苍老、不衰颓，不像当下许多画家一样，故作传统状。观赏徐惠泉的人物画，即使是那些怀古、怀旧、怀人、怀乡的作品，在婉转徘徊、迷茫凄婉之中，却仍然活泼开朗、生气勃发。“叶上初阳干宿雨，水面清圆，一一风荷举”，如同夏日晓风中的荷塘，凸显出了生命的赞颂。即使是“良辰美景奈何天，赏心乐事谁家院”的吟叹，散发的也是青春的美好无限。这种青春的朝气和生命的力度，正是徐惠泉人物画现代性的呈现。

百年人物画的兴盛极大地推动了中国画的变革，人物画的兴盛往往出自于外在的社会环境的需求，出自于“文艺为政治服务”的驱使。社会的需求、政治的驱使促使现代人物画兴盛发达，然而这种“遵命文艺”，这种写实人物画的政治性，也生发出种种弊端。因为是命题作文、奉命作画，画家的创作往往缺乏一种强烈的内在的冲动。缺乏自我感动的所谓“创作”正是艺术的大忌。试看当下如恒河沙数的绘画，有几幅真正

东风一曲桃花香　纸本　102cm × 68cm　2015

是画家的呕心沥血之作。不能自我感动的作品必然无法感动观众，这是许许多多绘画作品难以跨越传统、升堂入室、进入现代、存留于历史的重要缘由。即便举办多少展览都是没有用处的。这种“遵命文艺”还生出另外一种弊端，那就是不美，作品缺乏一种美的穿透力。艺术不应当是唯美的，然而艺术应当是美的，尽管不同时代有着不同的美。徐惠泉作画来自内心的驱使，来自自我的感动，来自对美的孜孜不倦的追求。他这样阐述自己的创作：“我画既熟悉又有点陌生的人物，她们有窈窕的身材，姣好的容貌，但她们命运多舛，因此姣好的面容总带着丝丝的忧愁。空气中飘散着淡淡的幽香，远处有隐隐的钟声传来。在雨天，我们一起静听荷的细语，或者在那个午后，捧着香茗，静听悠悠的箫声。”使我想起元代画家倪瓒《人月圆》的曲子：“画屏云嶂，池塘春草，无限销魂。”艺术的最高境界，也便是“销魂”二字了。

随着艺术家创作环境的宽松、艺术观念的多元、价值取向的多样，这种反求诸己、求诸美的艺术在当下的中国越来越多见。许多像徐惠泉这样的画家，经受了学院的训练，经过了占据主流的写实主义乃至“文艺为政治服务”的陶冶，正在走向抒发内心真实感受，注重画面美感的和营造。这些具有近乎舞台演出夸张效果的“非政治性”的绘画，尽管还不能说完全符合构建现代人物画的理想，却不能不看到这是中国人物画走向现代的一种重要的努力。画家徐惠泉交融色墨工写、折衷中外古今的作品，不仅在于技法的革新，更在于画家有意识地顺应现代文化的潮流，通过创作所显示出来的现代艺术的意义。如同中国画的现代转型还是正在进行的、尚未终结的过程一样，徐惠泉的人物画创作也还尚未臻于至善。前路尚长，艺无止境，祝愿画家徐惠泉的艺术百尺竿头，更加进步。

清风吟　纸本　102cm×68cm　2015

师法造化　清丽高洁

——廖军其人其画

周积寅

廖军先生，人品高尚，颖悟过人，平日不喜张扬，低调处事，是一位德艺双馨的中青年学者。现为苏州工艺美院院长、教授，苏州大学博士生导师，中国美术家协会会员，中国美协工艺美术艺委会委员，全国城雕委艺委会委员，江苏省雕塑家协会副主席，江苏省花鸟画研究会副会长，江苏省科普美协常务副理事长，江苏省有突出贡献的中青年专家。长期以来，一心扑在行政及教学工作上，成绩卓著。以前我只知其擅长艺术设计，在科研方面，发表了七十多篇颇有学术见地之论文，出版专著、画册十余部，主编各类专业书籍、教材近百本，多次获得省、部级哲学社会科学奖励，受到社会的赞许。

20世纪末，我看到了他的写意花鸟画《春消息》刊登在《美术》杂志上，十分高兴，惊叹其中国书画扎实之功底，其后，方知他的作品曾多次参加国内外各种美术展览，并被中南海和人民大会堂收藏。据云，在大学受业时，他就对中国画产生了浓厚的兴趣，并巧妙地运用到艺术设计中去。工作之余，分秒必争，不断地拼搏与探索，坚定弘扬民族文化的信念，从事写意花鸟画的创作。首先，对历代花鸟画大家之精髓，特别是海上画派诸家之作品，广议博考，并收并览，为我所用。如试图将吴昌硕的圆浑大气与吴门画派的空灵秀逸结合起来，且“以书之关钮透入于画”，在反复实践中，形成了他高洁、清丽的艺术画风。他更注重师法造化，从生活中获得丰富的创作源泉，因此，他笔下的松、竹、

藤花细落香风起

梅、牡丹、荷花、向日葵、葡萄、石榴、小鸟，有着鲜活永恒的生命力。所作幅式大到丈二，小至斗方，章法千变万化，无一雷同。密处几欲塞满天地，而疏处则又极空旷。喜欢将太湖石、古器皿与花卉相配，奇趣乃出，增强了画面的形式美感。小鸟常作栖息状，神趣盎然，或在月下，或在石上，或在枝藤中，营造了一个静谧、安定、平和的天地。笔墨色技巧极高，水墨、设色、勾花点叶、没骨、泼墨兼用，粗细、干湿、浓淡、虚实相宜。寓刚健于婀娜之中，行遒劲于婉媚之内，笔笔见笔，笔笔无斧凿痕，直似纸上自然应有此画，直似纸上自然生出此画，得其天真自然之美。

绘画上的出新，是每个画家孜孜以求的目标，廖军先生的花鸟画有新的面貌，确实难能可贵。大凡要想在一定领域做出一些成绩，需要不止于一时的热情，而默默坚守的执着精神当是更不可或缺的。很难想象，身兼数职且著作甚丰的廖军先生，却能寒暑不辍的痴迷于花鸟画，并不断推出自己的新作，这就是廖军先生的过人之处了。他说如果几天不画画，就好像有什么事没做一样。正是这种坚持不懈的精神支撑，使他逐渐形成了自己的绘画面貌。由于画家重视画外功夫，具有多方面修养，故其作品有文气、有意境、有深度。可谓雅俗共赏，令人回味，令人陶醉。

清·钱杜《松壶画忆》道："古来诗家皆以变为工，惟画亦然。"板桥先生亦云："删繁就简三秋树，领异标新二月花。"廖军正是一位艺术上的善变者，期待着他继续不懈努力，以一个更加崭新的面目出现在大家的面前。

洛阳春雨

江南小趣

《苏州艺术通史》的时空维度

朱志荣　陈　璐

苏州古城人杰地灵、历史悠久，无论是昆曲评弹，还是园林建筑，抑或明清书画，乃至铸剑、苏绣，更不用说还有优秀的诗文等文学作品等，在艺术发展史上硕果累累，璀璨夺目。朱栋霖教授主编的《苏州艺术通史》正是一部整理编纂苏州艺术文化史的鸿篇巨著，它从时间的纵向与空间的横向这两个维度全面系统地梳理、总结、提炼了苏州这一地域艺术通史概貌及其特征，具有重要的文化意义与学术价值。在时间纵轴上，《苏州艺术通史》以苏州为中心，囊括了自上古、勾吴时代起直至当代的丰富多彩的苏州艺术品，进行介绍、分析和总结，对于推进苏州艺术的纵向研究，具有重要的开拓意义；在空间的横向层面，《苏州艺术通史》以苏州地域为本体，深入探讨这一空间截面中，交织的各类艺术门类：工艺美术、音乐舞蹈、文学、苑囿、戏曲、书法、篆刻、摄影、织绣等苏州艺术结晶，打破已有艺术史研究的单门类的视域局限。

该书在纵向维度上可称非常出色，清晰地反映了苏州艺术发展的兴衰态势，这尤其体现在历史阶段的划分上。该书将历史分为上古至勾吴时代、汉到唐代、宋元代、明代、清代、近现代以及当代，根据其艺术发展的丰富程度与时代特色进行历史阶段的划分，在内容丰沛的时段甚至一个朝代就是一章，划分科学中肯，且大致的艺术门类也较为清晰科学。同时，在对于古老的艺术品进行介绍和编纂时，《苏州艺术通史》采用了更为科学的研究方法，比如二重证据法式，即地上文献与地下文物相结合等，严谨而又全面。如在叙述汉到唐代的织绣这段中，先简介了刺绣的起源，接着引述史书文献《拾遗记》《三国志》等来支撑历史论述。此外，书中还辅以地下考古资料加以证明，在苏州虎丘挖掘出的五代时的苏绣残片[1]，即可证明当时苏绣的技艺究竟如何，意义重大。有理有据，逻辑严密，令人信服。

该书虽然划分了历史阶段，分阶段叙述同时代的各种艺术门类，但是仍然十分重视纵向连续性，即对于同一种艺术门类在不同时间段上的连续性和顺承的发展特点。比如就织绣艺术而言，该书就十分重视不同朝代织绣之间的连续性关系，苏州织绣的最早记载是晋代的《拾遗记》，技艺颇高，在汉到唐代，刺绣才刚刚兴起，但是其技艺已经崭露头角，也在贵族的衣物上出现[2]；接着在宋元代获得长足的发展，此时的织绣不光技艺精进，而且还成为日常衣物用品，即存在鉴赏型和日用型两种形态的刺绣艺术；明代时，技艺更为精湛，出现了各种形式的织绣，且表现内容上呈现一定的艺术特点，有“精、细、雅、洁，称苏州绣”的雅称；清代刺绣的手工业更加发达，“刺绣之业吴中为盛”，引领全国，直至经历近现代的衰微和当代一定程度的复苏，基本完成了对于织绣业的完整而具有连续性的论述，极为清晰地写出了苏州织绣的纵向连续性。

这种连续性对于总结归纳苏州艺术品的精神特质具有重要意义，正如施特劳斯所言：“其发展的历史在我的身体重现，而在同时，我的思想又拥抱其中的意义。我觉得自己处在我更为浓郁的智识性里面，不同世纪，间隔遥远的地方在相互呼唤，最后终于用相同而唯一的声音说话。”[3]正是在历史的连续积淀和不断对话中，苏州艺术史的特色精神得以形成，其中最为温婉动人的吴文化才展露其影响和光芒，成为苏州文化史的核心声音，成为该部著作的灵魂。

《苏州艺术通史》在横向的空间维度上，则以各种理论研究方法的灵活运用，既有全面的个别艺术门类的系统介绍，又在行文中体现着共时性的艺术特点，可以称得上是点面兼顾。该书在某历史阶段的截面上对于艺术品的处理方式，表现在艺术门类的全面性和不同艺术门类空间具有共时性特点上，体现一种动态下的稳定的特点。

这种横向研究具有全面而丰富的特点。在编纂某一历史发展阶段时，该书囊括了绘画、文学、音乐、书法篆刻、戏剧、曲艺甚至电影等多种门类，在不同的阶段会根据实际情况增加新的艺术门类，可以说基本概括了其时的各种艺术。各种艺术门类下又列出该时间段内主要的特色艺术品，条理清晰而内容全面，使得艺术史的横向维度饱满充实。

本书按照历史时间演进的同时，《苏州艺术通史》还重视历史发展某阶段上的相对稳定性特点。在特定历史阶段的不同艺术门类中，也会体现一种相对的稳定的发展态势和共时性特点，不同艺术的共时发展往往都具有特定历史阶段的某种特色。比如织绣在文革时期走向没落，而其他的艺术比如雕塑艺术等，在这时段倒出现了一种苟延残喘的发展势态，这种发展势态又使得艺术品在工艺和艺术性上有所下降，不再像以往那样势头猛进。再如明清时期，苏州的各门艺术品都迎来了发展的好势头，思想更加活跃，文学上众派云集，就连织绣等工艺品在工艺水平、内容表达和思想深度上都形成了独特的艺术品格[4]，体现了苏州艺术雅洁、柔美的情愫。其他历史阶段的艺术品同样也能体现另外的共性特点，读者在该书的阅读中都会清晰深切地感受到这些特点，于细微处见全局，可圈可点。

横向维度上的共性特征实际上体现的是一种理论高度，因此离不开在编纂中对研究方法的灵活运用，尤其是理论范畴与艺术研究的结合。该著既注重对历代苏州的具体艺术门类及具体作品的研究，也注重对历代理论形态的研究，如对《文赋》《唐朝名画录》《艺苑卮言》《园冶》和《长物志》等历代苏州地域的文学理论、绘画理论和园林理论等系统的研究。另外，书中注重文献研究与实物研究的结合。成果中借助于出土器物等实物遗物，并结合历史文献的叙述，力求达到真实的艺术面貌，是对二重证据法的运用；最后，以历史学、美学、人类学、艺术哲学等学科的理论作参照，对苏州艺术发展内在的历史动因作综合论述与阐发，详略有序，如将明清时期苏州文化艺术辉煌的成因概述为：太湖三山岛的独特区位，殷商时期这一区域文化的交融，三国魏晋时期南北文化在此汇聚等。吴地历代文化的积淀，奠定了明清时期苏州文化艺术发展的盛貌，动态呈现了历史的延续性，颇有启发意义。

近些年来，地域性研究在中国正在蓬勃发展，徐昌酩的《上海美术史》、李公明的《广东美术史》和李福顺主编的《北京美术史》等都是这方面的代表。现如今，《苏州艺术通史》全面系统深入地鸟瞰了上下几千年苏州地域艺术史和理论史概貌，为全面弘扬苏州艺术和中国文化作出了重要贡献，它的问世弥补了地域性研究的空白，尤其是对于苏州这种极具特色又经常引领全国的地方，更加需要这样的研究工作和这样的专著。正如朱栋霖先生所言，苏州明清时代的苏州艺术独领风骚，在文学、戏曲、美术、书法、曲艺、工艺美术、园艺等方面，各门类全面发展，淋漓尽致地体现了吴文化的魅力。极其发达的经济贸易活动，丰富的社会物质条件构成其物质基础，思想的自由活跃，有力地推动了苏州文艺繁荣[5]。

参考文献

1　朱栋霖：《苏州艺术通史》，第216页，江苏凤凰文艺出版社，2014年。
2　朱栋霖：《苏州艺术通史》，第216页，江苏凤凰文艺出版社，2014年。
3　[法]列维·斯特劳斯著、王志明译：《忧郁的热带》，第57页，三联书店，2000年。
4　朱栋霖：《苏州艺术通史》，第720、1134页，江苏凤凰文艺出版社，2014年。
5　朱栋霖：《明清苏州艺术论》，《艺术百家》，第122—129页，2015年第一期。

恬淡的美好

——读陈新先生《倚兰书屋自珍集》

孙中旺

喜欢读知堂老人的小品文，恬淡从容，兴味盎然，神韵悠远，能让浮躁的心灵宁静下来。近日有幸拜读陈新先生的《倚兰书屋自珍集》，便读出了这种味道，令人有爱不释手之感。

本书由江苏凤凰教育出版社出版，装帧精致典雅，分《倚兰人语》《远去的小风景》《书带草》《鸦噪晚风》及《皆是我师》五册，收入陈新先生近年来所写的一百三十余篇文章，每册各自独立，又各有侧重，乡情、爱情、亲情、友情及读书情趣都很自然地流淌于笔端，舒缓从容，含蓄隽永，娓娓动人。

很感动于《倚兰人语》中的那些记述夫妻间平淡琐细生活的文字，陈新先生夫妻已经相依相伴走过了五十年，在这漫长的岁月中，虽然没有轰轰烈烈、曲折离奇和缠绵浪漫，但那些平平淡淡、琐琐细细和苦苦甜甜构筑起来的情感读起来却更让人感觉踏实和温暖。在感情方面，贫穷的相濡以沫远胜过富贵的同床异梦，当今社会中很多家庭问题的出现，往往就是缺乏这种彼此共患难构筑起来的坚实感情基础。在《浮生六记》中，沈三白和芸娘并不圆满的爱情故事就令无数人顿生“只羡鸳鸯不羡仙”之感，相比之下，陈新先生这种历久弥新的温暖的爱情马拉松更让人艳羡。

陈新先生已年近八旬，大部分时间都是在江南的乡镇度过，他是江南乡村社会变迁的亲历者和见证者。在他生活的这几十年来，平静祥和的乡村生活经过合作化、公社化、工业化以及城市化的不断洗礼，已经面目全非，那些田园牧歌般的传统耕作方式已经渐行渐远乃至绝迹。在《远去的小风景》中，陈新先生以优美的文字记下了乡村生活的千姿百态，从耘稻到拔茅针、耥螺蛳，从村骂到童戏，堪称一幅幅民俗风情画。而“小村人物谱”中的箍桶阿三、新娘娘、癞和尚、杨二嫂、豆腐水官、罗家小娘和长明大爷的形象更是栩栩如生，跃然纸上，同时还穿插着童谣、山歌及箍桶、磨豆腐、做鞋、舞狮、放鸭子等现已几乎消失的乡村生活场景，带着浓郁的乡土气息。感谢陈新先生用他细腻的笔触为我们描绘了这些曾经的江南乡村人物群像和生活剪影，读起来在兴味盎然的同时又让人感到一丝怅然，那些人、那些事都已经消失在岁月的云烟中，我宁愿把陈新先生笔下的这些远去的风景当作一曲为旧时江南乡村谱写的轻柔的挽歌。

和其他创作型的散文不同，陈新先生的散文基本都是写实的，这也使其在文学价值之外，还具有重要的史料价值。陈新先生生于抗战期间的乱世，家乡又处于苏鲁豫皖交界处的兵家必争之地，童年时期一直在兵荒马乱中度过，解放后家庭又被划为富农，在历次的政治运动中都或多或少受到了冲击，对其家庭及其个人人生造成了很大影响。在很多文章中，陈新先生都如实叙述了自己和家庭从苏北到苏南的经历，以及解放前后的所见所闻所历，其中不乏沉重和悲怆。从这些文字中我们可以看出一个普通家庭在社会剧烈变动中的生活状态，这也是千千万万同类家庭命运的缩影，从一个家庭的变迁中可以反映出时代的变迁，为以后的研究者提供了鲜活而丰富的第一手资料。

非常喜欢读陈新先生在《书带草》和《鸦噪晚风》中写的读书小品，这些文章都很短小，却能够自如地穿梭于历史资料和现实生活之间，文风淡雅悠远。对韭菜花、扁豆花、豌豆苗、竹笋等常见之物都能够追根溯源，引经据典，广征博引，熔知识性和趣味性于一炉，令人不禁想起知堂老人笔下的《故乡的野菜》等文字。还值得一提的是《书带草》中的不少篇名，如“又到枯荷听雨时”“五月榴花照眼明”“闲看儿童捉柳花”“秋满疏篱扁豆花”“手倦抛书午梦长”等，光读题目就让人沉醉在缤纷诗意之中，颇有画龙点睛之效。

在《皆是我师》中，陈新先生记述了自己的十多位师友，这些师友中，有的是德高望重的前辈，有的是相交数十年的密友，也有的是年轻的忘年交。虽然其中有些人因缘际会仅有一面之缘，甚至神交已久但从来没有见过，但陈新先生均能从与自己的交往切入，平实地记叙其人其事，通过一些交往的细节展现出各自的特点，从中可以领略到这些师友的思想精神及文化贡献。这些人物小记和陈新先生的其他散文一样，平淡之中尽显真情，令人难忘。

关于这种文风，以“闲适小品”闻名于世的著名散文家梁实秋曾经说过：“绚烂之极归于平淡，但是那平不是平庸的平，那淡不是淡而无味的淡，那平淡乃是不露斧斫之痕的一种艺术韵味。”用这段话来形容陈新先生的《倚兰书屋自珍集》也是十分贴切的。

“幽兰在山谷，本自无人识。只为馨香重，求者遍山隅。”陈新先生的《倚兰书屋自珍集》恰如空谷中的一朵幽兰，散发着淡淡的清香，令人品味再三，百读不厌，相信此书会受到越来越多读者的欢迎。

收藏起的苏州

——漫谈苏绣

陶 理

买卖电脑的外国人想到苏州来投资生产基地，却还没有最后拿定主意，随着招商引资办公室的人东走走西看看，来到了苏州刺绣博物馆，参观一下馆藏的苏绣作品，再去看了看绣娘们的具体操作。出门的时候，他对陪同说，自己已经决定将生产电脑的工厂办到苏州了。生产电脑是精细活，能够将一根丝线劈成几支，这样的心灵手巧对付电脑应该是绰绰有余了。

一方水土一方人，苏州人的性情中，比较精致灵巧，自己是精致灵巧地生活和工作着，对于别人的精致灵巧也是十分欣赏，这样一来二去，就是精益求精了，也就有了苏绣眉清目秀的样子。

最早的刺绣，应该是在春秋时期，春秋时期的苏州，就有在衣服上绣花的习俗，这应该是刺绣的萌芽了，或许我们的先人想到衣服美观了，人也精神了，或许我们的先人没有料到的是，这一粒针线的种子，在千百年后，竟然绽放开绚丽无比的花朵。

到了三国，三国的苏州是孙权的天下，有一天孙权正和大家商量着绘制山水地图的事儿，他的夫人立出来说道，绘在纸上的丹青容易模糊，还容易褪色呢，我倒有一个办法。

孙权的夫人想出来的办法就是刺绣。我们不知道孙权娶她为妻的主要原因，是不是因为她的心灵手巧，我们只知道，这一幅山水是历史上第一幅最具规模的苏绣作品了。

然后，有关苏绣，还可以一谈的，就是沈寿。被清末著名学者俞樾喻为“针神”的沈寿，原来的名字叫雪芝。

光绪三十年十月，慈禧太后七十寿辰。清政府谕令各地进贡寿礼。雪芝的丈夫余觉得知消息后，听从友人们的建议，决定绣寿屏进献，他们从家藏古画中选出《八仙上寿图》和《无量寿佛图》作为蓝本，很快勾勒上稿，并请了几位刺绣能手一齐赶制，雪芝在这些绣品上倾注了很多心血。慈禧见到《八仙上寿图》和另外三幅《无量寿佛图》，大加赞赏，称为绝世神品。除了授予沈雪芝四等商勋外，还亲笔书写了“福”“寿”两字，分赠余觉夫妇。这以后，沈雪芝就成了“沈寿”。

逸笔草草，神情具备，沈寿在接受了西方绘画的一些基本观点以后，首先创造了仿真绣。20 世纪初，丹阳人杨守玉受了西方油画的启发，经过多年的实践探索，发明了乱针绣，然后，杨守玉学生任嘒娴把乱针绣带到苏州，并且在此基础上，发明了素描绣。

1914 年，张謇在江苏创办女红传习所。沈寿应聘来到南通，“授绣八年，勤诲无倦”。我们不知道沈寿和张謇的故事是白纸黑字，还是空穴来风，我们只知道，张謇为病中的沈寿整理了由她口述的《雪宧绣谱》。

张謇在绣谱的序言中这样写道：“积数月而成此谱，且复问，且加审，且易稿，如是者再三，无一字不自謇书，实无一语不自寿出也。”

《雪宧绣谱》是沈寿四十年艺术实践的结晶，因为沈寿的穿针引线，苏州的生活，更有一番艺术的韵味，苏州的艺术，更有一番生活的情趣。当文化的生活和生活的文化水乳交融，苏绣，就是收藏起的苏州和关于苏州的收藏了。

苏绣工作和展览的地方是刺绣研究所，后来刺绣研究所将一些名家的刺绣珍品以及民间征集来的刺绣生活用品聚在一起，腾出两间房子，成立了苏州刺绣博物馆。

博物馆坐落在景德路上的王鳌祠，关于王鳌，唐伯虎说他是："海内文章第一，山中宰相无双。"紧靠着王鳌祠的就是刺绣研究所所在的环秀山庄。苏州有九座园林是世界文化遗产，环秀山庄便是其中之一。环秀山庄最经典的风景是一堆假山，叠造这一些假山的，就是戈裕良。有关戈裕良的事情，历史上没有更多的资料留下来，我们只知道他是常州人，他是什么出身，他有怎样的经历，我们从他叠造的假山上，也看不出一点线索，他叠造的假山是神来之笔，这样超凡脱俗的神来之笔，似乎和日常生活中的柴米油盐毫不相干。

大家看了环秀山庄的假山，很一致地交口称赞，比如金松岑说："凡余所涉匡庐、衡岳、岱宗、居庸之妙，千殊万诡，咸奏于斯！"陈从周说："环秀山庄假山允称上选，叠山之法具备。造园者不见此山，正如学诗者未见李杜，诚占我国园林史上重要一页。"刘敦桢也说："苏州湖石假山，当推此为第一。"

这一些专家说，戈裕良叠假山，用的是太湖石，太湖石是长在咸水湖边的石灰岩，经历了几万年岁月的风化和波浪的冲洗，出落成了现在的样子，风化和冲洗是日积月累的精雕细刻，也是地久天长的漫不经心。这样的精雕细刻和漫不经心，使平常生活超凡脱俗，使石灰岩成长为太湖石。戈裕良"搜尽奇峰打草稿"，沈寿和他异曲同工，也可以说，戈裕良是叠假山的沈寿，沈寿是刺绣的戈裕良。

还是回到刺绣博物馆这个话题上来说，这里陈列的展品中，好多就是从前的日常生活用品，从前的刺绣，更多是做给自己欣赏的，或者是做给身边亲近的人欣赏的，这和苏州的园林差不多，从前的园林，不是参观游览的景点，而是衣食住行的人家啊。

图书在版编目（CIP）数据

苏州文艺评论. 2016/朱栋霖主编. --上海:文汇出版社,
2016.9

ISBN 978-7-5496-1882-8

Ⅰ.①苏… Ⅱ.①朱… Ⅲ.①文艺评论－中国－文集
Ⅳ.①I206-53

中国版本图书馆CIP数据核字(2016)第238332号

苏州文艺评论 2016

主　　编 / 朱栋霖
责任编辑 / 许　峰
装帧设计 / 刘　啸

出版发行 / **文匯**出版社
上海市威海路755号
（邮政编码200041）
印刷装订 / 苏州华美教育印刷有限公司
版　　次 / 2016年9月第1版
印　　次 / 2016年9月第1次印刷
开　　本 / 787×1092　1/16
印　　张 / 16.25
字　　数 / 150千

ISBN 978-7-5496-1882-8
定　　价 / 39.00元